国家社科基金项目（14CJY084）研究成果

云南大学青年英才培育计划、云南省优秀青年培育项目资助

繁荣与衰落

FANRONG YU SHUAILUO

LÜYOUDI HELANBING XIAOYING YANJIU

旅游地"荷兰病"效应研究

杨懿◎著

人民出版社

前　言

　　"欲思其利,必虑其害;欲思其成,必虑其败。是以九重之台,虽高必坏。"此语出自诸葛亮的《便宜十六策》,警戒人们应当要有忧患意识,辩证地看待事物的两面性。凭借着"一业兴,百业旺"的产业关联特点,旅游业经历了"接待事业—经济事业—经济产业—重要产业—支柱产业"的产业地位更替,在区域经济发展中扮演着愈发重要的角色。然而,一阴一阳之谓道,相反相生,运转不息。如果经济发展对旅游业的依赖程度过高有可能导致"荷兰病"效应,既会造成经济增长缓慢,也会导致经济发展应对风险的能力下降,云南丽江市、湖南张家界市、海南三亚市、安徽黄山市和四川阿坝州都是典型案例。是以,"物极必反,数穷则变,此理之常也。"

　　因此,本书在阐明研究背景、研究意义、研究方法和研究方案的基础上,系统梳理和归纳国内外关于"荷兰病"和旅游地"荷兰病"的相关研究文献(第一章),进而将应用于不同区域经济或产业发展差异分析的研究方法应用于分析同一区域不同产业的发展差异并进行比较分析以审视案例地的旅游过度繁荣现状(第二章)。同时,在对相关概念进行界定的基础上,分析了旅游地"荷兰病"效应的特征和形成条件,搭建了旅游地"荷兰病"效应的分析框架,探讨其发生机制、传导机制和影响机制(第三章),进而通过构建虚拟变量回归模型,对案例地的国民经济、产业发展和旅游发展统计数据进行计量经济分析,证实了旅游地"荷兰病"效应的存在性并比较其影响程度(第四章),随后在"荷兰病"效应背景下评价五个案例地的经济脆弱性,并进行时间序列的纵向比较和不同区域的横向比较分析(第五章),最后,从认知定位、政策机制和产业发展三个层面提出一系列调控对策(第六章),给出本书的结论,并进行展

望(第七章)。本书研究的主要结论包括:

一、旅游地"荷兰病"效应是指旅游业过度繁荣形成的路径依赖使得各类生产要素过度集中于旅游业,抑制了其他产业发展,削弱了其他产业对经济发展的贡献,进而对区域经济发展带来的负面影响。实质上,就是旅游业过度繁荣的负反馈,既是过度发展旅游业的"机会成本";也是区域陷入旅游资源比较优势陷阱的主要表现;还是经济发展高脆弱性的主要诱因。

二、旅游地"荷兰病"效应的作用机制包括发生机制、传导机制和影响机制三个层面。发生机制表现为旅游过度繁荣,从"惯性"到"自我强化"再到形成认知性锁定、功能性锁定和政治性锁定三大锁定的路径依赖,其内在机制为资源转移效应所形成的去工业化或去农业化,外部表现即旅游经济依赖;传导机制是指旅游地"荷兰病"效应负面影响在区域经济系统中传递的机理与过程,由于旅游业自身的高敏感性特征和过度的旅游经济依赖形成的单一支柱发展模式会导致区域经济发展的高脆弱性,落入比较优势陷阱,不利于区域经济的长远发展;旅游地"荷兰病"效应的影响主要通过旅游地经济脆弱性来表现,同时,由于旅游业具有关联带动强的特征,加之旅游经济依赖的特性,这一影响机制有可能会被放大或产生连锁反应,使得区域经济不具备可持续发展的基本条件。

三、通过比较近20年来五个案例地第一产业产值、第二产业产值和旅游总收入,发现五地旅游业发展在总量和增速上都远高于第一产业、第二产业,旅游业在上述区域属于典型单一支柱产业;从产业发展极差、极值比率、标准差、变异系数来看,均表明五地的第一产业、第二产业与旅游业发展的绝对差异和相对差异均呈现出持续地快速扩大趋势,且旅游业对三者间的发展差异的扩大具有明显拉动贡献作用;从首位度看,五地首位度都远大于2%,表现为经济发展过度集中于旅游业,产业结构失衡;从基尼系数看,丽江市、张家界市基尼系数均超过0.4,突破了产业差异警戒线,其他案例地也处于"高危"状态。

四、通过计量分析发现,首先,旅游业与被抑制的产业部门均存在单向因果关系,即旅游业是被抑制产业部门变化的格兰杰原因,而被抑制产业部门不是旅游业变化的格兰杰原因；同时，被抑制的产业部门也不是国内生产总值（Gross Domestic Product，GDP）或另一产业部门变化的格兰杰原因。其次，旅游地"荷兰病"效应在五个案例地都客观存在，但与传统"荷兰病"不同之处在于旅游地"荷兰病"效应既可能是去工业化，也可能是去农业化。再次，通过对五个案例地计量经济分析的结果比较，发现旅游地"荷兰病"效应还存在两个方面的规律：一是存在"荷兰病"效应的旅游地经济增长对旅游产业变化不敏感，即旅游业促进经济增长的效率偏低；二是旅游地"荷兰病"效应抑制的对象一般是旅游繁荣前经济增长对其变化敏感程度较高的产业部门。

五、通过经济脆弱性的评价发现，"荷兰病"效应对区域经济发展存在显著的负面影响，主要表现为由于经济发展对旅游业高度依赖，区域经济发展的敏感性很难有较大改善；虽然随着区域经济的不断发展，应对能力也逐步增强，但依然难以应对高敏感性带来的各种经济波动，经济发展表现出较高的脆弱性。通过比较分析可见，经济发展脆弱性程度与经济发展对旅游业的依赖程度呈正相关关系；而同在过度的旅游经济依赖背景下，区域经济发展水平与经济脆弱性密切相关，且呈现负相关关系。同时，障碍度分析表明，对旅游业的过度依赖和自身经济发展能力不足是导致经济发展高脆弱性的主要原因。

六、本研究从认知定位、政策机制、产业发展三个层面提出了一系列旅游地"荷兰病"效应的调控对策，具体包括：正视旅游产业功能、认清旅游产业地位、优化区域发展定位；制定征收旅游税的相关政策、制定优化旅游收入分配政策、创新政府政绩考核评价机制；旅游反哺其他产业、适度推进产业多元化、优化旅游危机管理等。

综上所述，旅游产业由于其自身产业特性所限，可以作为区域经济发展的支柱产业，但是不宜作为生命产业。

本书的主要创新之处在于：在理论研究方面，突破了"就旅游论旅游"的研究视角，站在区域发展的视角研究旅游业，着力于以旅游业为单一支柱产业的旅游地"本身"发展的研究，认为旅游业发展是"手段"而非"目的"，重新审视和探讨了旅游产业的经济效应，分析了旅游地经济可持续发展的初始条件，即如何才能可持续发展，是对旅游地经济可持续发展理论研究的深化。进而从概念界定、特征分析、形成条件、发生机制、传导机制、影响机制等层面构建了相对完整的旅游地"荷兰病"效应理论体系。尤其是在旅游地"荷兰病"效应发生机制研究层面,从系统动力学分析和一般均衡分析两个方面阐释了旅游繁荣导致的去农业化或去工业化的过程与机理。在实证研究方面,一方面将应用于探讨不同区域经济或产业发展差异的研究方法创造性地应用于同一区域不同产业发展差异的分析,提出并测算了旅游产业首位度、旅游产业基尼系数等新的度量指标;另一方面,在旅游地"荷兰病"效应的实证研究中,本研究构建了虚拟变量回归分析模型,通过旅游繁荣前后的农业、工业和旅游业对经济增长贡献率的比较分析,探讨了旅游地"荷兰病"效应存在性和影响程度,并在此基础上归纳出了旅游地"荷兰病"效应发生的内在规律。

目　　录

表 目 录

图 目 录

绪　　论

为什么要发展旅游业？为什么要研究旅游业？这理应是旅游产业界和学术界首先应该认清和回答的问题。旅游业从本质上讲是一项经济性产业，而综合性、文化性等只是旅游业发展过程中表现出来的特征①。换而言之，发展旅游业从本质上讲是要促进地方经济发展，而研究旅游业的根本出发点是为了让旅游业更好地促进经济发展。唯有这样，才有旅游业的存在，才能谈及旅游业的社会、文化、生态等功能。因此，旅游经济研究乃至整个旅游研究的逻辑起点应该是厘清旅游发展与经济增长之间的真实关系，这正是本书的基本出发点。本章作为开篇，是对总体研究思路的构思与设想，将系统地梳理本书的基本问题，并阐述研究的必要性、可行性和承接性。

一、研究背景

（一）问题提出

旅游业被誉为"永远的朝阳产业"，是资源消耗低、带动系数大、就业机会多、综合效益好的综合性产业，是国民经济的战略性支柱产业，具有创造外汇、回笼资金、提高收入、增加税收、带动就业、缩小区域差异、带动相关产业发展等一系列经济功能。但是，在区域经济发展现实中至少存在以下两种现象：一是旅游业繁荣的国家或地区经济发展相对滞后，如欧洲的西班牙、希腊，亚洲

---

① 李天元编著：《旅游学概论》（第七版），南开大学出版社 2014 年版，第 159 页。

的泰国、马尔代夫以及中国的云南省、海南省,云南丽江市、湖南张家界市、安徽黄山市、四川阿坝州等均属于经济不发达区域。二是旅游繁荣的区域应对经济危机的能力最弱,如亚洲金融危机始于泰国,受影响最大的也是泰国;欧债危机爆发后,希腊率先倒下,西班牙也是受影响最大的国家之一。可见,旅游发展促进经济增长是有条件的,如果经济发展对旅游业的依赖程度过高,既有可能造成经济增长缓慢,也有可能导致经济发展的可持续性降低。可以说,如果一个国家或地区将旅游业作为经济命脉,无异于将命运交由他人决定。

"荷兰病"(Dutch Disease)所描述的正是这类国家或地区某一产业部门异常繁荣,而其他产业部门相对滞后的现象,常用来警示在经济发展中过分依赖某种单一资源的危险性。在我国旅游产业发展实践中,存在着以云南丽江市、湖南张家界市、海南三亚市、安徽黄山市和四川阿坝州为代表的以旅游业为单一支柱产业,区域经济发展高度依赖旅游业的旅游地(见表0-1),具备了旅游地"荷兰病"效应的相关特征。因此,本书将以"荷兰病"相关理论为基础,回答以下三个方面的问题:(1)什么是旅游地"荷兰病"效应,旅游地"荷兰病"效应是否真实存在?(2)旅游地"荷兰病"效应如何发生,如何传导,如何影响区域经济发展?(3)旅游地"荷兰病"效应对经济发展有多大影响,如何进行调控?

表 0-1　1997—2016 年"荷兰病"型旅游地旅游收入相当于 GDP 的比重

年份	区域				
	丽江市	张家界市	黄山市	阿坝州	三亚市
1997	39.69%	9.16%	13.77%	4.65%	54.05%
1998	38.95%	13.42%	15.16%	13.45%	56.02%
1999	55.38%	17.35%	17.98%	21.51%	60.05%
2000	60.56%	32.04%	21.61%	27.21%	67.10%
2001	61.17%	40.17%	23.93%	30.59%	76.96%
2002	63.25%	45.03%	26.04%	35.15%	78.80%
2003	58.05%	38.80%	17.04%	41.11%	72.43%
2004	63.04%	57.46%	37.88%	62.87%	81.12%

续表

年份	区域				
	丽江市	张家界市	黄山市	阿坝州	三亚市
2005	63.95%	58.17%	38.44%	63.57%	69.11%
2006	65.97%	62.24%	45.01%	71.05%	60.06%
2007	68.66%	60.29%	51.41%	70.77%	65.49%
2008	68.78%	45.38%	56.38%	23.03%	63.09%
2009	75.49%	49.34%	63.00%	37.41%	59.35%
2010	78.32%	51.68%	65.34%	55.57%	60.49%
2011	85.28%	56.14%	66.26%	73.55%	56.47%
2012	99.53%	61.57%	71.31%	88.85%	58.08%
2013	112.00%	58.06%	66.87%	83.62%	62.47%
2014	144.67%	60.66%	69.87%	97.96%	67.05%
2015	166.71%	76.10%	75.48%	107.56%	69.37%
2016	196.26%	89.05%	78.03%	113.19%	67.79%

数据来源:1997—2000年各地统计年鉴、2001—2016年各地国民经济和社会发展统计公报。

(二)理论背景

旅游活动作为一种经济现象早在19世纪末就引起了学术界的关注,以意大利国家统计局局长博迪奥(Bodio,1899)发表的《关于在意大利的外国旅游者的流动及其花费》一文为标志,揭开了旅游经济研究的序幕。随着旅游业的蓬勃发展和旅游经济理论研究的不断深化,旅游业对社会经济发展的影响日益凸显,旅游发展与经济增长的关系研究逐步成为国内外学术界研究的重点领域。

随着研究的不断深化,旅游发展与经济增长的关系研究形成了三种不同的观点:一是促进论,即旅游发展对经济增长具有正向影响,说明旅游业通过创造外汇(Henry和Deane,1997;蒋满元,2008)、提高税收(Archer,1995;葛夕良,2008)、增加就业(Janta和Lugosi,2012;左冰,2002)、带动投资(Sinclair,1998;赵小芸,2004)、刺激消费(Divisckcra,2010;张丽峰,2008)等手段促进经

3

济增长,进而形成了最具代表性的"旅游导向型经济增长假说"(Tourism-Led Growth Hypothesis,TLGH);此外,大量学者的实证研究证实了 TLGH 理论的合理性(Balaguer 和 Cantavella-Jordà,2002;Durbarry,2004;Gunduz 和 Hatemi,2005;Oh,2005;Kim 等,2006;Lean H. 和 Tang,2010;赵磊,2015)。二是抑制论,即旅游发展对经济增长有负向影响,说明旅游发展会通过"荷兰病"效应、去工业化、阻碍技术进步、挤出资本等路径抑制经济发展(Copeland,1991;Chao 等,2006;左冰,2013;杨懿,2015)。三是非线性论,即旅游发展与经济增长之间并非简单的正向或负向的线性关系,而是二者同时存在非线性关系(Po 和 Huang,2008;朱希伟,2009;左冰,2011;赵磊,2017),并通过实证分析提出了可能存在"U"型关系或"倒 N"型关系;也有学者认为正向影响或负向影响的决定因素是旅游专业化水平或旅游经济依赖程度(Figini 和 Vici,2010;Sheng,2011;刘长生,2011;杨懿,2017)。

综上所述,旅游发展与经济增长的关系理论研究成果非常丰富,研究领域和研究方法多元。但是,从成果数量和研究深度来看,抑制论和非线性论方面的研究相对于促进论却滞后许多。因此,本书旨在结合抑制论与非线性论的相关观点,对旅游经济依赖程度较高的区域"荷兰病"效应存在性、发生机制、影响评价、调控对策等进行较为深入的理论探讨与实证分析。

(三)现实背景

消费、投资、净出口是拉动经济增长的"三驾马车",旅游业长期以来在带动直接消费和诱发间接消费、提高投资效率和拓宽投资渠道、赚取外汇收入和平衡贸易收支等方面的综合功能有目共睹,逐渐成为带动区域经济增长的催化剂。部分国家或地区由于旅游资源禀赋的比较优势突出,大力发展旅游产业,也因此极大地带动了经济社会的发展,却相对忽视和抑制了其他产业的发展,形成了以旅游业为单一支柱产业、区域经济发展过度依赖旅游产业的旅游经济依赖现象。如云南省的丽江市,蓬勃发展的旅游产业有力地带动了区域经济的发展,十多年来旅游收入相当于 GDP 的比重均超过 60%,近些年甚至出现了旅游收入大于 GDP 的情况,旅游经济依赖凸显无疑。此外,中国的张家界市、黄山市、三亚市、阿坝州等地区以及西班牙、泰国、马尔代夫、斐济、巴哈马、多米尼加等国家也是旅游经济依赖的典型代表。

同时,旅游业本身就具有极高的敏感性,各类自然灾害、经济危机、疾病瘟疫、恐怖主义、冲突战争等事件的发生都会给旅游产业的发展带来较大的影响。例如:1998 年的亚洲金融危机,导致日本、韩国、泰国等国家旅游产业严重受挫;2003 年的"非典"暴发使全球旅游产业呈现断崖式下滑;2008 年的"5·12"地震对四川旅游业造成了致命打击;2009 年的"7·5"事件使得新疆旅游业遭受重创。更为重要的是,此类事件并非偶然发生,反而呈现频繁化的趋势,仅 2016 年,就先后发生了法国尼斯恐怖袭击、土耳其军事政变、墨西哥大地震、美国拉斯维加斯枪击案,均对当地旅游业造成了极为严重的影响。与此同时,由于目前各地发展旅游业的积极性空前高涨,导致了旅游产能过剩和旅游开发"潮涌现象"①,使得区域旅游产业发展面临着异常激烈的竞争。复杂多变的外部发展环境和日益激烈的产业内部竞争,加剧了旅游产业的高敏感性特征,导致区域旅游产业波动甚至衰退现象大量出现。

二、研究意义

(一)理论意义

本书对旅游地"荷兰病"效应的存在性、概念体系、理论框架、作用机制等做了较为深入的理论探讨和实证分析,进而从脆弱性的视角评价了其影响程度,并提出了相应的调控对策,丰富了旅游发展与经济增长关系理论体系,是旅游负面经济影响研究的重要补充,也是对抑制论和非线性论观点的有力支撑。同时,本书从旅游经济理论研究内在的逻辑起点出发,将旅游业作为促进区域经济发展的"手段"予以考量,重新审视和探讨了旅游产业的经济效应,分析了旅游地经济可持续发展的初始条件,即如何才能可持续发展,是对旅

---

① 马波:《中国旅游业"潮涌现象"的预警与预防》,《旅游学刊》2011 年第 1 期。

地经济可持续发展理论研究的深化。

(二)现实意义

对旅游地"荷兰病"效应的研究是从"旅游地"的视角对党的十九大报告提出的"转变发展方式、优化经济结构、转换增长动力","健全各方面风险防控机制,更加自觉地防范各种风险"和习近平总书记提出的"为了从根本上解决经济的长远发展问题,必须坚定推动结构改革,宁可将增长速度降下来一些。"①,"建立健全化解各类风险的体制机制"②等重要指示的一种全新尝试性探索,对于丽江、张家界、三亚、黄山和阿坝等旅游资源丰富的地区经济可持续发展和旅游产业供给侧结构性改革具有重要的指导意义;对云南西双版纳、四川乐山、江西九江等可能的"荷兰病患者"也具有警示和借鉴价值。同时,对国家全域旅游示范区创建、旅游战略性支柱产业培育评价等重大旅游发展战略的执行与深化具有一定的参考价值。

三、研究方法

(一)文献分析与调查访谈相结合

在研究方向明确后,笔者通过多种渠道全面检索搜集了国内外关于"荷兰病"以及旅游经济依赖、经济脆弱性的相关研究成果,并在对文献资料的系统筛选、阅读、梳理、归纳的基础上厘清了各领域的研究进展和研究空白,进而确定了研究选题。同时,为了尽量多地获得第一手资料,曾先后多次赴丽江、张家界、黄山、阿坝和三亚进行实地调研,获得了大量原始数据并与当地政府、企业相关人员进行了深入访谈。此外,为进一步优化研究思路,还就相关研究

---

① 《共同维护和发展开放型世界经济——在二十国集团领导人峰会第一阶段会议上关于世界经济形势的发言》,《人民日报》2013年9月6日第2版。

② 中共中央文献研究室编:《习近平关于全面建成小康社会论述摘编》,中央文献出版社2016年版,第27页。

问题与云南大学、云南财经大学、云南大学丽江旅游文化学院、中南大学、湖南师范大学、吉首大学、安徽财经大学、黄山学院、四川大学、西南财经大学、成都理工大学、海南大学、海南热带海洋大学(原琼州学院)以及中国旅游研究院、中国科学院地理科学与资源研究所、北京联合大学、中山大学、美国华盛顿州立大学、香港浸会大学、台湾长荣大学、台湾中兴大学的相关研究人员进行了深入访谈和交流。

(二)定性分析与定量测度相结合

在本书的研究过程中,在旅游地"荷兰病"效应的概念界定、特征分析、条件探讨、框架构建、路径依赖、传导机制、影响机制和调控对策等方面的研究中主要采用了归纳与演绎、分析与综合等定性研究方法;在旅游经济依赖型目的地产业发展差异分析、旅游地"荷兰病"效应的实证研究、旅游地"荷兰病"效应的发生机制研究以及旅游地"荷兰病"效应的影响评价研究等方面主要采用了统计分析法、计量经济分析法、一般均衡分析法和熵值法等定量研究方法;在产业发展差异比较、"荷兰病"效应比较以及经济脆弱性比较等方面的研究中主要采用了定性分析与定量测度相结合的研究方法。

(三)学科交叉与软件辅助相结合

本书涉及发展经济学、产业经济学、国际贸易学等经济学相关理论,旅游经济学、旅游目的地管理等旅游管理学的相关理论以及以脆弱性分析为代表的地理学和可持续发展科学相关理论。因此,本书的研究融合了经济学、管理学、地理学和可持续发展科学等多个学科的基本原理和研究方法,是一个多学科交叉的研究课题。在整个研究的进展过程中,又涉及数据处理、统计分析、计量分析、一般均衡分析以及影响评价等大量定量研究内容,因此,本书采用了计算机软件辅助的方法,运用 Excel 软件进行原始数据处理和产业发展差异分析,运用 R-Studio 软件进行旅游地"荷兰病"效应的实证分析,运用 Vensim 软件进行发生机制分析,运用 Matlab 软件进行"荷兰病"影响评价研究。

(四)纵向比较与横向比较相结合

本书为了更好地分析和认识研究对象的规律,对五个案例地的"荷兰病"效应程度进行了横向比较分析;对五个案例地的产业发展差异、经济脆弱性的动态演变进行了时间序列的纵向比较和2016年分析结果的横向比较,还以云南省其他旅游地为参照进行了2016年分析结果的横向比较。与此同时,为了研究结论更加符合实际,本书在数据处理方法、评价模型和评价方法的优选过程中,也对相关方法的优劣进行了比较分析,以扬长避短,确定最适合本书的研究方法。

四、研究方案

(一)研究思路

本书选取丽江、张家界、黄山、阿坝、三亚等五个典型的旅游经济依赖型目的地为研究对象,以实现旅游地经济可持续发展为目标,在文献资料搜集和量化分析的基础上,重点探讨旅游地"荷兰病"效应的概念体系与理论框架、发生机制与路径依赖、传导机制与影响评价,进而通过理论和实证的研究结论提出相应的调控对策。具体的研究思路如图0-1所示。

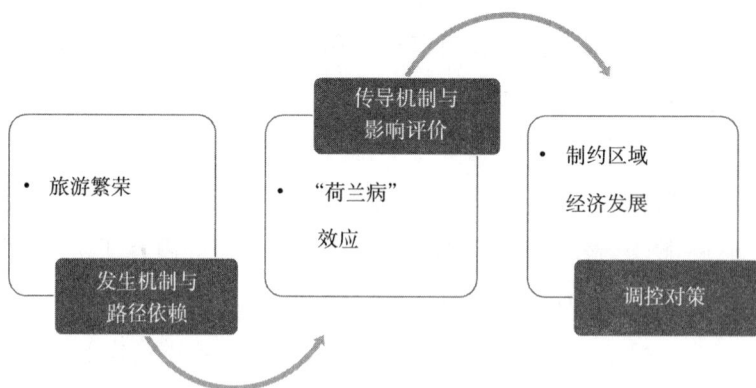

图 0-1 研究思路

图片来源:作者自行绘制。

（二）研究内容

根据研究问题的需要,本书的主要内容分为"绪论"部分和七章内容。

绪论着重交代本书的研究背景、研究意义、研究方法和研究方案,是对整个研究思路和结构的总体安排。

第一章为旅游地"荷兰病"效应的研究现状,系统梳理和归纳国内外关于"荷兰病"和旅游地"荷兰病"的相关研究成果,以探寻本书的切入点。

第二章为旅游经济依赖型目的地产业发展差异分析,将应用于不同区域经济或产业发展差异分析的研究方法应用于分析同一区域不同产业的发展差异,以审视五个案例地的旅游繁荣现状并进行比较分析。

第三章为旅游地"荷兰病"效应的理论解析,重点阐述本书的理论基础,对相关概念进行界定,分析旅游地"荷兰病"效应的特征和形成条件;在此基础上搭建旅游地"荷兰病"效应的分析框架,探讨其发生机制、传导机制和影响机制。

第四章为旅游地"荷兰病"效应的实证分析,通过构建虚拟变量回归模型,对五个案例地国民经济、产业发展和旅游发展统计数据进行计量经济分析,证实旅游地"荷兰病"效应的存在性并比较其影响程度。

第五章为旅游地"荷兰病"效应的影响评价,通过搜集五个案例地的相关统计数据,在"荷兰病"效应背景下评价五个案例地的经济脆弱性,并进行时间序列的纵向比较和不同区域的横向比较分析。

第六章为旅游地"荷兰病"效应的调控对策,着重从认知定位、政策机制和产业发展三个层面提出一系列调控对策。

第七章为结论与展望,总结本书的主要结论和观点,归纳本书可能的创新之处,并阐释本书存在的不足和未来研究的展望。

（三）技术路线

本书以经济学、地理学和旅游管理学相关理论为基础,以丽江市等五个案例地为主要实证研究对象,按照理论研究与实证研究相结合的思路,坚持理论研究与实证研究同步推进、相互印证的原则。本书的研究框架如图 0-2 所示。

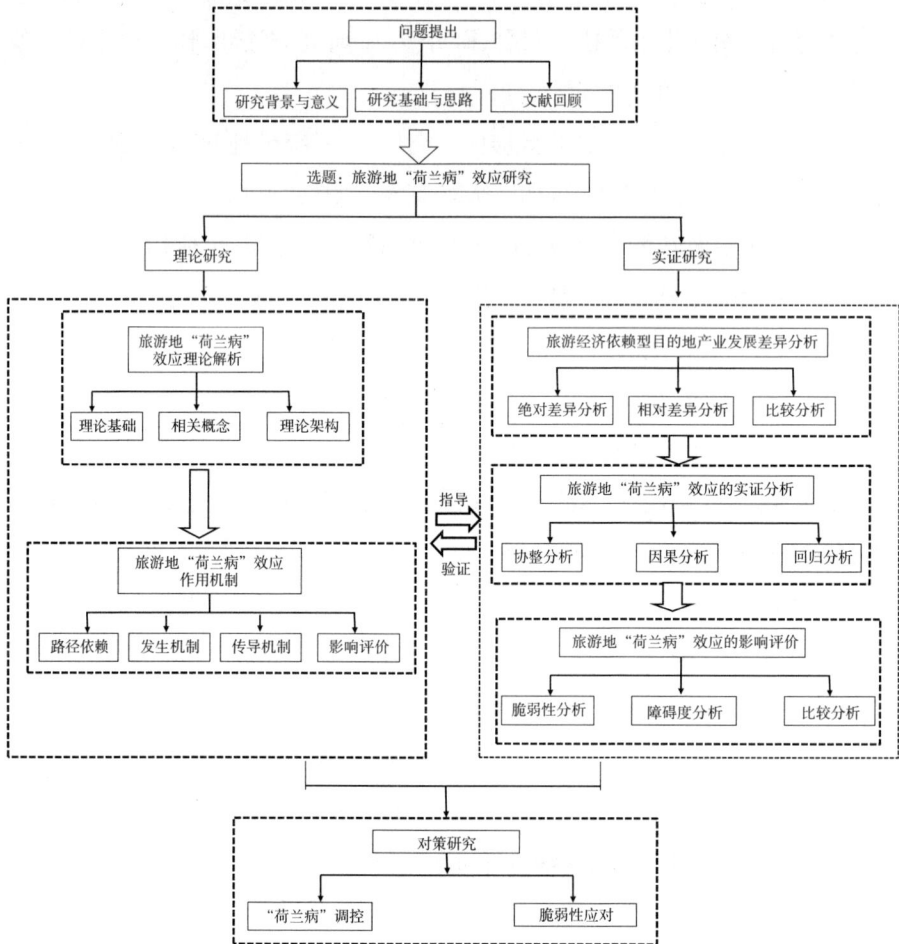

图 0-2　研究框架

图片来源:作者自行绘制。

第一章　旅游地"荷兰病"效应的研究现状

　　1959 年,荷兰北海海岸沿线发现了储量极为丰富的大格罗宁根天然气田(Groningen gas field),加之政府的大力扶持,使得天然气产业蓬勃发展,出口剧增,经济呈现繁荣景象,荷兰也因此迅速发展成为以出口天然气为主的国家。但是,以天然气为代表的自然资源出口在带来巨大财富的同时,却严重抑制了荷兰农业和其他工业部门的发展,导致货币大幅升值、通货膨胀上升、制成品出口下降、收入增长率降低、失业率不断增加等一系列问题,使得荷兰经历了一场前所未有的产业结构调整危机。1977 年,著名的《经济学家》杂志(The Economist)将这一现象称为"荷兰病"(Dutch Disease),这也是在现有可查文献中首次出现"荷兰病"一词。本章将系统梳理国内外关于"荷兰病"及旅游地"荷兰病"研究的相关文献,以确定研究的切入点,为整个研究的理论模型、逻辑演绎和实证分析提供支撑。

第一节　国外"荷兰病"研究现状

一、"荷兰病"的理论探讨

　　"荷兰病"现象的出现引起了学术界的高度重视,并开展了卓有成效的理论探讨。其中,早期的研究以探索和构建"荷兰病"理论模型为主;之后,又针对"荷兰病"的原因、影响和应对等方面进行了较为深入的理论研究。

　　(一)"荷兰病"的理论模型

　　其实早在"荷兰病"概念正式提出之前就有学者开展了相关研究。Eide

E.(1973)初步探索了所谓"荷兰病"的形成机理;McKinnon(1976)探讨了科威特石油产业收入大幅增加对其他非贸易部门的影响;Gregory(1976)对澳大利亚矿产资源大开发对产业结构的影响进行了分析;Snape(1977)在 Gregory(1976)研究的基础上进行了修正和扩展,探讨了资源繁荣可能导致的资源转移效应和支出效应,为"荷兰病"理论模型的形成奠定了重要的基础。

在"荷兰病"的概念正式提出以后,经济学界针对这一现象展开更为深入的理论探讨,Brittan(1977)论述了"荷兰病"与英镑价格之间的关系;Buiter 和 Purvis(1980)通过分析货币紧缩、石油价格上涨、石油资源的新发现三个可能导致去工业化的因素,试图建立"荷兰病"分析模型;Van(1981)在"荷兰病"的规范分析视角下探讨了石油输出国的最优投资与汇率管理。当然,最具代表性的研究成果即 Corden 和 Neary(1982)发表的 *Booming Sector and De-Industrialization in a Small Open Economy* 一文,提出自然资源大开发将导致资源转移效应和支出效应,进而引发去工业化现象和汇率升值现象,并在此基础上构建了"荷兰病"的经典理论模型。

此后,Bruno 和 Sachs(1982)认为资源的大开发会导致"荷兰病",并构建了"荷兰病"动态模型;Matsuyama(1992)在弥补 Corden 经典模型"技术外生"不足的基础上,通过引入非新古典假设的两部门内生经济增长模型,认为经济系统由资源产业和制造业构成,两个部门生产效率相等的条件下,制造业的劳动力具备较高的学习效应,制造业的衰退是通过中断人力资源的学习溢出效应实现的;Sachs 和 Warner(1995)在 Matsuyama(1992)的基础上构建了两部门内生增长模型,提出了由服务业和制造业组成的两部门经济系统,认为资源产业越发达的国家对不可贸易产品的需求越大,服务业越繁荣;同时,制造业能分配到的生产要素越少,生产成本越高,制造业越萎缩。

(二)"荷兰病"的成因理论

Bandara(1991)在"荷兰病"经典理论模型的基础上,构建了充分反映"荷兰病"经典理论模型基本特征的三部门可计算一般均衡(CGE)模型,探讨了"荷兰病"效应的可能原因,并认为 CGE 模型非常适合用于类似"荷兰病"现象的影响研究;Cherif(2013)分析了少数的技术先进国家可能更容易发生"荷兰病"影响的原因;Caputo 和 R Valdés(2016)发现当一个国家受到积极的贸易条件冲击时,"荷兰病"是一个潜在的威胁。

(三)"荷兰病"的影响理论

在影响研究方面,着重探讨了"荷兰病"效应对不同产业部门发展和实际汇率变化的作用机理。Fardmanesh(1990)认为"荷兰病"模型很好地解释了资源繁荣对石油出口国制造业的抑制,但是对其农业部门的影响却不显著;Davis(1995)提出蓬勃发展的矿产部门不仅可能导致"荷兰病"效应,也有可能成为发展的诅咒;Torvik(2001)构建了"干中学"背景下的"荷兰病"模型,并在假设部门之间可以相互促进且存在学习效应的基础上,探讨了不同部门生产和生产率的变化;Arezki 和 Ismail(2013)运用"荷兰病"模型研究了石油出口国在商品价格周期爆发期间的支出政策变化及其对实际汇率变动的影响;Bunte(2016)探讨了一个国家是否可能阻止"荷兰病"的发生,研究发现"荷兰病"在工资谈判协调程度较高、收入不平等程度较低的国家并不那么严重,因为前者限制了工人从出口部门迁出,中断了资源转移效应;后者阻止了实际汇率升值,调节了支出效应。

(四)"荷兰病"的应对理论

在对策研究方面,重点从资源管理和金融政策等角度进行了探讨。Erling(1989)探讨了"荷兰病"效应发生后部门之间应该如何调整以建立新的均衡;Matsen 和 Torvik(2002)基于"荷兰病"经典模型解释了为什么资源富集反而可能会抑制经济增长,并在此基础上探讨了如何实现资源的最佳管理以减少这种负面效应;Corden(2012)指出可以通过财政盈余调控汇率、降息、建立主权财富基金等手段降低"荷兰病"效应的影响;Saborowski(2011)探讨了如何通过金融部门发展应对"荷兰病"问题,研究发现当金融和资本市场较活跃时,外商直接投资流入导致的汇率升值效应在减弱,因此,实际汇率升值现象可以部分通过金融部门来缓解。

二、"荷兰病"的实证研究

相比于理论探讨,"荷兰病"实证研究成果更为丰富多样,研究的重点是结合不同国家或地区的发展实际,对"荷兰病"的存在性及其成因、影响机理及应对策略进行探讨。

(一)"荷兰病"存在性的实证研究

"荷兰病"是客观存在的已经是学术界的基本共识,这也在很多国家或地区发展的实证研究中得到了印证。Mogotsi(2002)认为没有经历过工业化的国家,其制造业的相对下降也可能导致去工业化,进而证实了博茨瓦纳在1982—1990年间的钻石繁荣确实遭受"荷兰病";Pegg(2010)认为博茨瓦纳经济发展过度依赖矿产资源,存在"荷兰病"的许多症状;Chand 和 Levantis(2000)将犯罪作为一种经济活动,运用CGE模型分析了巴布亚新几内亚资源繁荣带来的福利效应,发现巴布亚新几内亚的经济发展过度依赖于丰富的矿产资源,导致了"荷兰病"和经济脆弱性。

(二)"荷兰病"成因的实证研究

在存在性实证研究的基础上,部分学者结合"荷兰病"理论模型的基本原理,分析了不同国家或地区"荷兰病"产生的原因。Fakhri(2011)利用可疑假设的方法探讨了2001—2007年间阿塞拜疆经济中是否存在"荷兰病",研究发现不存在"绝对去工业化",但存在非石油贸易部门"相对去工业化"和非贸易部门的大幅度扩张;政府支出导致的支出效应比资源转移效应更为显著,而非贸易部门的平均工资和价格迅速上涨导致了实际汇率升值;Papyrakis 和 Raveh(2014)通过加拿大的面板数据分析"荷兰病"发生的原因,发现标准"荷兰病"机制在区域层面也是存在的,即资源的繁荣和通货膨胀会导致资源转移效应和支出效应;Botta 等(2015)提出"荷兰病"效应导致近年来哥伦比亚制造业出现负增长,并对哥伦比亚经济的稳定构成潜在的危险,并在此基础上探讨了哥伦比亚"荷兰病"效应的成因。

(三)"荷兰病"影响机理的实证研究

对不同国家或地区的影响实证分析是"荷兰病"研究的热点和焦点,学术界运用不同的研究方法和模型开展了大量研究,研究内容主要涉及"荷兰病"对不同行业部门、实际汇率、工资就业、进口需求、相对价格等的影响。

"荷兰病"理论模型提出后,引发了"荷兰病"影响机理实证研究的热潮,

Macedo(1982)提出了货币不可兑换的动态投资组合模型,认为埃及伴随着石油出口增加经济的实际汇率升值、货币多元化和部分金融自由化,并在此基础上构建了埃及的"荷兰病"模式;Wijnbergen(1984)利用实际收入和实际汇率对劳动力和非贸易品市场出清反应较慢的不平衡模型,发现海湾国家石油繁荣引发的"荷兰病"效应会造成贸易品部门生产下降;Benjamin(1989)考虑到发展中国家的具体特征,尤其是国内和进口商品的不完全替代性被纳入时,石油繁荣导致的"荷兰病"效应的影响可能会变化,进而以喀麦隆为例利用可计算的一般均衡模型进行了实证研究,发现农业部门最有可能受到伤害,部分制造业反而可能会受益;Fardmanesh(1991)运用1966—1986年间阿尔及利亚、厄瓜多尔、印度尼西亚、尼日利亚和委内瑞拉五个国家的年度时间序列数据分析了石油繁荣带来的"荷兰病"效应对其制造业和农业的影响;Looney(1991)探讨了"荷兰病"对科威特工业的影响,重点分析了实际汇率以及部门通货膨胀率变化对发展模式的影响,发现在石油价格下跌前,"荷兰病"效应非常显著;Akorlie和Nyatepe-Coo(1994)在20世纪七八十年代石油冲击的背景下,利用双方程模型探讨了石油繁荣导致的"荷兰病"效应对尼日利亚进口需求和政府政策变化的影响,发现农业部门进口需求大幅增加;Donald和Richards(1994)探讨了"荷兰病"理论模型的普适性,并通过巴拉圭1973—1986年间相关数据的实证分析发现,蓬勃产业部门的发展导致了非蓬勃产业部门的收缩和实际汇率的升值;Roy(1994)提出由于汇率的波动,20世纪80年代博茨瓦纳的钻石资源产业繁荣导致的"荷兰病"效应造成了农业部门相对的价格上的劣势;Barham和Coomes(1994)研究了20世纪初巴西橡胶工业和亚马逊流域贸易的繁荣,发现橡胶产业的繁荣可能导致"荷兰病"效应抑制区域经济发展。

近年来,"荷兰病"影响的实证研究又再度引起了学术界的关注,Drelichman(2005)分析了15世纪40年代西班牙美洲殖民地丰富的资源引发的"荷兰病"现象,具体表现为非贸易品的相对价格强劲而持续增长,并持续了近30年;Egert和Leonard(2008)探讨了"荷兰病"效应对哈萨克斯坦经济发展构成的威胁;Victoria和Edouard(2010)认为1999—2007年间俄罗斯的经济快速增长,虽然也存在"荷兰病"现象导致的实际汇率升值、实际工资上涨、制造业就业下降等问题,但是制造业依然呈现上涨趋势,这可能与新市场的开发和需求的增长有关;Apergis 等(2014)分析了石油价格上涨对中东和北非国家农业部门的影响,发现油价与农业增加值之间存在负相关关系,石油部门的繁荣对农业部门存在"荷兰病"效应,导致了农业部门的衰退;Mironov 和 Petronevich(2015)结合俄罗斯国有经济的特征从资源转移效应和支出效应两个方面实证检验了"荷兰病"的影响;Sanchez 等(2015)运用 VAR 模型对智利和挪威进行了实证研究,证实了"荷兰病"的存在,并认为自然资源的出口收入增加会导致实际汇率升值,进而导致在本国国际市场上交易的其他商品的相对价格上涨、竞争力下降,最终造成经济的低迷;Bjørnland 和 Thorsrud(2016)认为传统的"荷兰病"研究没有考虑资源部门与其他部门之间的生产力溢出效应,因此,运用贝叶斯动力因子模型对澳大利亚和挪威进行了实证,研究发现蓬勃发展的资源部门对非资源部门产生了巨大的生产力溢出效应;Ge 和 Kinnucan(2017)认为当某个经济体中的蓬勃发展的部门挤出了滞后部门的生产要素时,就会出现"荷兰病",进而运用凯恩斯主义模型探讨了蒙古国采矿业对外直接投资增加对其农业部门的影响。

(四)"荷兰病"应对策略的实证研究

在以不同角度对"荷兰病"进行实证研究的基础上,学术界也针对不同国家和地区的实际提出了相应的"荷兰病"应对策略。Kamas(1986)运用"荷兰病"模型探讨了哥伦比亚咖啡和非法药物出口的繁荣与实际汇率、非咖啡出口部门和去工业化之间的关系,并提出了应对这种热潮的经济政策;Petri(1989)通过分析资本流动和贸易品生产外部效应政策,探讨了东亚地区应对"荷兰病"的政策,发现政策的核心在于妥善处理投资回报率和外国利率之间的关系;Benjamin(1990)以喀麦隆为例,利用多部门的可计算一般均衡模型分析了发展中国家产业结构调整问题,并评估了可用于应对"荷兰病"效应的宏观经济政策;Usui(1996)分析了印度尼西亚应对石油出口热潮两个政策调整的影响,即汇率贬值和预算盈余的累积,认为这些政策调整从宏观经济管理的角度来看有助于有效避免印度尼西亚因其石油繁荣而导致的"荷兰病";Usui(1997)从"荷兰病"的角度比较了印度尼西亚和墨西哥针对石油繁荣在财政、外债和汇率方面的政策调整,认为针对这类蓬勃发展的部门应采取相对保守的政策,并将其收入用于促进贸易部门的发展,有利于"荷兰病"的管控;Ramírez-Cendrero 和 Wirth(2016)认为挪威在应对"荷兰病"方面比较成功,因此总结了挪威可以提供其他石油和天然气经济体应对"荷兰病"参考的经验;Liu 和 Yang(2000)建立了中国台湾经济"荷兰病"效应的可计算的一般均衡模型,通过对 29 个行业和五分之一家庭产业结构和收入分配的调查发现,广泛的贸易自由化政策有助于缓解"荷兰病"现象;Levy(2008)利用一般均衡模型探讨了乍得农业政策中避免"荷兰病"的相关措施,发现如果将石油收入用于道路或灌溉基础设施等领域的公共投资,可以减少乍得对援助的依赖,改善复利效应;Dülger 等(2013)通过考察俄罗斯卢布实际汇率的升值和相对去工业化,发现俄罗斯经济表现出典型的"荷兰病"的症状,因此面对油价的震荡,俄罗斯需要制定更加稳定的经济政策。

三、"荷兰病"的动态拓展

随着对"荷兰病"现象研究的不断深化,研究发现"荷兰病"的"病源"已经不再局限于资源部门,学术界纷纷提出国际援助、收入分配、劳动力流动等都有可能引发"荷兰病"。

(一)国际援助引发"荷兰病"

Younger(1992)认为国际援助带来的大量新资本流入表面上是有益的,但长远来看可能导致"荷兰病"效应,引发实际汇率升值;由于政府往往是援助的接受者,还有可能对私有部门的发展产生挤出效应,加纳已经呈现出类似的趋势,并提出了完善缓解通货膨胀和促进私人投资的宏观经济政策的措施;Vos(1995)通过一般均衡模型分析发现,巴基斯坦在援助大量流入的背景下产生了相当严重的"荷兰病",但对墨西哥、菲律宾和泰国的分析却未得到类似的结论,说明"荷兰病"的发生可能和国家的经济结构有关;Paldam(1997)认为由丹麦大量的年度赠款引起的"荷兰病"效应是导致格陵兰经济高度扭曲、价格水平极高的主要原因之一;Rajan 和 Subramanian(2011)从"荷兰病"的视角研究了援助对制造业增长的影响,发现由于出口行业的相对增长率较低,援助流入会造成实际汇率升值,对国家竞争力产生不利影响;Fielding(2010)通过对10个太平洋岛屿国家的实证分析,发现援助导致了"荷兰病"效应在不同的区域可能出现不同的结果;Fielding 和 Gibson(2011)通过对撒哈拉以南26个非洲国家的实证研究发现,国际援助会影响受资助国家的宏观经济政策,进而导致"荷兰病"现象;Pedro(2013)分析了大量外援和汇款流入对埃塞俄比亚实际汇率造成的破坏性影响并测试了"荷兰病"效应,发现包括埃塞俄比亚在内的大多数非洲国家已经能够有效地管理大量的资本流入的影响。

(二)收入分配引发"荷兰病"

Hjort(2006)认为阿拉斯加式的公民收入分配无法为发展中国家解决"资源诅咒"问题,进而通过对博茨瓦纳、印度尼西亚和挪威这三个依靠资源主导但能够成功控制汇率的国家的比较分析,发现公民资金可能会加剧"荷兰病"效应;Behzadan 等(2017)提出收入分配不平等可能引发"荷兰病",进而通过动态面板数据的实证发现,收入分配是否平等在资源丰富是"祝福"或是"诅咒"的问题上起着至关重要的作用,自然资源租金分配越不平等,"荷兰病"症状越明显。

(三)劳动力流动引发"荷兰病"

Jackline(1997)在"荷兰病"模型框架下探讨了海湾国家石油繁荣的影响,发现劳工移民可以降低"荷兰病"的负面影响,但却会导致"荷兰病"转移到劳动派遣国;Beine 等(2015)运用加拿大的省份数据和一般均衡模型评估移民是否可以缓解"荷兰病"效应,研究发现移民总体上降低了蓬勃发展的非贸易部门的增长率,但主要是由于省际移民和临时外国工人造成的,无法证明长期国际移民有这种影响,省际移民也只能导致"荷兰病"效应的空间转换。

(四)国际汇款引发"荷兰病"

Lartey(2008)分析了经济资本流入所带来的"荷兰病"效应,并尝试从福利的角度来解决这一问题,发现"荷兰病"是在固定名义汇率的制度下发生的,以泰勒利率总体规则为特征的货币政策可以避免"荷兰病"的影响;Acosta等(2009)使用萨尔瓦多和贝叶斯技术数据,构建了两部门动态随机一般均衡模型分析汇款对新兴市场经济的影响,研究发现,汇款流量的增加会导致劳动力供给下降、消费需求增加偏向非贸易品、劳动力从可贸易部门流出,产生"荷兰病"效应;Lartey 等(2012)通过面板数据分析发现,汇款水平的上升导致的"荷兰病"通过实际汇率升值和资源转移效应抑制贸易品的生产,这些影响在固定名义汇率制度下更为强劲;Mamta 和 Fazle(2014)采用 Johansen 协整和矢量误差校正模型分析了孟加拉国1971 年到 2008 年的年度数据,发现侨汇的涌入会提高实际汇率而导致"荷兰病"效应,降低区域外贸竞争力,更大的贸易开放程度和侨汇优先投资项目等政策手段有利于孟加拉国规避"荷兰病";Prakash 和 Mala(2016)提出虽然很多学者的研究发现大规模的国际汇款会导致实际汇率升值并引发"荷兰病",但从长远来看,斐济不存在类似的情况;Roy 和 Dixon(2016)认为工人汇款已经成为一些新兴经济体的重要外汇来源,虽然可以减少贫困、刺激地区经济增长和金融发展,但也会导致实际汇率的升值,孟加拉国、印度、巴基斯坦和斯里兰卡出现的"荷兰病"就与该影响有关;Uddin 和 Murshed(2017)利用 1978—2013 年的 8 个南亚国家的面板数据,分析移民汇款和国际援助导致的"荷兰病"效应,提出虽然移民汇款和国际援助可能对本地区的扶贫有巨大的推动作用,但仍需要更有效地利用。

(五)其他原因引发"荷兰病"

Parcin 和 Dezhbakhsh(1988)提出了"超级荷兰病"的概念,认为在不可贸易部门技术转移的强化可能会导致可贸易部门的绝对收缩;Van(2009)针对劳动力市场的"荷兰病"效应进行了分析,重点建立了妇女工作与工业化之间的关系,发现这有可能是导致"荷兰病"的原因之一;Lartey(2011)研究了发展中国家资本流动的财务开放程度与"荷兰病"之间的关系,结果表明金融开放度的增加将导致实际汇率升值。

第二节　国内"荷兰病"研究现状[①]

一、"荷兰病"的理论与实证分析

中国学者对于"荷兰病"的研究起步较晚，研究成果尚不丰富，绝大部分研究遵循了国外经典研究的理论逻辑和分析范式，对典型国家或地区的案例进行了理论与实践探讨。漆艰明（1990）是我国较早涉及"荷兰病"研究的学者，他运用"荷兰病"理论，以英国和印度尼西亚石油天然气开发为例，分析了真实汇率管理的相关原理；周建和陈晓燕（1996）对尼日利亚、墨西哥、印度尼西亚三国石油资源丰足引发"荷兰病"作了分析；刘勇政、赵建梅（2009）认为非条件性转移支付会导致挤出效应并产生另类"荷兰病"的问题；郭晓琼（2009）根据"荷兰病"的理论模型，从国家油价上涨是否会导致汇率上升、去工业化、工资上涨三个方面进行了实证研究，得出了俄罗斯确实存在"荷兰病"的结论；陆建明、王文治（2011）运用索罗经济增长模型，分析了资源中间品出口国"荷兰病"效应的发生机制，进而比较了出口税和出口配额两种政策工具在治理"荷兰病"方面的效果；谢继文（2013）阐述了"荷兰病"的含义和危害及其去工业化的内在机理，总结了"荷兰病"的典型症状，进而以俄罗斯为例进行了实证分析，发现俄罗斯已经出现了明显的"荷兰病"症状并提出了防治建议；李峰和吴海霞（2015）通过分析 1970—2013 年间尼日利亚的经济数据，探讨了其"荷兰病"的主要症状和破解对策；陈浩和方杏村（2014）通过 1998—2011 年中国 23 个资源枯竭型地级市面板数据的实证研究发现，资源开发带来了"荷兰病"效应，虽然促进了第二产业的发展，但严重削弱了第一产业和第三产业对经济发展的贡献，对固定资产投资、制造业投入和外商投资产生了挤出效应，未能显著提高人口素质，对科技创新也产生了有限的挤出效应；伊万·沙拉法诺夫和任群罗（2015）以 Corden"荷兰病"理论模型为基础，

[①]　同样，国内也有一系列关于旅游引发"荷兰病"的研究，具体内容将在第26—29页阐述。

探讨了哈萨克斯坦"荷兰病"效应的征兆,并对政府所采取的相应对策进行了分析。

还有学者结合中国的实际案例进行了实证研究,鲁金萍等(2009)在对"荷兰病"经典理论模型进行改进的基础上,结合贵州毕节地区1996—2005年的统计数据,对其资本投入与经济增长率的关系进行了多元线性回归分析,进一步验证了欠发达资源富集区终将遭遇"资源诅咒"困境的假设;应瑞瑶和周力(2009)通过对中国省际数据的经验研究提出了绿色创新下的资源禀赋是破解"荷兰病"的重要途径;张新华等(2011)认为新疆矿产资源开发一方面拉动了区域经济增长;另一方面,也导致了产业的单一化和重型化,产生"荷兰病"效应,对人力资本和科技创新产生了挤出效应;杨玉文(2013)在对"荷兰病"进行理论解读并探讨其本质特征的基础上,从省际层面、省域内、产业层面检验和剖析了民族地区资源开发的"荷兰病"效应,并提出了破解的路径。

与国外研究进展类似,中国学者也针对"荷兰病"的"病源"的拓展进行了相关研究,张良悦等(2010)通过对1999—2007年中国30个省(自治区、直辖市)的面板数据的实证分析表明中国的土地资本化有某种"荷兰病"的特征;范言慧等(2013)从理论和经验分析两方面指出作为不可贸易部门的房地产业,其繁荣亦可引起本币实际升值和物价上涨,并对制造业出口产生负面影响,其在中国也引发了典型的"荷兰病"效应;杨权和张宇(2013)认为移民汇款能否促进经济增长尚需进一步证实,但是移民汇款可能导致母国实际汇率升值和出口竞争力下降,引发"荷兰病"效应;范言慧等(2013)认为外商直接投资流入不可贸易部门对贸易品价格上涨和人民币名义升值有显著影响,可能会引发"荷兰病"效应;郑佳琪(2013)认为"荷兰病"效应不仅仅存在于自然资源领域,对中国而言,丰富又廉价的劳动力资源带动的经济增长也存在"荷兰病",进而运用中国1990—2011年的年度数据进行了实证研究,发现中国农业、非劳动密集型出口制造业和服务业中均存在"荷兰病"现象,且挤出效应在以上三个部门都存在,但资源转移效应仅在农业中存在;李军林等(2016)认为"荷兰病"可能由任何产业引发,本质在于追求当期利润而导致的产业过度集中,使得区域经济发展面临巨大的不确定性,眼前的经济繁荣以更大的经济风险为代价,因此,要通过经济结构多元化和产业政策的优化提升经济体的容错能力。

二、"荷兰病"理论的中国适用性

中国学者还通过结合国外"荷兰病"研究的理论成果和我国经济发展的实际,对"荷兰病"在中国的适用性作了较为深入的研究。龚秀国(2009)较早提出了"中国式荷兰病"的概念,并先后从实证角度探讨了"中国式荷兰病"通过支出效应、资源转移效应、人民币汇率效应、体制惰性效应以及技术创新效应等渠道对中国的区域经济发展、农业发展、城乡就业、金融稳定、外来直接投资、收入分配、财政收支的影响;冯宗宪等(2010)认为"荷兰病"在中国普遍存在,但"中国式荷兰病"与荷兰、挪威等发达国家不同,主要表现为挤出制造业的固定资产投资,而并不是提高劳动力成本;刘莉亚(2010)通过对中国的经济现状进行分析,阐述了"荷兰病"在中国的特征,并提出了相应的政策建议;李玫瑰、连序海(2011)对"中国式荷兰病"制约我国农业发展进行了实证分析,并提出可以通过调整产业结构、加大财政支农力度和扩大海外投资等方式来缓解"中国式荷兰病";邢国均(2011)探讨了"荷兰病"在中国的变异,并提出了变异后的"荷兰病"在中国的特征;吴海民(2016)认为自身过度繁荣而引发的"荷兰病"效应是中国制造业走向空心化的主要原因之一;而王英(2010)却通过实证研究发现劳动密集型产品的出口和外汇流入促进了中国经济的有序发展,"中国式荷兰病"效应目前并不存在。

三、"荷兰病"与资源诅咒的关系

国内学术界关于"荷兰病"的研究更多是以 Auty(1993)提出的资源诅咒(Resource Curse)假说为基础,认为"荷兰病"是资源诅咒最重要的传导机制之一,用以警示在国民经济发展中过分依赖某种自然资源的危险性。徐康宁、邵军(2006)认为"荷兰病"效应是丰富的自然资源抑制经济发展的主要路径之一;徐盈之、胡永舜(2010)认为从长期来看内蒙古确实存在资源诅咒现象,最重要的诱因就是资源开发导致的"荷兰病"效应,而提升制造业部门的全要素生产率可以有效地破解这一现象;周晓唯、宋慧美(2011)提出新疆存在明显的资源诅咒现象,而"荷兰病"效应就是其传导机制,即能源产业对制造业、人力资本和制度公平都产生了挤出效应;陆云航、刘文忻(2013)探讨了学术界关于资源诅咒是否存在问题研究的分歧,揭示了相关实证研究所面临的困境,进而阐述了以"荷兰病"效应为代表的资源诅咒传导机制研究存在的争议并作了相应研究展望;张天舒(2013)认为资源禀赋对区域经济增长的消极影响可以通过弱化制度环境而产生,该作用同时也影响了"荷兰病"这一资源诅咒传导机制的路径;崔远淼、谢识予(2013)通过空间面板数据模型分析了区域资源禀赋对制造业出口的直接影响和空间溢出效应,发现资源禀赋具有"荷兰病"效应,过度地开发将抑制区域制造业的发展;郑猛、罗淳(2013)发现云南自 2004 年起开始出现资源诅咒现象,能源的开发抑制了经济的发展,但程度还较轻,这种影响很大程度上是通过"荷兰病"等一系列间接传导机制实现的;宫长瑞、王建伟(2014)从绿色 GDP 角度对新疆和内蒙古资源诅咒的存在性的比较分析发现,粗放型模式诱发的"荷兰病"效应是区域层面资源诅咒的主要原因之一;颜锋(2014)运用 1998—2010 年中国 31 个省份的面板数据建立中介效应模型,研究发现,丰富的自然资源对区域经济发展具有直接的正效应;但也会通过"荷兰病"效应挤出人力资本投入,弱化制度质量,对经济发展产生总的负效应;邵帅、杨莉莉(2010)通过对 1993—2010 年中国 31 个省份的面板数据的空间计量分析发现,资源产业依赖主要通过对技术创新水平和对外开放程度的挤出效应,削弱制造业投入的"荷兰病"效应对经济发展产生显著的间接抑制效应。

第三节 旅游地"荷兰病"研究现状

一、国外研究现状

(一)旅游地"荷兰病"的存在性

旅游地"荷兰病"效应的存在性已经在绝大多数国外学者的实证研究中

得到了证实，但也有学者通过对个别国家或地区的实证研究提出了质疑，认为旅游地"荷兰病"效应的负面影响是不存在或是在特定条件下才存在的。

Capo 等（2009）的实证研究表明西班牙巴利阿里群岛和加那利群岛过度依赖旅游业发展，出现了"荷兰病"现象，这将导致其经济发展缺乏免疫力。Nowak 和 Sahli（2007）在经典"荷兰病"的文献的基础上，运用一般均衡模型和哈里斯—托达罗劳动力迁移模型（Harris—Todaro Model）探讨了蓬勃发展的入境旅游对一个小型开放的海岛型经济体的广泛经济影响，发现旅游产业繁荣会导致农业部门的衰退。Sheng 和 Tsui（2009）的实证研究发现，澳门旅游业是通过牺牲制造业和其他产业发展为代价发展起来的，旅游业明显导致了"荷兰病"效应。Mieiro 和 Ramos（2010）通过对 1998—2009 年澳门经济发展数据的分析，发现澳门旅游发展与工业增长间存在明显的负相关关系，进一步证实了澳门存在旅游的"荷兰病"效应；Inchausti-Sintes（2015）通过对西班牙数据的实证分析，发现旅游业引发了"荷兰病"和去工业化，是西班牙经济衰退的主要原因之一，因为旅游业在微观经济层面对资源分配、汇率升值和非贸易品的需求也会产生较大的影响。Chao 等（2006）通过测算旅游业扩张对开放经济中资本积累、部门产出和居民福利的影响，发现旅游业扩张会提高不可贸易的商品的相对价格，改善贸易条件，进而引发不可贸易部门对资本和劳动力需求的增加，使得生产要素过度集中于旅游业，引发贸易部门的去工业化和"荷兰病"效应。

Holzner（2005）在克罗地亚旅游业长期繁荣的背景下，运用 100 多个国家 1970—2000 年的面板数据分析了旅游业、经济增长、实际汇率、税收和制造业之间的一般长期的关系，发现从长远来看旅游业的蓬勃发展不会引发"荷兰病"效应，旅游业并没有造成制造业的萎缩。Chen 等（2016）在前人的基础上引入国际借贷和要素相对密集度两个新的影响因子，建立了一个两部门动态一般均衡模型来分析旅游繁荣引发的"荷兰病"对福利的影响，研究发现如果存在国际借贷，"荷兰病"的福利效应是中性的；如果不存在国际借贷，"荷兰病"的福利效应是不确定的；如果旅游业是劳动密集型的，"荷兰病"会降低福利；如果旅游业是资本密集型的，"荷兰病"会改善福利。

（二）旅游地"荷兰病"的应对

国外关于旅游业"荷兰病"效应应对的研究大多是从对旅游业收入的分配调控和用途管控展开的。Sheng（2011）通过对一般均衡模型和部分均衡模型的综合分析，提出征收旅游税补贴非旅游行业的方式由于对于当地福利不产生影响，不适合应对旅游地"荷兰病"效应。Chang 等（2011）通过构建宏观动态优化模型的实证研究表明如果征收旅游税用于向当地居民提供回扣，由于财富效应的影响，对"荷兰病"的应对不能产生作用；但如果旅游税用于为制造业提供生产性的政府服务，将有利于治愈"荷兰病"；Mieiro 等（2012）通过计量分析发现澳门博彩旅游业的繁荣触发了"荷兰病"，而应对手段应该是将旅游业的收入用于本地投资以创造持久的价值，尤其是在教育和健康领域；Sheng（2011）构建了一个简单的一般均衡模型，对旅游城市的旅游专业化和经济多样化的福利效应进行了比较，发现旅游城市的承载能力有限，很容易出现以"荷兰病"为代表的副作用，应该积极利用蓬勃发展的旅游业带来的收入，以实现城市的可持续发展和经济多样化。同时也提出，这类旅游城市大多缺乏土地、劳动力和资源，又面临来自周边城市的竞争，发展旅游业也是别无选择，因此，需要进一步加强应对旅游地"荷兰病"效应的政策研究。

（三）其他相关研究

还有学者探讨了传统"荷兰病"效应对旅游业发展的影响。Forsyth 等（2014）利用可计算的一般均衡模型探讨了矿业繁荣对澳大利亚入境旅游、出境旅游和国内旅游的影响；Pham 等（2015）通过分析矿业繁荣程度对旅游市场价格指数走势的影响，发现矿业繁荣对旅游业的影响与"荷兰病"传统理论结论是一致的，本书还强调了政策制定者对住宿和航空投资战略规划会对繁荣期间甚至繁荣过后的旅游业产生积极影响；Dwyer 等（2016）发现澳大利亚旅游业面临着矿产资源出口繁荣所导致的"荷兰病"的挑战，具体表现为汇率升值造成的目的地价格竞争力的下降，既抑制了入境旅游和国内旅游，又增加了出境旅游流量；同时，矿业的繁荣推高了旅游业的劳动力成本。

二、国内研究现状

(一)旅游地"荷兰病"研究

国内学术界直接针对旅游地"荷兰病"效应的研究成果还不多见,杨懿(2013)在"荷兰病"效应背景下探讨了旅游经济依赖型目的地的经济发展脆弱性的测度与调控,发现对"荷兰病"型旅游地而言,由于经济发展对旅游业高度依赖,经济发展将长期处于高脆弱性状态;之后,杨懿、杨先明(2015)系统梳理旅游地"荷兰病"效应的理论渊源和相关研究,初步提出了其内涵界定,并认为"荷兰病"效应为旅游负面经济研究提供了一个全新的视角;杨懿、田里等(2017)界定了"荷兰病"型旅游地的概念,并系统阐述了"荷兰病"型旅游地的内涵特征、形成条件和识别流程,并针对丽江、张家界等五个案例地进行了实证研究。另外,白钟妍(2013)以"荷兰病"这一基本命题为依据,考察了西双版纳州旅游资源现状,发现西双版纳州以旅游产业为主导的发展模式导致了产业结构失衡,患上了"荷兰病",进而提出了相关政策建议。

其他与旅游地"荷兰病"效应关系较为密切的研究有:徐红罡(2006)提出了"荷兰病"在中国资源型旅游地中的作用机制,即政府对旅游资源开发利润的高预期,使得政府对其他产业的扶持引导力度相对不足;旅游业的过度投资,引起土地价格及其他资源价格的上升,恶化了投资环境;垄断着资源开发形成的高额利润,使得旅游业以外的其他产业投资相对利润下降;产业选择受到限制;刘长生(2011)通过对中国四个世界双遗产旅游地的面板数据分析发现,旅游业快速发展导致的"荷兰病"效应日益凸显,且对工业的影响要明显大于对农业的影响;徐文海、曹亮(2012)认为旅游服务部门的扩张可以提高非贸易品的相对价格,从而挤出那些以牺牲贸易品部门发展为代价的生产因素,即出现"荷兰病"现象;左冰(2015)在分析桂林旅游发展与工业发展的关系时发现,在经济不受干预的情况下,旅游扩张将挤出工业投资,转移工业劳动力,抑制工业发展,带来"荷兰病"效应;可以通过制定控制生产要素流动方向的相关产业政策有效地避免该问题。

（二）旅游资源诅咒与"荷兰病"

与一般"荷兰病"研究类似,国内旅游地"荷兰病"效应相关研究的视角之一也是在探讨旅游资源诅咒问题时将"荷兰病"作为一种传导机制。朱希伟、曾道智(2009)通过建立"两国三部门三要素"模型,探讨了大国开放经济背景下旅游业扩张对工业发展的影响及其福利含义,研究发现,旅游业发展会带来收入效应和转移效应,收入效应对工业发展具有正向的促进作用,而资源转移效应对工业发展具有负向的挤出效应,是否存在"去工业化"问题与外生参数密切相关;赵磊(2011)采用 DEA-Malmquist 生产率指数对 1999—2009 年间中国省际经济增长效率进行了测算,运用动态面板系统广义矩估计法实证分析了旅游发展对经济增长效率的影响机制,研究表明中国旅游业发展在传统粗放型经营模型下势必存在"资源诅咒"现象,隐藏在其背后的影响机制实质上就是旅游发展所引发的"荷兰病"效应;左冰(2013)采用计量分析法对中国各个省份是否存在旅游"资源诅咒"现象进行了检验,并探讨其传导机制,研究发现旅游业的繁荣会提高目的地价格水平,进而通过资本转移"挤出"制造业投资,抑制经济增长,出现"荷兰病"效应。

（三）旅游经济增长与"荷兰病"

国内绝大部分旅游地"荷兰病"效应相关研究或表述出现于旅游发展与经济增长的关系的实证研究中,以此作为旅游发展可能会对经济增长存在抑制作用的主要论据。

有的学者在实证研究过程中证实了"荷兰病"效应的客观存在。傅荣(2002)认为在 20 世纪 90 年代中后期珠海市经济发展缓慢的主要原因就是过度依赖旅游业、抑制了其他产业发展而导致的"荷兰病"效应;刘长生(2012)在对"海南国际旅游岛"的研究中提出我国很多旅游目的地存在"荷兰病"效应,旅游产业的快速扩张虽然会提高目的地的社会福利水平,但"荷兰病"效应会在一定程度上降低其社会福利水平;钟伟(2013)以内生经济增长理论和"荷兰病"理论模型为基础,构建了适合于单个旅游城市的小型经济体的"三部门两要素"模型和适合于城市群的大型开放经济体的"三部门三要素"模型,进而通过局部均衡分析和一般均衡分析方法研究旅游业扩张对城市经济增长及国民福利的影响,发现了旅游业引发了"荷兰病"效应和"去工业化"现象,并探讨了其发生的原因和传导的方式;闫滕滕(2013)采用多元回归分析方法,证实了曲阜市旅游产业与经济发展之间呈现负相关关系,说明曲阜市存在旅游地"荷兰病"效应;高璐(2015)认为旅游业的扩张会造成资源转移效应,并通过挤占制造业资源加速制造业衰落,导致"荷兰病"现象,阻碍经济可持续发展;而有意识地将旅游繁荣时积累的财富用于培育竞争性工业是应对的有效路径之一;李秋雨等(2015)通过广东省各区域 2000—2011 年的面板数据,从不同的空间尺度对旅游依赖度与经济增长关系进行分析,发现当经济发展对旅游业的依赖达到一定程度时,旅游业会对制造业产生抑制作用,导致"荷兰病"效应。

还有学者通过实证研究发现应该正视和重视旅游地"荷兰病"效应的客观存在,刘洋(2016)在研究文化旅游与城市经济协调发展时提出如果城市经济太过依赖文化旅游产业,那么城市将会陷入"去工业化"和"荷兰病"的危机;左冰(2011)以经济增长理论为基础,通过对中国 31 个省(自治区、直辖市)的历史面板数据的分析探讨了中国旅游经济增长因素及其贡献度,发现旅游发展是把双刃剑,如果处理不好旅游发展与其他产业之间的关系,同样有可能面临"资源诅咒",并产生"荷兰病"效应,对经济的长期发展产生不利影响;何昭丽、孙慧(2015)发现旅游高度专业化即旅游依赖度高可能会产生"荷兰病"效应,并通过实证研究证实中国西部民族地区经济增长为倒"U"型曲线关系,超过阈值即出现"荷兰病"效应;钟伟(2016)认为旅游扩张存在"去工业化"等负面影响,可能导致"荷兰病"效应,会对旅游地经济发展带来较大冲击,进而运用一般均衡分析法,通过研究小型开放经济体中制造业产品价格、收入分配和劳动力迁移等的变化情况,分析了旅游扩张所引发的收入效应和资源转移效应;黄燕玲等(2016)在包容性增长视角下,结合广西各市区的情况,兼顾数据的可得性,构建评价市域旅游业包容性增长水平的指标体系,旅游不是万能发展模式,不应该以旅游业最发达作为发展追求,在没有其他产业发展选择的前提下,应通过发展旅游业实现产业联动,从而避免"荷兰病"效应和"去工业化"现象;吕品、麻学锋(2011)提出在大力发展旅游业的同时不能忽视其他产业的发展,应适度调整,防止"荷兰病"效应的出现。

当然,也有极少数学者通过旅游发展与经济增长的实证研究发现目前中国尚不存在旅游地"荷兰病"效应。谢波、陈仲常(2015)发现中国西部地区旅游繁荣对经济增长具有促进作用,现阶段不存在"荷兰病"效应;曹翔、郭立萍(2017)将"资源诅咒"和"资源福祉"纳入一个统一的研究框架,通过对2003—2013年间中国188个优秀旅游城市的面板数据的动态分析考察了中国旅游发展对经济增长的影响及其机制,发现旅游地"荷兰病"效应在中国并不存在。

第四节 "荷兰病"效应研究述评

一、国外"荷兰病"研究述评

国外"荷兰病"研究相对已较为成熟,形成了"存在性—模型—成因—影响—应对"相对完整的研究体系,其中,存在性研究贯穿于研究的始终,理论模型已基本成型,成因研究较为系统且在不断拓展,影响研究是热点和重点领域,应对研究相对薄弱。从总体上看,实证研究强于理论研究。

二、国内"荷兰病"研究述评

国内"荷兰病"研究大多是以国外研究成果为基础对国内外典型案例地开展的实证研究,对"荷兰病"成因、影响、应对等方面的理论研究较为少见;"荷兰病"在中国的适用性分析及"中国式荷兰病"的探讨是国内研究亮点;而将"荷兰病"作为资源诅咒的主要传导机制是研究的主要视角之一。

三、旅游地"荷兰病"研究述评

旅游地"荷兰病"是传统"荷兰病"成因拓展的一种重要形式,也是"荷兰病"理论在旅游研究中的应用,已经引起了国内外学术界的关注,但还缺乏系统研究。国外学者重点从旅游地"荷兰病"的存在性和应对对策方面进行了一系列研究,其中,旅游地"荷兰病"效应的存在性研究虽然还存在极少数的质疑,但已经在绝大多数的研究中得到了证实;而应对研究相对较为薄弱,大多聚焦在以"征收旅游税"为代表的旅游收入分配调控方面。国内关于旅游地"荷兰病"效应的直接研究还很少见,更多是在旅游资源诅咒、旅游地经济增长、旅游产业福利效应、旅游发展与经济增长的关系等研究领域涉及"荷兰病"的相关理念。

综上所述,关于旅游地"荷兰病"效应目前还缺乏成体系的系统研究,需要在研究的理论架构和实证分析方面有所突破。因此,国外传统"荷兰病"研究以经典"荷兰病"理论模型为基础,构建的"存在性—模型—成因—影响—应对"的研究体系和一般均衡分析、回归分析等研究方法值得借鉴;而在旅游地"荷兰病"的影响和应对方面,还需要更多的开创性研究。

第二章　旅游经济依赖型目的地
产业发展差异分析

旅游地"荷兰病"效应就是一种典型的产业结构失衡现象,表现为旅游产业异常繁荣,在整个产业结构中占比过高,而其他产业的发展相对滞后,区域经济发展对旅游业过度依赖。知名经济学家林毅夫(1999)就曾指出经济发展的真实含义不是一个或几个产业鹤立鸡群式的增长,而是综合经济实力的提高。因此,本章将借鉴区域经济发展差异分析的相关理念,将应用于探讨不同区域经济或产业发展差异的研究方法创造性地应用于同一区域不同产业发展差异的分析,通过比较丽江市、张家界市、黄山市、阿坝州和三亚市等典型案例地1997—2016年的第一产业产值、第二产业产值、旅游收入及其增长率,分别从总量和增速两个角度分析其产业发展差异,以此来审视旅游经济依赖型目的地旅游繁荣和产业结构的扭曲现状。

第一节　现状分析

一、丽江市

丽江市位于云南省西北部,自1994年起实施"旅游先导"、"旅游带动"、"旅游强市"战略以来,旅游业实现了从"接待事业型"到"经济产业型"再到"支柱产业型"的转变,使丽江从一座不知名的西南边陲小镇发展成为世界级旅游文化名城和我国知名度最高、影响力最大的旅游目的地之一,集世界文化遗产地、世界自然遗产地、世界非物质文化遗产地、中国历史文化名城、中国优秀旅游城市、中国首批旅游名片、国家园林城市等多项殊荣于一身。到 2016 年,年接待海内外旅游者达 3519.91 万人次,其中海外游客 115.81 万人次;实现旅游业总收入 578.89 亿元人民币,其中,旅游外汇收入 4.84 亿美元。

从总量上看,1997—2016 年间丽江市第一产业、第二产业和旅游业均保持了逐年递增的良好发展态势,旅游收入自 1997 年起连续位列各产业产值第一位,与第一产业产值和第二产业产值的差距逐渐拉大。在 20 年间,旅游收入由 1997 年的 9.47 亿元增长到 2016 年的 608.76 亿元,增长了 63 倍之多,而第一产业增长了 4.8 倍、第二产业增长了 15.4 倍。2016 年,旅游总收入相当于第一产业产值的 12.5 倍、第二产业产值的 5 倍(见图 2-1)。

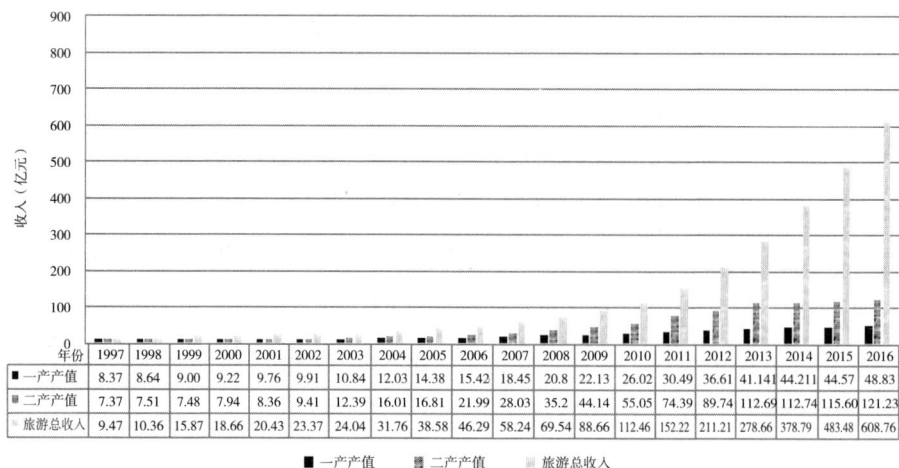

年份	1997	1998	1999	2000	2001	2002	2003	2004	2005	2006	2007	2008	2009	2010	2011	2012	2013	2014	2015	2016
一产产值	8.37	8.64	9.00	9.22	9.76	9.91	10.84	12.03	14.38	15.42	18.45	20.8	22.13	26.02	30.49	36.61	41.141	44.211	44.57	48.83
二产产值	7.37	7.51	7.48	7.94	8.36	9.41	12.39	16.01	16.81	21.99	28.03	35.2	44.14	55.05	74.39	89.74	112.66	112.74	115.60	121.23
旅游总收入	9.47	10.36	15.87	18.66	20.43	23.37	24.04	31.76	38.58	46.29	58.24	69.54	88.66	112.46	152.22	211.21	278.66	378.79	483.48	608.76

■ 一产产值　　■ 二产产值　　▨ 旅游总收入

图 2-1　1997—2016 年丽江市第一产业产值、第二产业产值与旅游总收入

从增速上看,1997—2016 年丽江市第一产业、第二产业和旅游业均呈现波动性增长趋势,平均增长率分别为 9.9%、16.53% 和 25.03%,同期丽江市国内生产总值平均增长率为 14.6%。可见,丽江市旅游业增长率远高于第一产业、第二产业和国内生产总值增长率(见图 2-2)。

二、张家界市

张家界市位于湖南省西北部,澧水中上游,属武陵山区腹地,自 1988 年实施"以旅游立市"、"建设世界旅游精品"等发展战略以来,旅游业已经成为拉

（单位：%）

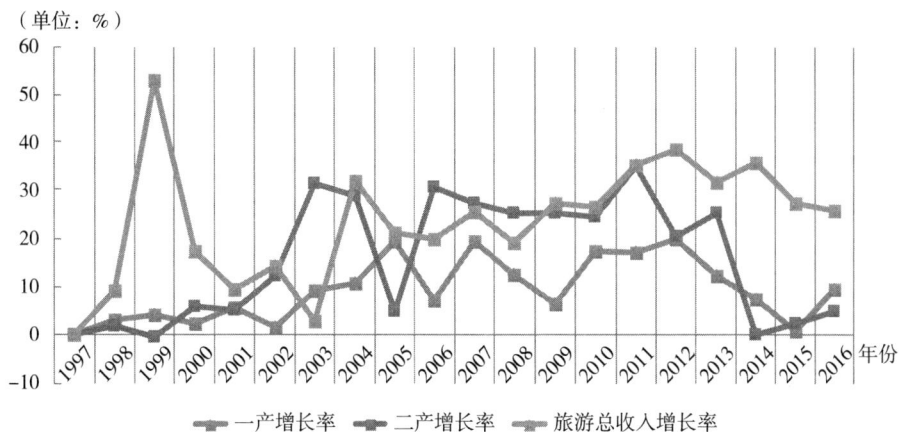

图 2-2　1997—2016 年丽江市第一产业、第二产业和旅游总收入增长率

动地区经济增长的核心因素,支柱产业地位凸显,使张家界市成为"国家绿色旅游示范基地"、"中国国际特色地质奇观旅游目的地"、"国家全域旅游示范区",集世界自然遗产、世界地质公园、中国第一个国家森林公园、国内重点旅游城市等多项殊荣于一身。到 2016 年,年接待海内外旅游者达 6143 万人次,其中海外游客达 447 万人次;实现旅游业总收入 443.1 亿元人民币,其中,旅游外汇收入 7.76 亿美元①。

从总量上看,张家界市 1997—2016 年间第一产业、第二产业与旅游业在小幅波动中呈逐年增长态势,旅游收入自 2000 年起连续位列第一,与第一产业产值和第二产业产值差距逐渐拉大。在 20 年间,旅游总收入由 1997 年的 4.16 亿元增长到 2016 年的 443.1 亿元,增长了 105.51 倍,而第一产业增长了 3.02 倍,第二产业增长了 6.87 倍。2016 年,旅游业总收入相当于第一产业产值的 7.87 倍、第二产业产值的 4.14 倍(见图 2-3)。

从增速上看,1997—2016 年张家界市第一产业、第二产业和旅游业均呈现波动增长趋势,平均增长率分别为 7.59%、11.27% 和 28.65%,同期张家界市 GDP 平均增长率为 12.59%。可见,张家界市旅游业增长率远高于第一产

---

① 数据来源:《张家界市 2016 年国民经济和社会发展统计公报》。

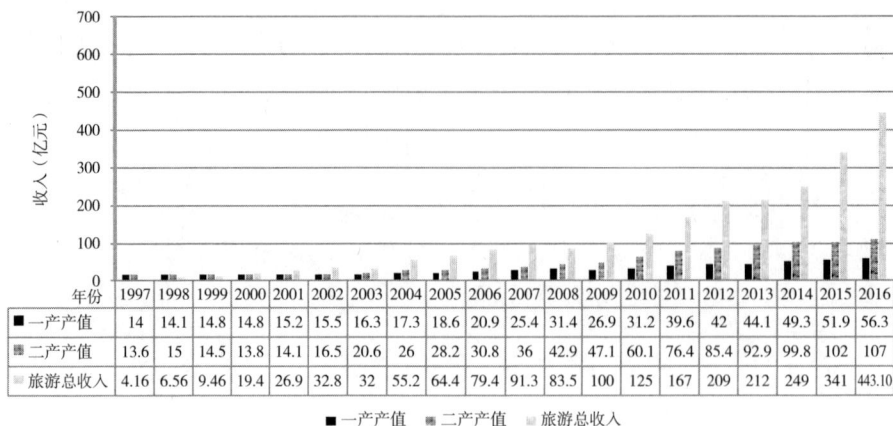

年份	1997	1998	1999	2000	2001	2002	2003	2004	2005	2006	2007	2008	2009	2010	2011	2012	2013	2014	2015	2016
■一产产值	14	14.1	14.8	14.8	15.2	15.5	16.3	17.3	18.6	20.9	25.4	31.4	26.9	31.2	39.6	42	44.1	49.3	51.9	56.3
▦二产产值	13.6	15	14.5	13.8	14.1	16.5	20.6	26	28.2	30.8	36	42.9	47.1	60.1	76.4	85.4	92.9	99.8	102	107
▨旅游总收入	4.16	6.56	9.46	19.4	26.9	32.8	32	55.2	64.4	79.4	91.3	83.5	100	125	167	209	212	249	341	443.10

■一产产值　▦二产产值　▨旅游总收入

图 2-3　1997—2016 年张家界市第一产业产值、第二产业产值与旅游总收入

业、第二产业和 GDP 增长率(见图 2-4)。

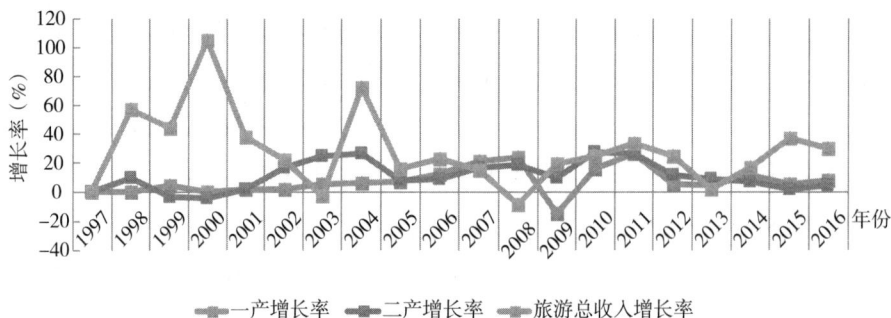

━■━一产增长率　━■━二产增长率　━■━旅游总收入增长率

图 2-4　1997—2016 年张家界市第一产业、第二产业和旅游总收入增长率

三、黄山市

黄山市位于安徽省南部,自 1979 年起,利用先天自然地理优势,不断发展旅游业,现已成为安徽省的旅游品牌和中国著名旅游城市,黄山景区入选世界自然与文化双遗产,皖南古村落西递、宏村入选世界文化遗产,获得"中国优秀旅游城市"、"国家园林城市"、"中国最美地质公园"、"国家森林城市"等荣誉称号。到 2016 年,黄山市年接待海内外游客 5187.1 万人次,其中入境旅游者 215.2 万人次;实现旅游总收入 450.1 亿元人民币,其中,旅游外汇收入 6.7

亿美元①。

从总量上看,1997—2016 年间黄山市第一产业、第二产业与旅游业的发展保持逐年递增的良好态势,旅游收入自 2004 年起连续位列各产业产值第一位,与第一产业产值和第二产业产值差距逐渐拉大。在 20 年间,旅游总收入由 1997 年的 9.2 亿元增长到 2016 年的 450.1 亿元,增长近 50 倍,而第一产业增长了 2.15 倍、第二产业增长了 9.09 倍。2016 年,旅游总收入相当于第一产业产值的 7.98 倍、第二产业产值的 2 倍(见图 2-5)。

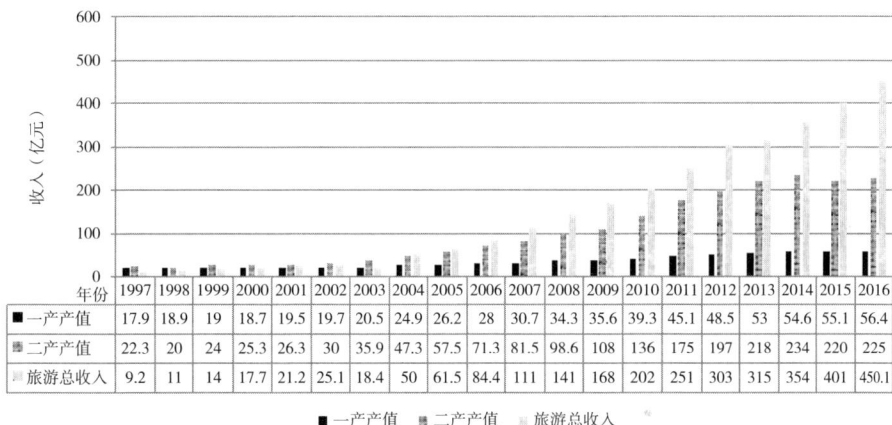

年份	1997	1998	1999	2000	2001	2002	2003	2004	2005	2006	2007	2008	2009	2010	2011	2012	2013	2014	2015	2016
■一产产值	17.9	18.9	19	18.7	19.5	19.7	20.5	24.9	26.2	28	30.7	34.3	35.6	39.3	45.1	48.5	53	54.6	55.1	56.4
▨二产产值	22.3	20	24	25.3	26.3	30	35.9	47.3	57.5	71.3	81.5	98.6	108	136	175	197	218	234	220	225
▨旅游总收入	9.2	11	14	17.7	21.2	25.1	18.4	50	61.5	84.4	111	141	168	202	251	303	315	354	401	450.1

图 2-5　1997—2016 年黄山市第一产业产值、第二产业产值与旅游总收入

从增速上看,1997—2016 年间黄山市,第一产业、第二产业和旅游总收入总体呈平缓上升趋势,平均增长率依次为 6.36%、13.49%和 26.39%,同期黄山市 GDP 平均增长率为 12.13%。可见,黄山市旅游业增长率远高于第一产业、第二产业和 GDP 增长率(见图 2-6)。

四、阿坝州

阿坝藏族羌族自治州位于四川省西北部,主要人口为少数民族。阿坝州利用多民族优势,大力发展旅游,使得旅游业成为阿坝州最重要的支柱产业。

---

①　数据来源:《黄山市 2016 年国民经济和社会发展统计公报》。

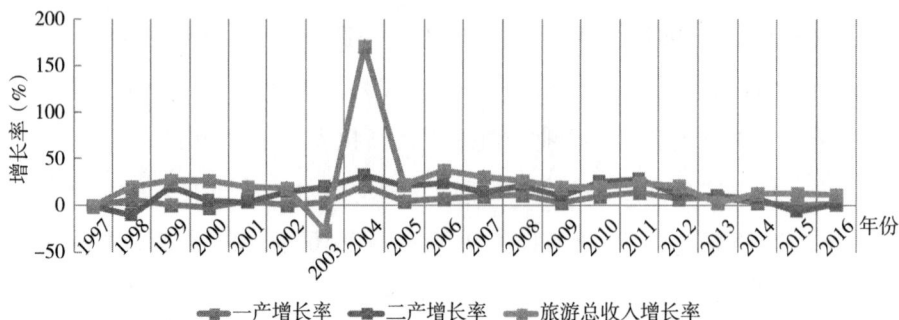

图 2-6　1997—2016 年黄山市第一产业、第二产业、旅游总收入增长率

阿坝州境内拥有久负盛名的九寨沟、黄龙等世界自然遗产,四姑娘山国家级风景名胜区,卧龙、若尔盖国家级自然保护区,曾被世界旅游组织专家誉为世界生态旅游最佳目的地。到 2016 年,阿坝州年接待游客 3761.49 万人次,实现旅游总收入 318.44 亿元①。

从总量上看,1997—2016 年间阿坝州第一产业、第二产业保持平稳增长的发展趋势,旅游收入自 2003 年起位列各产业产值第一位,与第一产业产值和第二产业产值差距逐渐拉大。在 20 年间,旅游收入由 1997 年的 1.4 亿元增长到 2016 年的 318.4 亿元,增长 227 倍之多,第一产业增长 4.8 倍,第二产业增长 11.3 倍。到 2016 年,旅游总收入相当于第一产业产值的 7.23 倍,第二产业产值的 2.4 倍(见图 2-7)。

从增速上看,阿坝州 1997—2016 年间第一产业、第二产业和旅游业增长率经历了从波动上升到趋于平缓的发展过程,平均增长率分别为 8.36%、15.78% 和 43.6%,同期阿坝州 GDP 平均增长率为 12.72%。可见,阿坝州旅游业增长率远高于第一产业、第二产业和 GDP 增长率(见图 2-8)。

五、三亚市

三亚市位于海南岛南端,有"东方夏威夷"的美誉,是热带海滨风情浓郁的国际旅游城市,位居中国四大一线旅游城市"三威杭厦"之首。1996 年,国

---

① 数据来源:《阿坝藏族羌族自治州 2016 年国民经济和社会发展统计公报》。

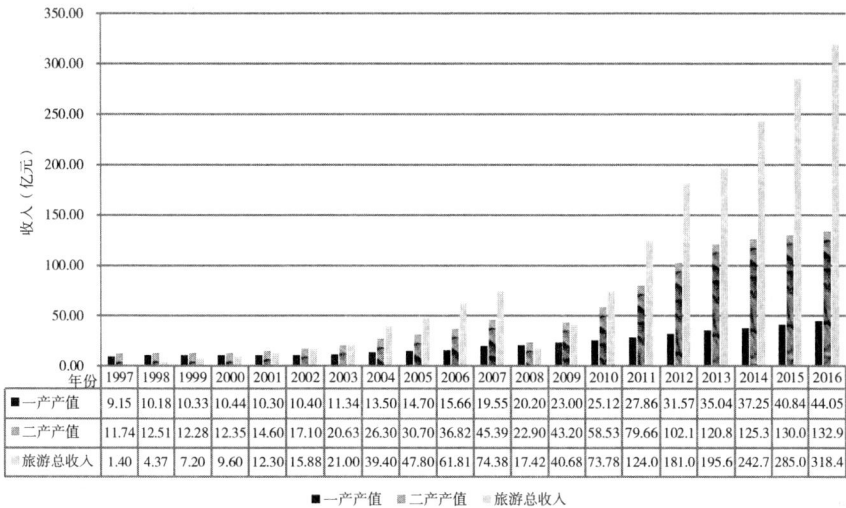

年份	1997	1998	1999	2000	2001	2002	2003	2004	2005	2006	2007	2008	2009	2010	2011	2012	2013	2014	2015	2016
■ 一产产值	9.15	10.18	10.33	10.44	10.30	10.40	11.34	13.50	14.70	15.66	19.55	20.20	23.00	25.12	27.86	31.57	35.04	37.25	40.84	44.05
□ 二产产值	11.74	12.51	12.28	12.35	14.60	17.10	20.63	26.30	30.70	36.82	45.39	22.90	43.20	58.53	79.66	102.1	120.8	125.3	130.0	132.9
旅游总收入	1.40	4.37	7.20	9.60	12.30	15.88	21.00	39.40	47.80	61.81	74.38	17.42	40.68	73.78	124.0	181.0	195.6	242.7	285.0	318.4

■ 一产产值　□ 二产产值　▨ 旅游总收入

图 2-7　1997—2016 年阿坝州第一产业产值、第二产业产值与旅游总收入

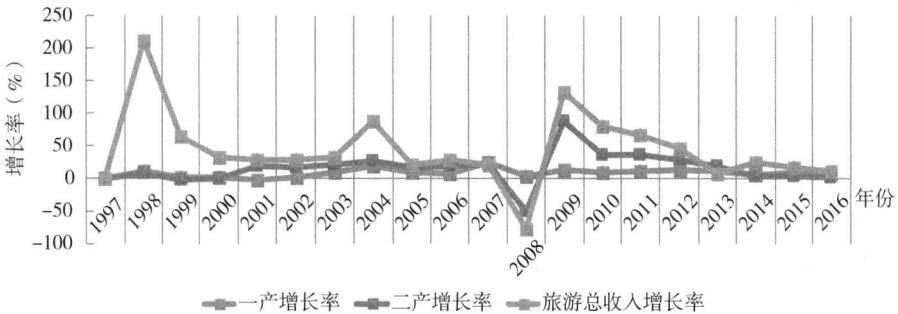

◆ 一产增长率　■ 二产增长率　▨ 旅游总收入增长率

图 2-8　1997—2016 年阿坝州第一产业、第二产业、旅游总收入增长率

家旅游局在三亚举行了"中国度假休闲年"开幕式,拉开了三亚市发展国际性热带海岛度假业的序幕,三亚由此逐渐成为亚洲一流、世界著名的旅游目的地和中国的旅游度假天堂。到 2016 年,年接待海内外旅游者达 1651.58 万人次,其中海外游客 44.89 万人次;实现旅游业总收入 322.40 亿元,其中,旅游外汇收入 2.55 亿美元①。

从总量上看,1997—2016 年间三亚市第一产业、第二产业保持平稳增长,旅游总收入高速增长。旅游收入自 1997 年起连续位列各产业产值第一位,与

---

① 数据来源:《2016 年三亚市国民经济和社会发展统计公报》。

第一产业产值和第二产业产值差距逐渐拉大。在 20 年间,旅游收入由 1997 年的 12 亿元增长到 2016 年的 322 亿元,增长了 25.83 倍,而第一产业增长了 6.55 倍、第二产业增长了 14.44 倍。2016 年,旅游总收入相当于第一产业产值的 4.88 倍、第二产业产值的 3.4 倍(见图 2-9)。

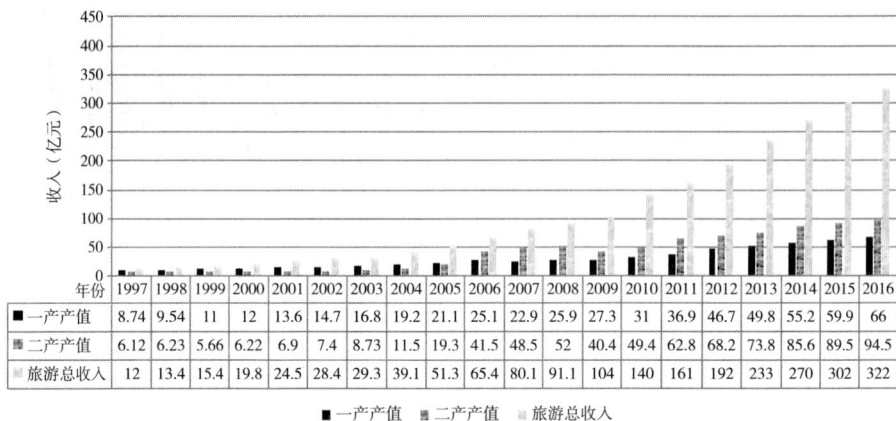

年份	1997	1998	1999	2000	2001	2002	2003	2004	2005	2006	2007	2008	2009	2010	2011	2012	2013	2014	2015	2016
一产产值	8.74	9.54	11	12	13.6	14.7	16.8	19.2	21.1	25.1	22.9	25.9	27.3	31	36.9	46.7	49.8	55.2	59.9	66
二产产值	6.12	6.23	5.66	6.22	6.9	7.4	8.73	11.5	19.3	41.5	48.5	52	40.4	49.4	62.8	68.2	73.8	85.6	89.5	94.5
旅游总收入	12	13.4	15.4	19.8	24.5	28.4	29.3	39.1	51.3	65.4	80.1	91.1	104	140	161	192	233	270	302	322

图 2-9 1997—2016 年三亚市第一产业产值、第二产业产值与旅游总收入

从增速上看,1997—2016 年间三亚市第一产业、第二产业和旅游业增长率呈现波动增长趋势,平均增长率分别为 11.45%、18.28%和 19.25%,同期三亚市 GDP 平均增长率为 18.08%。可见,三亚市旅游业增长率高于第一产业、第二产业和 GDP 增长率(见图 2-10)。

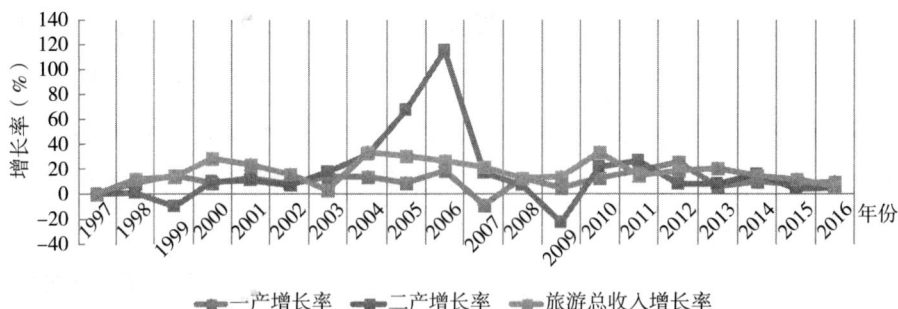

图 2-10 1997—2016 年三亚市第一产业、第二产业、旅游总收入增长率

第二节　研究设计

一、指标选取

参考学术界关于不同区域经济发展差异研究常用的分析指标,同一区域不同产业经济差异的分析亦可分为综合指标和单一指标两种类型。相比于综合指标,单一指标虽然存在一定的不足,但却与综合指标存在紧密的联系,选取恰当的单一指标也能够较为准确地反映一个地区经济发展的绝大部分信息。本章研究的重点在于分析同一区域内不同产业发展的差异及其变化趋势,为保证数据的可获得性、指标的可比性,故选取了单一指标进行分析。

参照国内生产总值统计标准,选取了"第一产业产值"和"第二产业产值"作为反映区域内第一产业和第二产业发展状况的指标。在对指标进行比较分析时,本应坚持统计口径的一致性原则,选取"旅游产业总产值"指标来反映该旅游产业发展状况,但由于目前我国官方统计公报中还没有"旅游产业总产值"的统计数据,学术界对"旅游产业总产值"的统计测算方法也有较大的争议,给数据收集造成了极大的困难。因此,本书采用对旅游业常用的统计指标"旅游总收入"替代"旅游产业总产值"。

二、数据来源

鉴于丽江市、张家界市、黄山市、阿坝州、三亚市等五个案例地旅游业的发展大多在 1996 年前后开始走向繁荣,本书以 1997 年作为研究的基准年,以各个案例地历年《国民经济和社会发展统计公报》为主要数据来源渠道,各地历年《统计年鉴》及其他《年鉴》为补充,获取 20 年来(1997—2016)五个案例地的第一产业产值、第二产业产值以及旅游总收入统计数据。

三、分析方法

为体现数据分析的客观性和科学性,本书选取绝对差异和相对差异两类指标进行统计分析。绝对差异指标包括极差和标准差;相对差异指标包括极值比率、变异系数、首位度、基尼系数。

(一)绝对差异分析

1. 极差

极差(Range)即一组测量值内最大值与最小值之差,以 R 表示。含义为测量值变动的最大范围,适用于样本容量较小($n<10$)的情况。其公式为:

$R = Y_{max} - Y_{min}$

上式中:R 为极差,Y_{max} 为第一产业产值、第二产业产值、旅游总收入中的最大值,Y_{min} 为三者中的最小值。极差越大,说明三个产业之间的绝对差异情况越严重,反之亦然。

2. 标准差

标准差(Standard Deviation)是指一组数据标准值与其平均数离差平方的算术平均数的平方根,是用以衡量各数据偏离平均数距离的指标。其公式为:

$$S_t = \sqrt{\dfrac{\sum\limits_{i=1}^{n}(Y_{ti} - Y_t)^2}{n}}$$

上式中:S_t 为标准差;Y_{ti} 为第 t 年的第一产业产值或第二产业产值或旅游总收入;n 为测量值个数($n=3$);Y_t 为三个测量值的平均值。标准差越大,说明三个产业之间的绝对差异情况越严重,反之亦然。

(二)相对差异分析

1. 极值比率

极值比率(Extremum Ratio)是指一组测量值内最大值与最小值的比率,以 RHL 表示。其公式为:

$RHL = Y_{max}/Y_{min}$

上式中:RHL 为极值比率,Y_{max} 为第一产业产值、第二产业产值、旅游总收入中的最大值,Y_{min} 为第一产业产值、第二产业产值、旅游总收入中的最小值。极值比率越大,说明三个产业之间的相对差异情况越严重,反之亦然。

2. 变异系数

变异系数(Coefficient of Variation)又称"离散系数",是用来说明变异程度的相对指标,通常指标准差与总体平均数之比,一般用百分数表示。变异系数可以消除单位和平均数不同对两个和多个变量变异程度比较的影响,它反映了地区相对均衡度。其公式为:

$$CV = S_t / Y_t$$

上式中:CV 为变异系数;S_t 为标准差;Y_t 为测量值的平均值。变异系数越大,说明三个产业之间的相对差异情况越严重。

3. 首位度

首位度(Primacy)由美国学者马克·杰斐逊(M. Jefferson, 1939)较早提出,最早用于国家城市规模的相关研究。一般认为,首位度小于 2 表明结构正常、集中适当,大于 2 则有结构失衡、过度集中的趋势。其公式为:

$$S = Y_1 / Y_2$$

上式中:S 为首位度;Y_1 为第一产业产值、第二产业产值、旅游总收入中的最大值;Y_2 为第一产业产值、第二产业产值、旅游总收入中的第二大值。首位度越大,说明三个产业之间的相对差异情况越严重。

4. 基尼系数

基尼系数(Gini Coefficient)是意大利经济学家科拉多·基尼(Corrado Gini, 1912)在洛伦兹曲线(Lorenz Curve)的基础上提出的,最初用于度量国家或区域之间收入不平等的相对程度,其经济含义表示在全部居民收入中用于不平均分配的百分比。其公式[1]为:

$$G = 1 - \frac{1}{n}(2\sum_{i=1}^{n-1} W_i + 1)$$

上式中:G 为基尼系数;n 为测量值个数(n = 3);W_i 表示按第一产业产值、第二产业产值、旅游总收入比较后的升序排列后从第 1 个测量值累积到第 i 个测量值之和。基尼系数用来度量第一产业、第二产业、旅游业之间不平等的相对程度,说明第一产业、第二产业与旅游业经济之间的相对差异。参照国际惯例,基尼系数取值在 0—1 之间,当基尼系数等于 0 时表示三个产业发展得

---

[1]　张建华:《一种简便易用的基尼系数计算方法》,《山西农业大学学报(社会科学版)》2007 年第 3 期。

相对差异绝对平均,当基尼系数等于 1 时表示三个产业发展的相对差异绝对不平均。若基尼系数低于 0.2 表示高度平均,0.2—0.3 表示比较平均,0.3—0.4 表示相对合理,0.4—0.5 表示差距较大,0.5 以上表示差距悬殊。基尼系数越大,说明产业之间发展的相对差异越严重。值得一提的是,一般情况下将基尼系数为 0.4 作为"警戒线",但根据黄金分割律,其准确值应该是 0.382。

第三节　数据分析

一、丽江市

以丽江市第一产业产值、第二产业产值和旅游总收入为测度指标,分析 1997—2016 年间丽江市第一产业、第二产业及旅游业整体差异及变动情况,得出 R 值、RHL 值、S_t 值、CV 值、S 值和 G 值,结果如表 2-1 所示。

表 2-1　1997—2016 年丽江市产业发展差异指标

年份	极差（R）	极值比率（RHL）	标准差（S_t）	变异系数（CV）	首位度（S）	基尼系数（G）
1997	2.10	1.28	1.05	0.12	1.13	0.06
1998	2.85	1.38	1.43	0.16	1.20	0.07
1999	8.39	2.12	4.47	0.41	1.76	0.17
2000	10.72	2.35	5.85	0.49	2.02	0.20
2001	12.06	2.44	6.60	0.51	2.09	0.21
2002	13.96	2.48	7.92	0.56	2.36	0.22
2003	13.20	2.22	7.21	0.46	1.94	0.19
2004	19.73	2.64	10.43	0.52	1.98	0.22
2005	24.20	2.68	13.32	0.57	2.29	0.23
2006	30.87	3.00	16.26	0.58	2.11	0.25
2007	39.79	3.16	20.77	0.59	2.08	0.25
2008	48.74	3.34	25.04	0.60	1.98	0.26
2009	66.53	4.01	33.89	0.66	2.01	0.29

年份	极差 （R）	极值比率 （RHL）	标准差 （S_t）	变异系数 （CV）	首位度 （S）	基尼系数 （G）
2010	86.44	4.32	43.99	0.68	2.04	0.30
2011	121.73	4.99	61.65	0.72	2.05	0.32
2012	174.60	5.77	89.50	0.80	2.35	0.34
2013	237.52	6.77	121.85	0.85	2.47	0.37
2014	334.58	8.57	176.74	0.99	3.36	0.42
2015	438.91	10.85	235.59	1.10	4.18	0.45
2016	559.93	12.47	304.54	1.17	5.02	0.48

（一）极差（R）和标准差（S_t）

由图2-11和图2-12可知,丽江市三个产业发展极差（R）和标准差（S_t）曲线趋势基本一致,总体上呈现出上升趋势,两者都印证了丽江市第一产业、第二产业与旅游业三者之间的绝对差异在不断扩大,产值差距悬殊。其中,1997—2006年丽江市第一产业、第二产业和旅游业发展的绝对差异缓慢拉大;2007—2016年丽江市第一产业、第二产业和旅游业发展的绝对差异急剧拉大,2016年R值和S_t值均达到峰值。

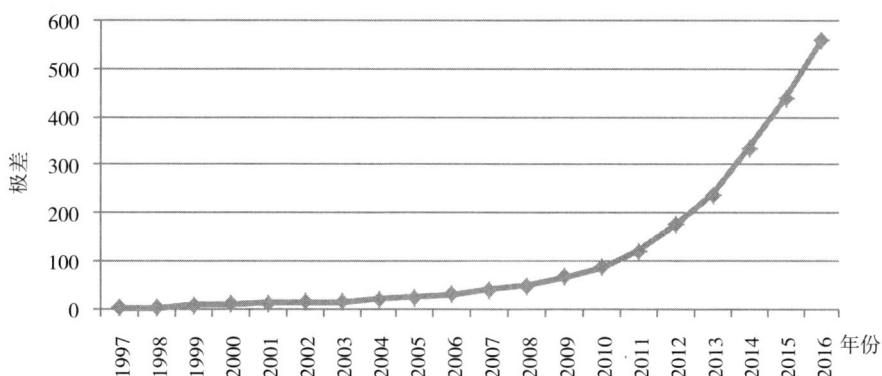

图2-11 1997—2016年丽江市产业发展极差

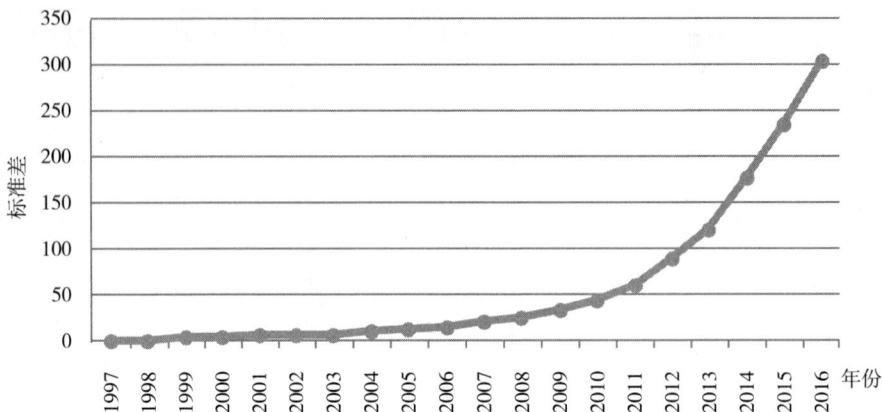

图 2-12　1997—2016 年丽江市产业发展标准差

（二）极值比率（RHL）和变异系数（CV）

为克服绝对差异中受计量单位、通货膨胀等因素影响以及难以直接对比分析的不同类型数据之间的差异程度,因此引入极值比率（RHL）和变异系数（CV）等相对差异指标。

由图 2-13 和图 2-14 可知,丽江市产业发展极值比率（RHL）和变异系数（CV）均呈现逐渐上升趋势,说明丽江市第一产业、第二产业与旅游业三者之间发展的相对差异在逐渐拉大。其中,仅在 2003 年旅游业因受"非典"严重影响较前一年出现减小现象,出现波谷。

为进一步厘清丽江市第一产业、第二产业与旅游业之间的相互差异,可将三者间的相对差异分解为第一产业与旅游业间的相对差异（CV_1）、第二产业与旅游业间的相对差异（CV_2）、第一产业与第二产业间的相对差异（CV_3）,通过计算两两之间的变异系数,有助于加深对丽江第一产业、第二产业、旅游业相对差异的认识。

由图 2-15 可知,CV_1 和 CV_2 呈增长趋势,CV_3 由波动增长趋于平稳。从总体上看 $CV_1 > CV_2 > CV_3$,即丽江市第一产业与旅游业的相对差异程度>第二产业与旅游业的相对差异程度>第一产业与第二产业的相对差异程度。由此说明丽江市旅游业与第一产业、第二产业之间的发展差异在不断拉大,旅游业发

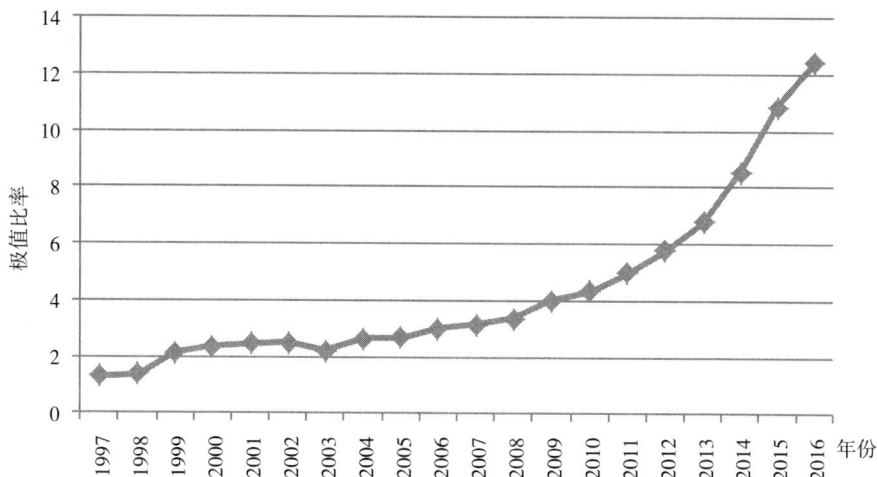

图 2-13　1997—2016 年丽江市产业发展极值比率

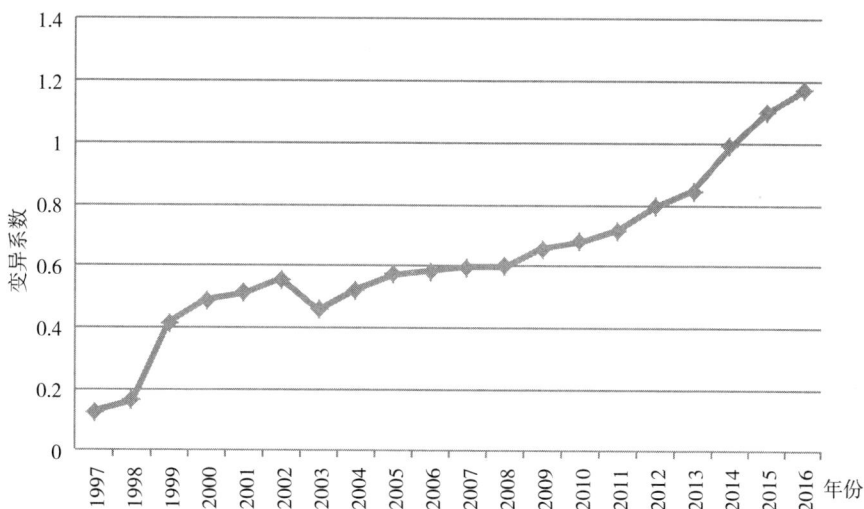

图 2-14　1997—2016 年丽江市产业发展变异系数

展水平远高于第一产业、第二产业,且其差距有不断扩大的趋势。相比而言,旅游业与第一产业的差距大于旅游业与第二产业的差距。

(三)首位度(S)和基尼系数(G)

首位度(S)和基尼系数(G)作为相对差异中测量集中程度的指标,通过

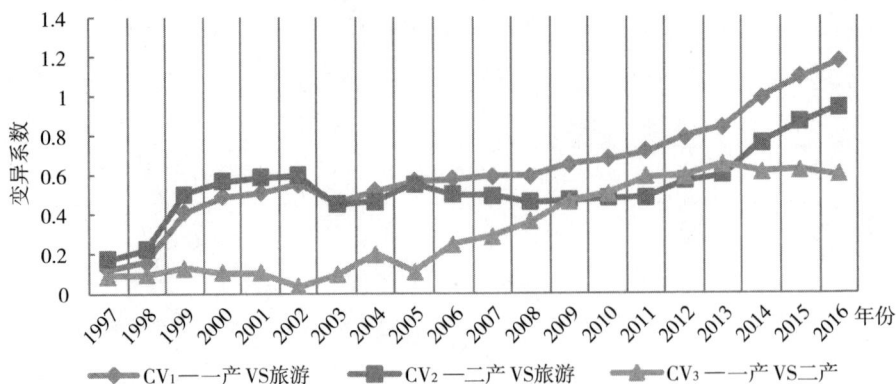

图 2-15　1997—2016 年丽江市产业发展变异系数两两比较

对 S 和 G 的计算有助于分析区域内产业集中程度。从图 2-16 可看出,S 值总体呈上升趋势,自 2000 年起 S 值均大于 2.0(2003 年、2008 年作为特例除外,S 值分别为 1.94、1.98)。由此可见,丽江市旅游业与第一产业、第二产业之间的结构失衡,表现为过度集中于旅游业。而在 2013—2016 年间,S 值急剧上升,2016 年达到峰值 5.02,说明近 4 年过度集中的程度更加严重。

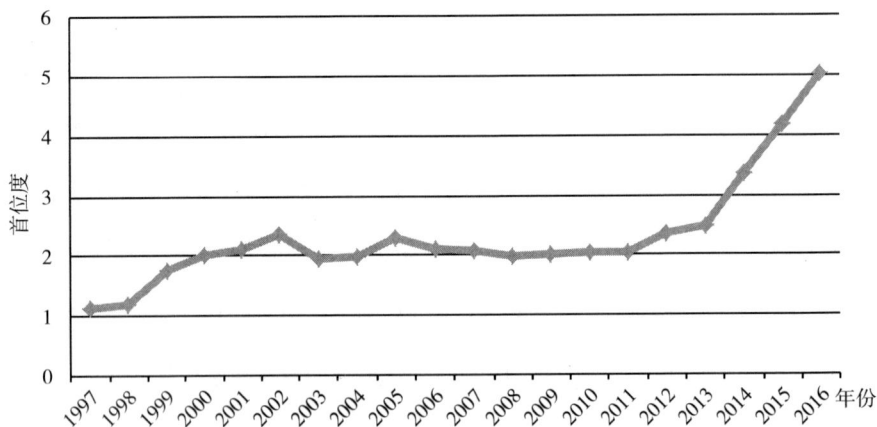

图 2-16　1997—2016 年丽江市产业发展首位度

从图 2-17 可看出,丽江市产业发展基尼系数 G 值除 2003 年外均呈现稳步上升趋势,进一步验证了丽江市第一产业、第二产业与旅游业间日趋集中的变化趋势。1997—2000 年间 G 值处于 0.05—0.2 区间,表明当时丽江市第一产业、第二产业和旅游业的发展水平高度平均;2001—2010 年 G 值处于 0.2—0.3 区间,表明当时丽江市第一产业、第二产业和旅游业的发展水平比较平均;2011—2013 年 G 值处于 0.3—0.4 区间,表明在这 3 年间丽江市第一产业、第二产业和旅游业发展相对合理;2014—2016 年 G 值处于 0.4—0.5 区间,已超过警戒线,表明在这 3 年间丽江市旅游业与第一产业、第二产业的发展差距过大。

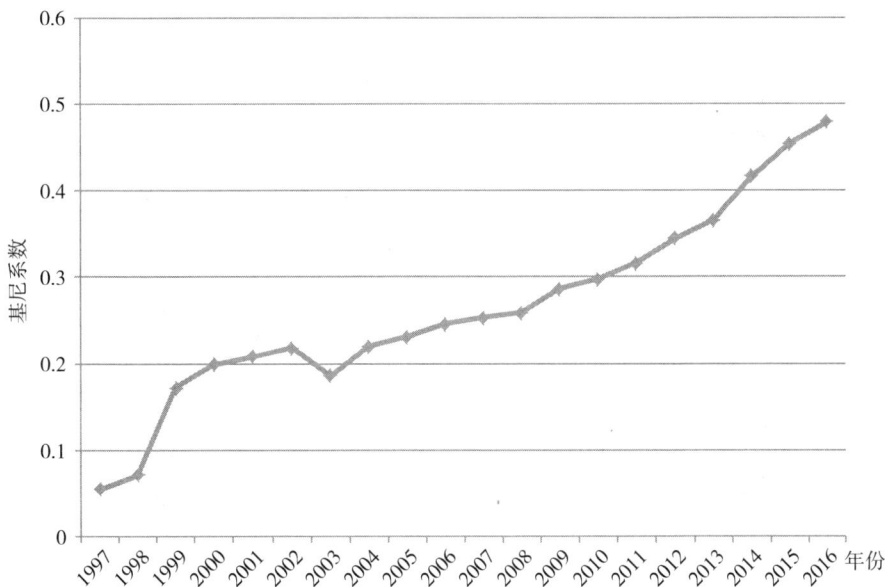

图 2-17　1997—2016 年丽江市产业发展基尼系数

二、张家界市

以张家界市第一产业产值、第二产业产值和旅游总收入为测度指标,分析 1997—2016 年张家界市第一产业、第二产业及旅游业整体差异及变动情况,得出 R 值、RHL 值、S_i 值、CV 值、S 值和 G 值,结果如表 2-2 所示。

表 2-2　1997—2016 年张家界市产业发展差异指标

年份	极差 （R）	极值比率 （RHL）	标准差 （S_t）	变异系数 （CV）	首位度 （S）	基尼系数 （G）
1997	9.85	3.36	5.57	0.53	1.03	0.21
1998	8.41	2.28	4.62	0.39	1.06	0.16
1999	5.35	1.57	2.99	0.23	1.02	0.09
2000	5.57	1.40	2.97	0.19	1.31	0.08
2001	12.76	1.90	7.08	0.38	1.77	0.15
2002	17.35	2.12	9.73	0.45	1.99	0.18
2003	15.75	1.97	8.14	0.35	1.55	0.15
2004	37.92	3.19	19.86	0.60	2.12	0.26
2005	45.79	3.47	24.14	0.65	2.28	0.27
2006	58.46	3.79	31.29	0.72	2.58	0.30
2007	65.86	3.59	35.36	0.70	2.53	0.29
2008	52.05	2.66	27.36	0.52	1.95	0.22
2009	73.31	3.73	37.87	0.65	2.13	0.28
2010	94.09	4.01	48.20	0.67	2.09	0.29
2011	127.70	4.22	65.74	0.70	2.19	0.30
2012	166.76	4.97	86.51	0.77	2.44	0.33
2013	168.20	4.81	86.53	0.74	2.29	0.32
2014	199.37	5.04	103.66	0.78	2.49	0.33
2015	288.80	6.56	154.34	0.94	3.34	0.39
2016	386.80	7.87	210.26	1.04	4.15	0.43

（一）极差（R）和标准差（S_t）

由图 2-18 和图 2-19 可知，张家界市三个产业发展极差（R）和标准差（S_t）曲线趋势基本一致，总体上呈现出上升趋势，说明张家界市第一产业、第二产业与旅游业之间的绝对差异在不断扩大，产值差距悬殊。其中，1997—2003 年张家界市第一产业、第二产业、旅游业发展的绝对差异较小，发展水平比较平均；2008—2016 年张家界市第一产业、第二产业、旅游业发展的绝对差异急剧拉大，并在 2016 年 R 值和 S_t 值均达到峰值。

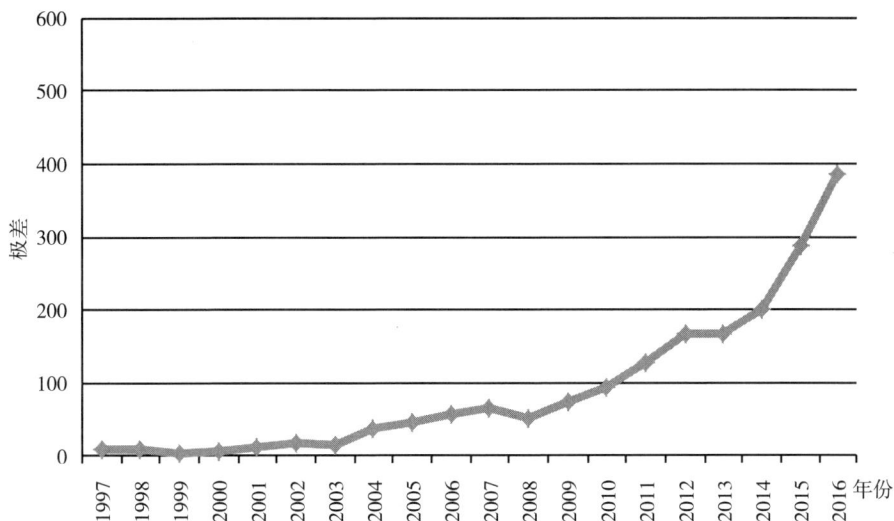

图 2-18　1997—2016 年张家界市产业发展极差

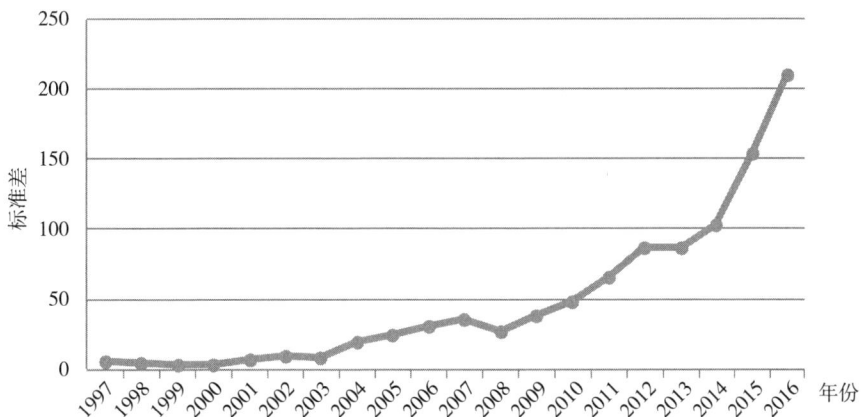

图 2-19　1997—2016 年张家界市产业发展标准差

（二）极值比率（RHL）和变异系数（CV）

由图 2-20 和图 2-21 可知，张家界市产业发展极值比率（RHL）和变异系数（CV）均呈现在小幅度波动中缓慢上升的趋势，说明总体上张家界市第一产业、第二产业与旅游业三者之间发展的相对差异在逐渐拉大。其中，在 1997—2009 年间，RHL 和 CV 值波动明显，经历了三落三起，主要是由于张家界旅游业受 2003 年"非典"和 2008 年冰雪灾害的影响出现负增长，从而使旅游业与第一产业、第二产业之间的经济相对差异出现缩小的情况。

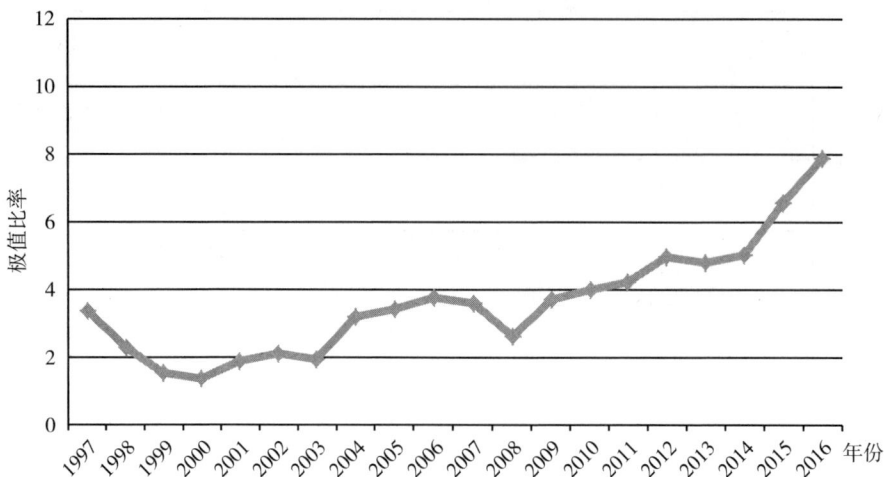

图 2-20 1997—2016 年张家界市产业发展极值比率

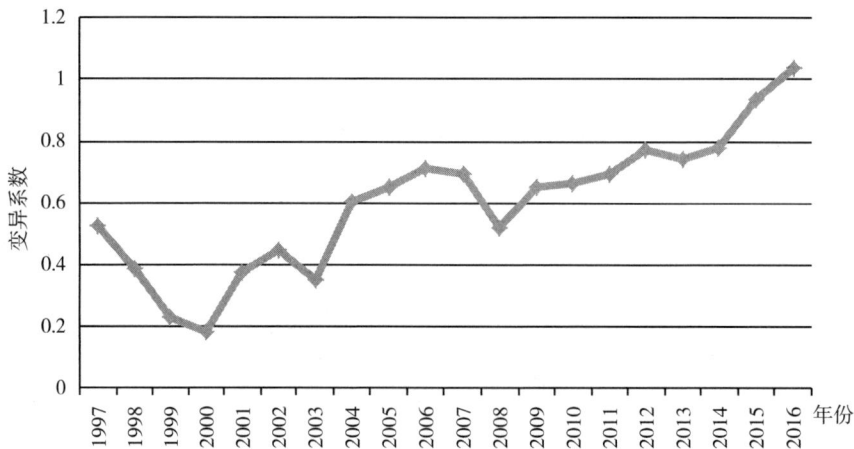

图 2-21 1997—2016 年张家界市产业发展变异系数

同样,为进一步厘清张家界市第一产业、第二产业与旅游业之间的差异,进一步将张家界市第一产业、第二产业与旅游业三者间的相对差异分解为第一产业和旅游业间的相对差异(CV$_1$)、第二产业和旅游业间的相对差异(CV$_2$)、第一产业和第二产业间的相对差异(CV$_3$),进而计算两两之间的变异系数(CV)。

由图 2-22 可知,从整体趋势看,在张家界市第一产业、第二产业与旅游业之间的相互关系的变异系数由大到小依次为:$CV_1 > CV_2 > CV_3$,即张家界市第一产业与旅游业的相对差异程度>第二产业与旅游业的相对差异程度>第一产业与第二产业的相对差异程度。三者之间的相互关系的变异系数都在不断波动中呈上升趋势,说明旅游业与第一产业、第二产业之间的发展差异在波动中不断扩大。相比而言,旅游业与第一产业的差距大于旅游业与第二产业的差距。

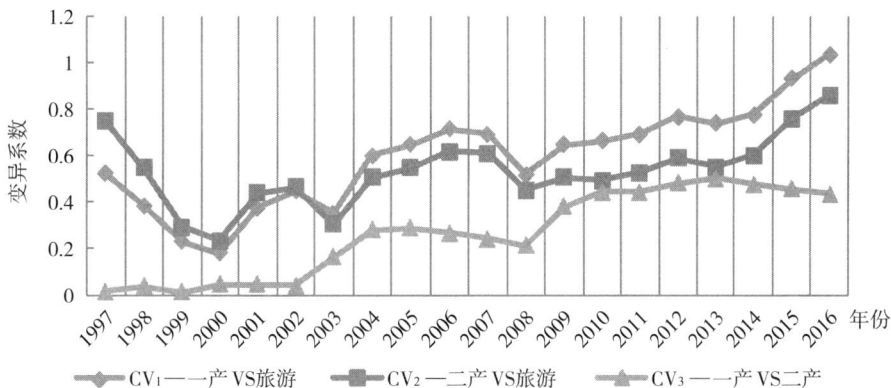

图 2-22　1997—2016 年张家界市产业发展变异系数两两比较

(三)首位度(S)和基尼系数(G)

从图 2-23 可以看出,首位度(S)总体呈平缓上升趋势,自 2004 年起 S 值均大于 2(2008 年特例除外,S 值为 1.95)。由此可见,张家界市旅游业与第一产业、第二产业之间的结构失衡,表现为资源过度集中于旅游业。而自 2014 年起 S 值有急剧上升趋势,2016 年达到峰值 4.15,说明这 2 年间过度集中的程度趋于严重。

从图 2-24 可看出,张家界市产业发展基尼系数(G)总体上呈现波动上升趋势。1997—2003 年间 G 值处于 0.08—0.21 区间,表示当时张家界市第一产业、第二产业和旅游业的经济发展水平高度平均;2004—2011 年 G 值处于 0.22—0.3 区间,表示这段时期张家界市第一产业、第二产业和旅游业的经济

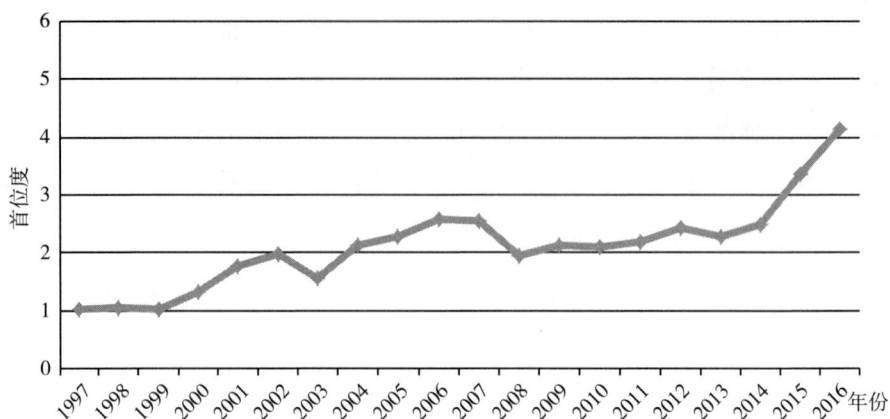

图 2-23　1997—2016 年张家界市产业发展首位度

发展水平比较平均;2012—2014 年 G 值处于 0.32—0.33 区间,表示在该期间张家界市第一产业、第二产业和旅游业发展差异相对合理;2015 年 G 值为 0.39,严格意义上说已经超过警戒线;2016 年 G 值达峰值 0.43,表明张家界市第一产业、第二产业和旅游业发展差异过大。

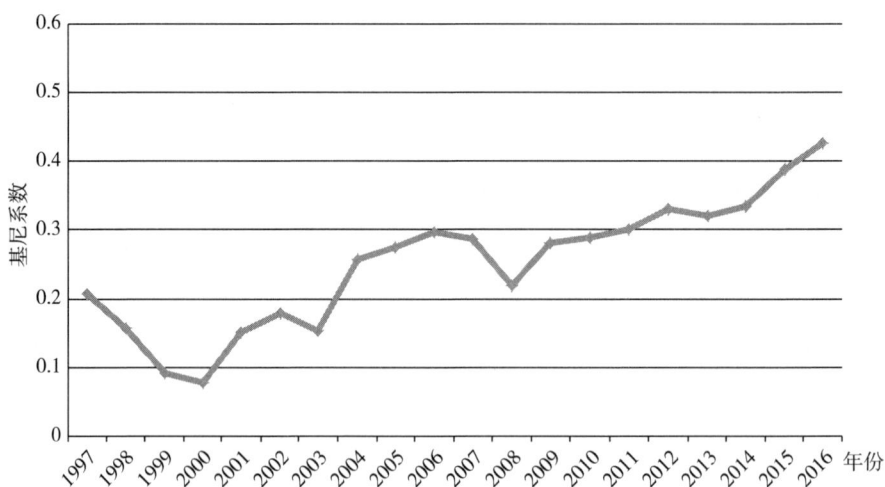

图 2-24　1997—2016 年张家界市产业发展基尼系数

三、黄山市

以黄山市第一产业产值、第二产业产值和旅游总收入为测度指标,分析 1997—2016 年黄山市第一产业、第二产业及旅游业整体差异及变动情况,得出 R 值、RHL 值、S_t 值、CV 值、S 值和 G 值,结果如表 2-3 所示。

表 2-3　1997—2016 年黄山市产业发展差异指标

年份	极差 （R）	极值比率 （RHL）	标准差 （S_t）	变异系数 （CV）	首位度 （S）	基尼系数 （G）
1997	13.11	2.42	6.67	0.40	1.25	0.18
1998	9.04	1.82	4.92	0.30	1.06	0.12
1999	10.00	1.71	5.00	0.26	1.26	0.12
2000	7.58	1.43	4.12	0.20	1.35	0.08
2001	6.80	1.35	3.54	0.16	1.24	0.07
2002	10.30	1.52	5.15	0.21	1.20	0.09
2003	17.50	1.95	9.56	0.38	1.75	0.16
2004	25.13	2.01	13.80	0.34	1.06	0.14
2005	35.34	2.35	19.35	0.40	1.07	0.16
2006	56.40	3.01	29.52	0.48	1.18	0.20
2007	79.90	3.60	40.44	0.54	1.36	0.24
2008	106.65	4.11	53.70	0.59	1.43	0.26
2009	132.54	4.72	66.38	0.64	1.55	0.28
2010	162.80	5.14	81.90	0.65	1.48	0.29
2011	205.90	5.57	104.15	0.66	1.43	0.29
2012	254.50	6.25	127.82	0.70	1.54	0.31
2013	261.50	5.93	132.25	0.68	1.44	0.30
2014	299.80	6.49	150.88	0.70	1.51	0.31
2015	345.60	7.27	172.86	0.77	1.82	0.34
2016	393.70	7.98	197.52	0.81	2.00	0.36

（一）极差（R）和标准差（S_t）

由图 2-25 和图 2-26 可知,黄山市三个产业发展极差（R）和标准差（S_t）

曲线趋势基本一致,总体上呈现上升趋势,说明黄山市第一产业、第二产业与旅游业三者之间的绝对差异逐渐扩大,产值差距悬殊。其中,1997—2001年黄山市第一产业、第二产业、旅游业发展绝对差异变化不大;2002—2016年黄山市第一产业、第二产业、旅游业发展绝对差异逐年急剧拉大。整体而言,黄山市第一产业、第二产业、旅游业发展的绝对差异不断扩大,2016年R值和S_t值均达到峰值。

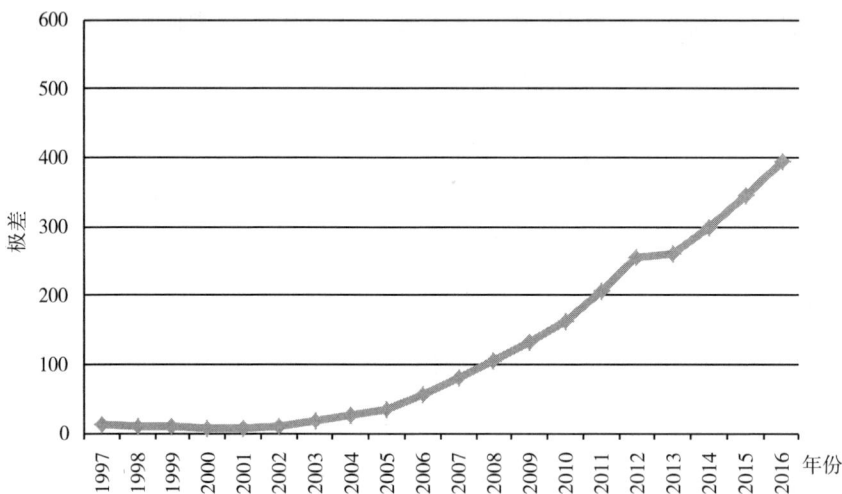

图 2-25　1997—2016 年黄山市产业发展极差

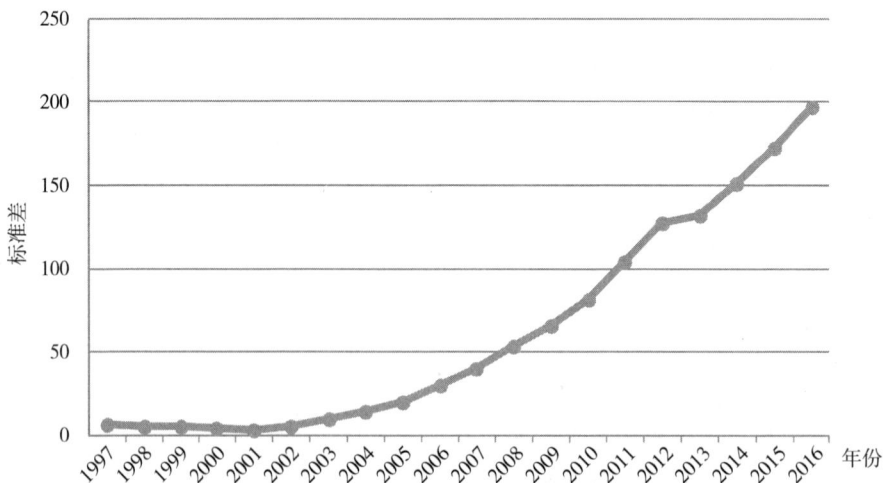

图 2-26　1997—2016 年黄山市产业发展标准差

（二）极值比率（RHL）和变异系数（CV）

由图 2-27 和图 2-28 可知，黄山市三个产业发展极值比率（RHL）和变异系数（CV）经历了由下降到上升的变化趋势，其中，1997—2001 年表现为发展差异相对缩小；2002—2016 年表现为发展差异的扩大。具体来说，2001 年黄山市旅游总收入赶超第一产业产值，因而产业间发展相对差异开始逐渐扩大；2003 年由于受"非典"影响出现波动变化，旅游总收入增长率为 20 年间最低的-26.69%，使得第一产业、第二产业与旅游业的发展差异相对减小；2004 年起开始恢复扩大趋势。从总体上看，黄山市第一产业、第二产业与旅游业三者之间发展相对差异呈逐渐扩大趋势。

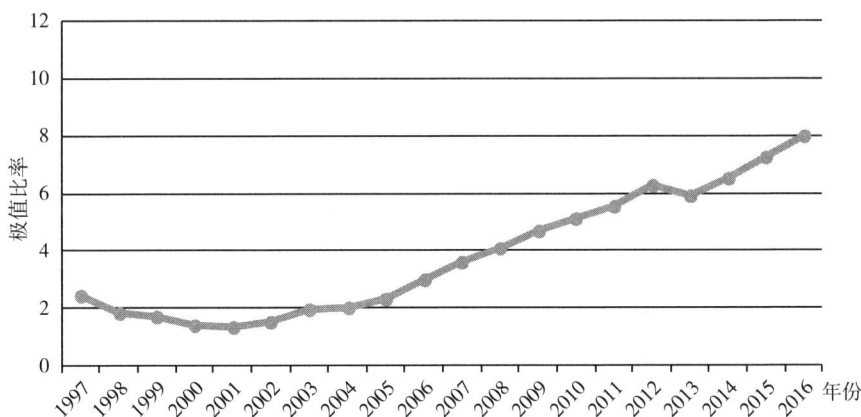

图 2-27　1997—2016 年黄山市产业发展极值比率

同样，为进一步深化对黄山市第一产业、第二产业、旅游业相对差异的分析，将黄山市第一产业、第二产业与旅游业三者间的相对差异分解为第一产业和旅游业间的相对差异（CV_1）、第二产业和旅游业间的相对差异（CV_2）、第一产业和第二产业间的相对差异（CV_3），进而计算两两之间的变异系数（CV）。

由图 2-29 可知，CV_1 和 CV_3 呈增长趋势，CV_2 由剧烈波动趋于平稳。从总体上看 $CV_3 > CV_1 > CV_2$，即黄山市第一产业与第二产业相对差异程度>第一产业与旅游业相对差异程度 >第二产业与旅游业相对差异程度。由此说明黄山

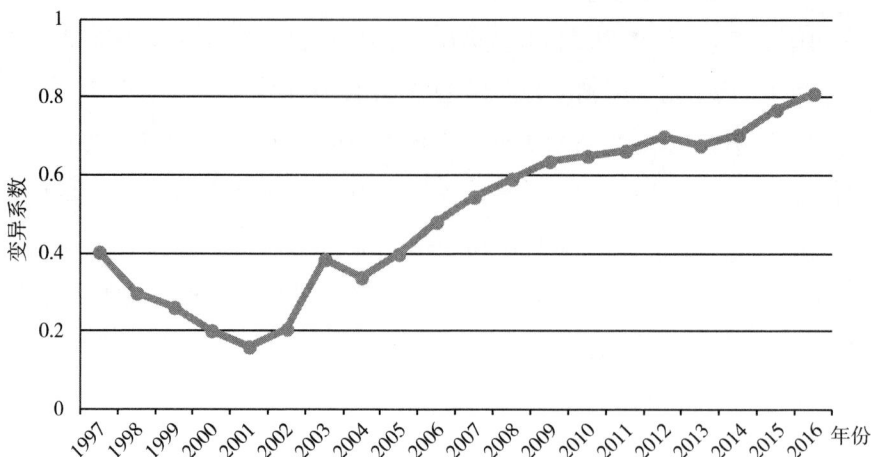

图 2-28　1997—2016 年黄山市产业发展变异系数

市旅游业与第一产业之间发展的差异不断拉大,第二产业与旅游业之间发展的差异属于在特定时期内波动变化而后上升的状态。总体来说,旅游业发展水平高于第一产业和第二产业,且有扩大的趋势。相比而言,旅游业与第一产业的差距大于旅游业与第二产业的差距。

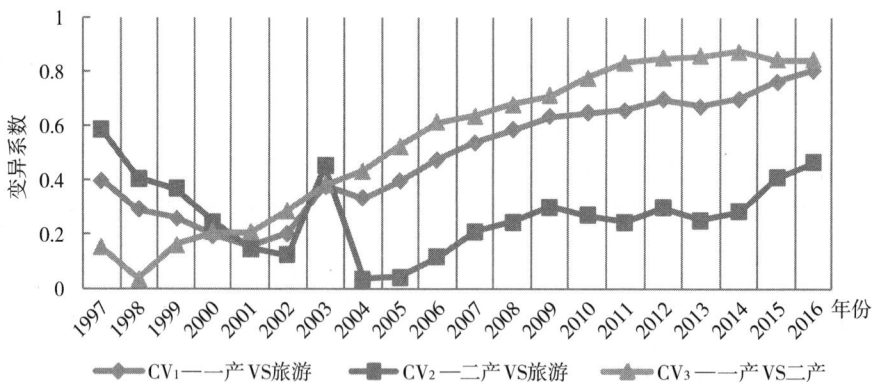

图 2-29　1997—2016 年黄山市产业发展变异系数两两比较

(三)首位度(S)和基尼系数(G)

从图 2-30 可以看出,黄山市首位度(S)总体上趋于平稳,1997—2015年间 S 值始终保持在 2 以下,说明其间黄山市旅游业与第一产业、第二产业之间发展的差异基本合理,但近年来,产业集中度呈平稳上升趋势,产业集中程度愈加明显;2016 年 S 值达到 2,说明已走向结构失衡、过度集中的发展状态。

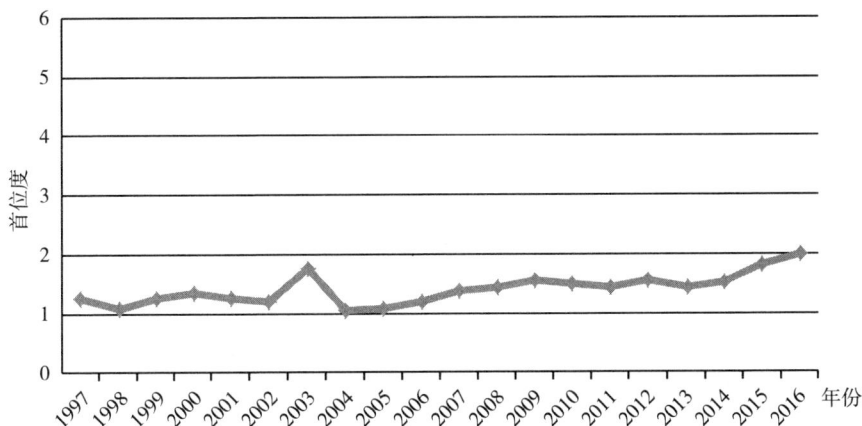

图 2-30　1997—2016 年黄山市产业发展首位度

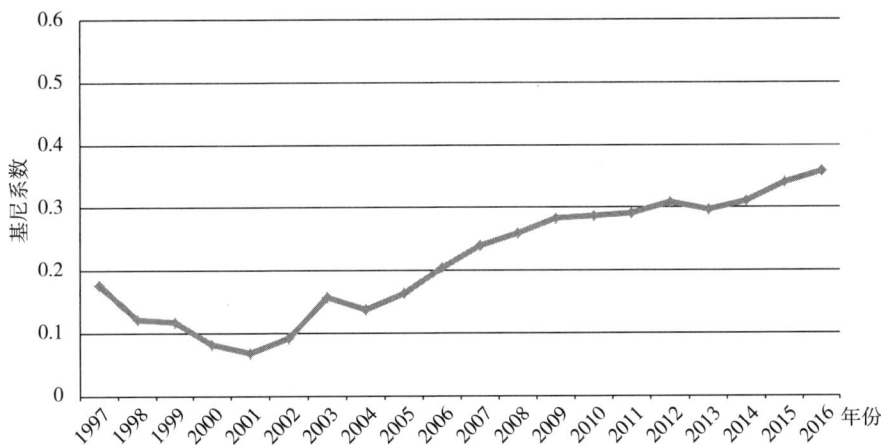

图 2-31　1997—2016 年黄山市产业发展基尼系数

从图 2-31 可看出,黄山市产业发展基尼系数(G)值整体呈现波动上升的态势,表明黄山市第一产业、第二产业与旅游业之间日趋集中的变化趋势。其中,1997—2005 年间 G 值处于 0.05—0.2 之间,表明其间黄山市第一产业、第二产业和旅游业的发展水平高度平均;2006—2011 年 G 值处于 0.2—0.3 之间,表明其间黄山市第一产业、第二产业和旅游业的发展水平比较平均;2012—2016 年 G 值处于 0.3—0.4 区间,表明在这 5 年间,黄山市第一产业、第二产业和旅游业发展相对合理。但是,黄山市产业间发展差异正在逐渐拉大,2016 年 G 值达到 0.36,已接近警戒线。

四、阿坝州

以阿坝州第一产业产值、第二产业产值和旅游总收入为测度指标,分析 1997—2016 年阿坝州第一产业、第二产业及旅游业整体差异及变动情况,得出 R 值、RHL 值、S_t 值、CV 值、S 值和 G 值,结果如表 2-4 所示。

表 2-4　1997—2016 年阿坝州产业发展差异指标

年份	极差 （R）	极值比率 （RHL）	标准差 （S_t）	变异系数 （CV）	首位度 （S）	基尼系数 （G）
1997	10.34	8.39	5.38	0.72	1.28	0.31
1998	8.14	2.86	4.19	0.46	1.23	0.20
1999	5.08	1.71	2.56	0.26	1.19	0.11
2000	2.75	1.29	1.41	0.13	1.18	0.06
2001	4.30	1.42	2.15	0.17	1.19	0.08
2002	6.70	1.64	3.57	0.25	1.08	0.10
2003	9.66	1.85	5.47	0.31	1.02	0.12
2004	25.90	2.92	12.95	0.49	1.50	0.22
2005	33.10	3.25	16.55	0.53	1.56	0.24
2006	46.15	3.95	23.10	0.61	1.68	0.27
2007	54.83	3.80	27.43	0.59	1.64	0.26
2008	5.48	1.31	2.74	0.14	1.13	0.06
2009	20.20	1.88	11.01	0.31	1.06	0.13
2010	48.66	2.94	24.89	0.47	1.26	0.21
2011	96.14	4.45	48.12	0.62	1.56	0.28
2012	149.46	5.73	74.77	0.71	1.77	0.32
2013	160.63	5.58	80.38	0.69	1.62	0.30

续表

年份	极差 （R）	极值比率 （RHL）	标准差 （S$_t$）	变异系数 （CV）	首位度 （S）	基尼系数 （G）
2014	205.49	6.52	103.09	0.76	1.94	0.34
2015	244.25	6.98	123.60	0.81	2.19	0.36
2016	274.39	7.23	140.00	0.85	2.40	0.37

（一）极差（R）和标准差（S$_t$）

由图 2-32 和图 2-33 可知,阿坝州三个产业发展极差（R）和标准差（S$_t$）曲线趋势基本一致,总体上呈现出上升趋势,说明阿坝州第一产业、第二产业与旅游业三者之间的绝对差异逐渐扩大。其中,1997—2002 年,表现为三者绝对差异保持稳定,即第一产业、第二产业、旅游业发展水平基本保持一致;2003—2016 年,表现为绝对差异的急剧拉大,尤以最后 3 年发展差异扩大最为明显。说明阿坝州第一产业、第二产业与旅游业三者之间的绝对差异在快速扩大,产值差距悬殊。

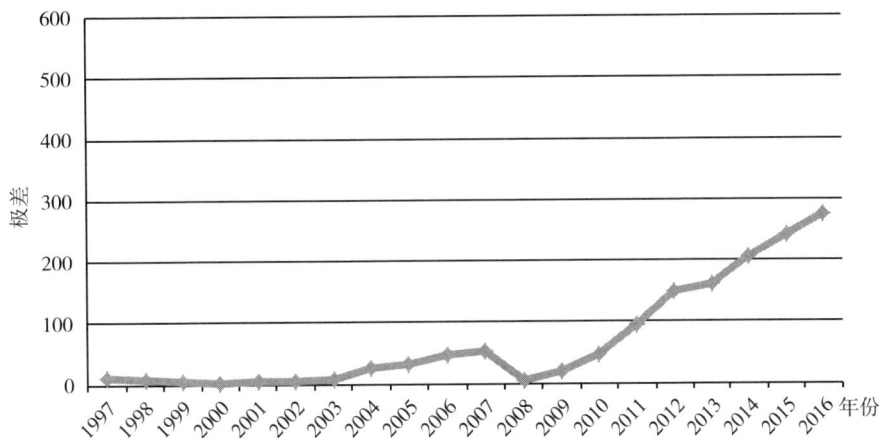

图 2-32　1997—2016 年阿坝州产业发展极差

（二）极值比率（RHL）和变异系数（CV）

由图 2-34 和图 2-35 可知,阿坝州产业发展极值比率（RHL）和变异系数（CV）呈现出三落三起的剧烈波动变化。其中,1997—2000 年,表现为三者发

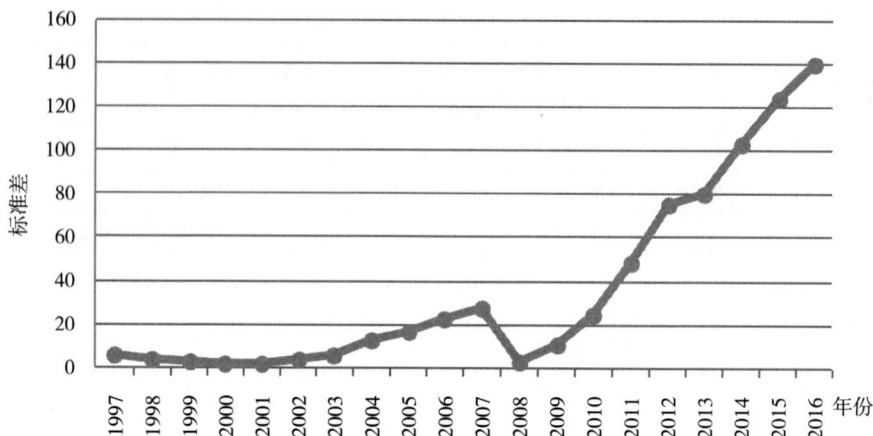

图 2-33 1997—2016 年阿坝州产业发展标准差

展差异的相对缩小,这是由于当时阿坝州旅游业尚处于初创期,发展水平不如第一产业和第二产业;2001—2008 年发展的相对差异经历了由逐年拉大到猛烈下跌的过程,这是由于 2008 年受汶川地震的影响 RHL 值和 CV 值均跌至近20 年来的波谷,第一产业、第二产业与旅游业三者发展均严重受挫,使得旅游业与第一产业、第二产业三者之间的经济相对差异急剧缩小;2009—2016 年RHL 值和 CV 值呈上升趋势,说明阿坝州第一产业、第二产业与旅游业三者之间的相对差异在急剧拉大。

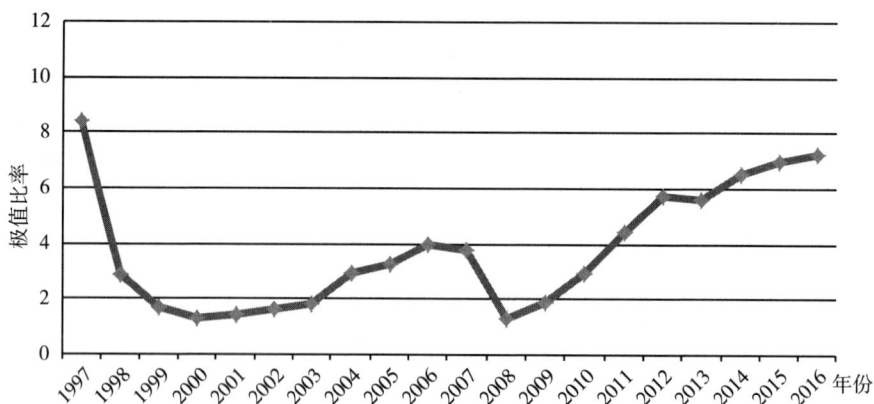

图 2-34 1997—2016 年阿坝州产业发展极值比率

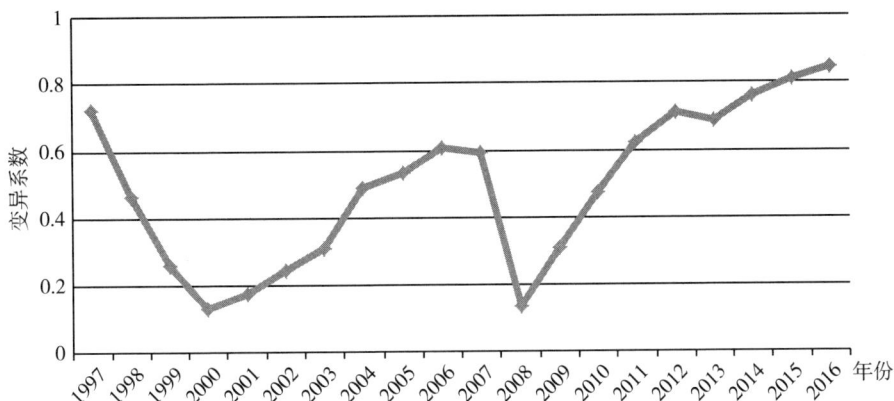

图 2-35　1997—2016 年阿坝州产业发展变异系数

为进一步深化对阿坝州第一产业、第二产业、旅游业相对差异的分析,将阿坝州第一产业、第二产业与旅游业三者之间的相对差异分解为第一产业和旅游业间的相对差异(CV_1)、第二产业和旅游业间的相对差异(CV_2)、第一产业和第二产业间的相对差异(CV_3),进而计算两两之间的变异系数(CV)。

在排除 2008 年存在极端值的前提下,由图 2-36 可知,1997—2000 年间 CV_1、CV_2、CV_3 均呈下降趋势,即两两间的相对差异呈缩小趋势。而从 2001 年起 CV_1、CV_3 表现为上升趋势,CV_2 由下降逐步趋于平缓上升。从整体上看第一产业、第二产业与旅游业之间的变异系数由大到小依次为 $CV_1 > CV_3 > CV_2$,即阿坝州第一产业与旅游业相对差异程度>第一产业与第二产业相对差异程度 >第二产业与旅游业相对差异程度。说明阿坝州旅游业与第一产业、第二产业间的发展差异在不断拉大,但是第一产业与第二产业经济相对差异在近 3 年间逐步下降。相比而言,旅游业与第一产业的差距大于旅游业与第二产业的差距。

(三)首位度(S)和基尼系数(G)

从图 2-37 可看出,阿坝州首位度(S)总体上呈平缓上升趋势,自 2013 年起 S 值有明显上升趋势,说明阿坝州第一产业、第二产业与旅游业之间的相对差异越来越大。1997—2014 年间 S 值在 1—2 范围内波动上升,自 2015 年起 S 值均大于 2,说明阿坝州旅游业与第一产业、第二产业之间的结构开始失衡,

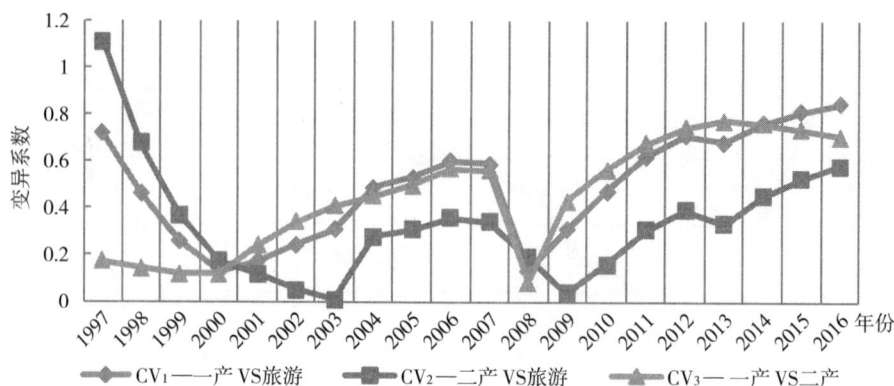

图 2-36 1997—2016 年阿坝州产业发展变异系数两两比较

资源过度集中于旅游业。

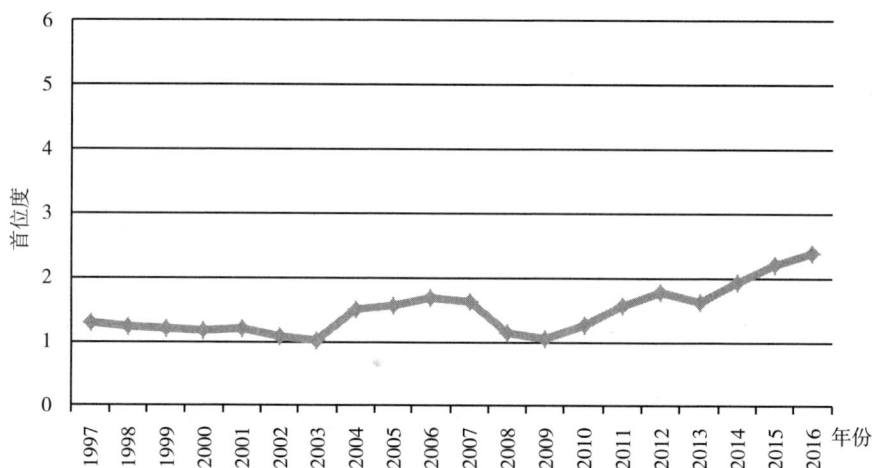

图 2-37 1997—2016 年阿坝州产业发展首位度

从图 2-38 可看出,阿坝州产业发展基尼系数(G)变化趋势与变异系数(CV)大致相似,整体在两次异常波动中呈上升趋势,进一步验证了阿坝州第一产业、第二产业与旅游业间日趋集中的变化趋势。其中,1997—2008 年间 G 值先表现为逐步下降至 2000 年的 0.06 后迅速上升,由于受 2008 年汶川地震的影响又急剧下降;2009—2016 年,G 值呈急速上升趋势,达到 0.3—0.4 之间,表明其间阿坝州第一产业、第二产业和旅游业发展相对合理,但发展的差

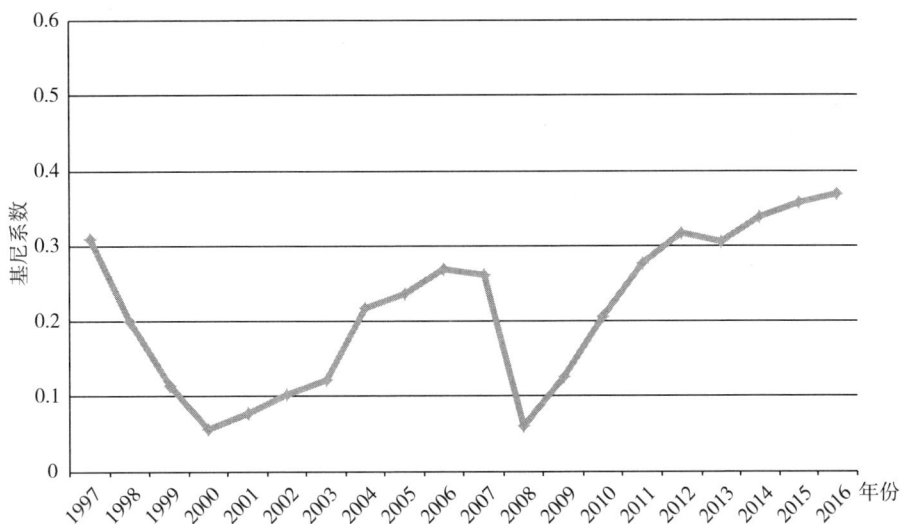

图 2-38　1997—2016 年阿坝州产业发展基尼系数

异在快速扩大。尤其是旅游业经历过重大自然灾害重创后,2016 年 G 值依然飙升至 0.37,已接近警戒线。

五、三亚市

以三亚市第一产业产值、第二产业产值和旅游总收入为测度指标,分析1997—2016 年三亚市第一产业、第二产业及旅游业整体差异及变动情况,得出 R 值、RHL 值、S_t 值、CV 值、S 值和 G 值,结果如表 2-5 所示。

表 2-5　1997—2016 年三亚市产业发展差异指标

年份	极差 (R)	极值比率 (RHL)	标准差 (S_t)	变异系数 (CV)	首位度 (S)	基尼系数 (G)
1997	5.83	1.95	2.92	0.33	1.37	0.14
1998	7.21	2.16	3.61	0.37	1.41	0.16
1999	9.72	2.72	4.87	0.46	1.39	0.20
2000	13.60	3.19	6.82	0.54	1.65	0.24
2001	17.62	3.55	8.89	0.59	1.80	0.26

年份	极差 (R)	极值比率 (RHL)	标准差 (S$_t$)	变异系数 (CV)	首位度 (S)	基尼系数 (G)
2002	20.99	3.84	10.65	0.63	1.93	0.28
2003	20.53	3.35	10.34	0.57	1.74	0.25
2004	27.63	3.40	14.26	0.61	2.04	0.26
2005	31.98	2.66	17.98	0.59	2.44	0.23
2006	40.30	2.61	20.27	0.46	1.58	0.20
2007	57.25	3.50	28.68	0.57	1.65	0.25
2008	65.16	3.52	32.79	0.58	1.75	0.26
2009	76.43	3.80	40.89	0.72	2.57	0.30
2010	108.64	4.50	58.15	0.79	2.83	0.33
2011	123.79	4.35	65.29	0.75	2.56	0.32
2012	145.49	4.11	78.54	0.77	2.82	0.32
2013	183.51	4.68	99.75	0.84	3.16	0.34
2014	214.58	4.89	116.10	0.85	3.15	0.35
2015	242.46	5.05	132.25	0.88	3.38	0.36
2016	256.41	4.89	140.54	0.87	3.41	0.35

(一)极差(R)和标准差(S$_t$)

由图2-39和图2-40可知,三亚市产业发展极差(R)和标准差(S$_t$)曲线趋势基本一致,总体上均呈现出上升趋势,S$_t$曲线相对上升幅度更大。两者都印证了三亚市第一产业、第二产业与旅游业三者之间的绝对差异在扩大,产值差距悬殊。其中,1997—2006年三亚市第一产业、第二产业、旅游业经济绝对差异缓慢拉大;2007—2016年三亚市第一产业、第二产业、旅游业经济绝对差异急剧拉大,并于2016年R值和S$_t$值均达到峰值。

(二)极值比率(RHL)和变异系数(CV)

由图2-41和图2-42可知,三亚市产业发展极值比率(RHL)和变异系数

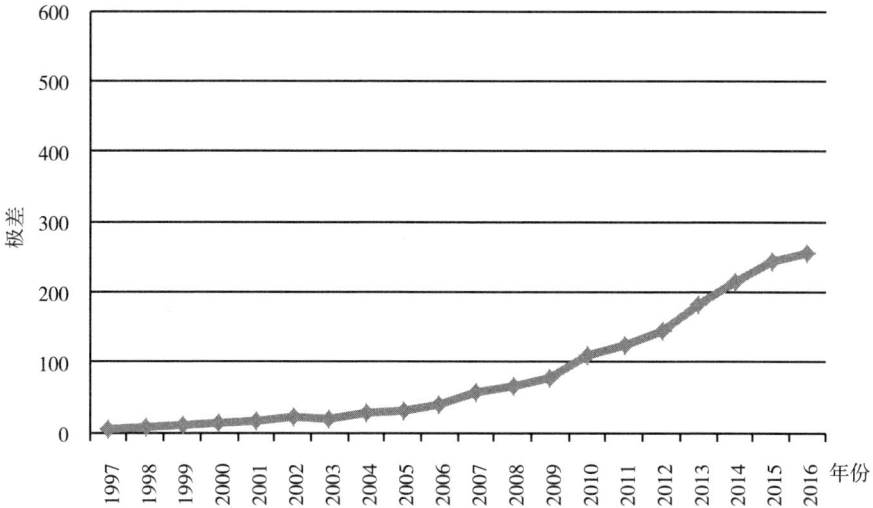

图 2-39 1997—2016 年三亚市产业发展极差

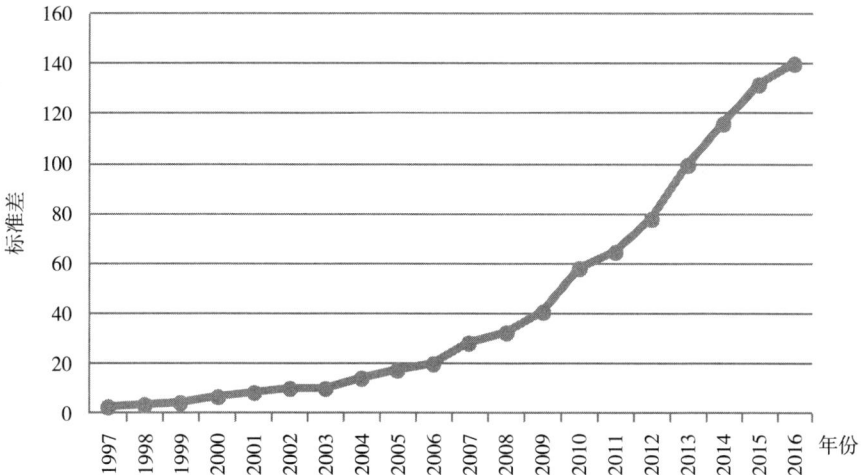

图 2-40 1997—2016 年三亚市产业发展标准差

（CV）经历了由波动上升到趋于平稳的变化趋势，说明三亚市第一产业、第二产业与旅游业三者之间的发展差异经历了由拉大到平稳的过程。其中，1997—2012 年 RHL 和 CV 值表现为波动上升，即发展的相对差异在拉大，2006 年明显下降，出现波谷。通过比较 2006 年前后第一产业、第二产业、旅游总收入及增长率变化，原因在于 2006 年第二产业增长率高达 114.91%，为

20 年间的最高值。在 2013—2016 年间 RHL 和 CV 值趋于平稳,即在这 4 年间相对差异趋于平稳。

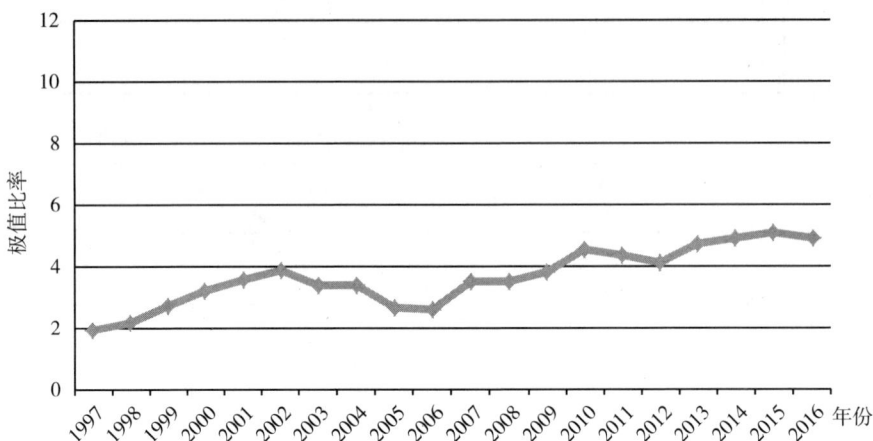

图 2-41　1997—2016 年三亚市产业发展极值比率

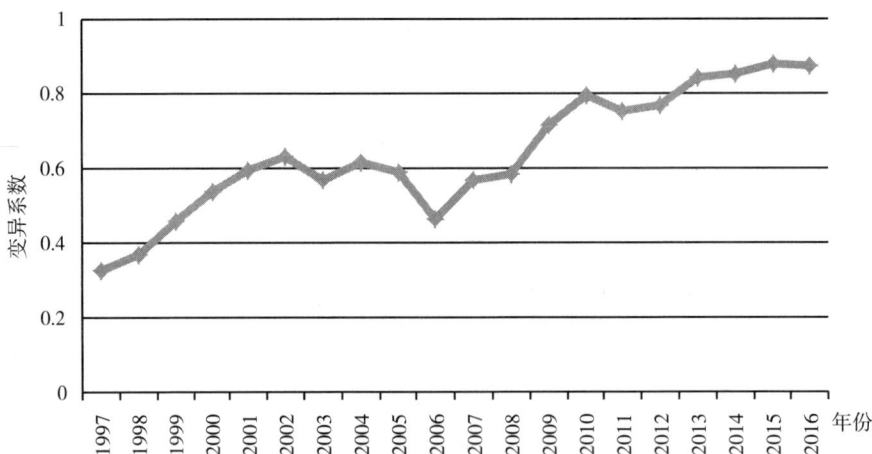

图 2-42　1997—2016 年三亚市产业发展变异系数

同样,为进一步深化对三亚市第一产业、第二产业、旅游业相对差异的分析,将三亚市第一产业、第二产业与旅游业三者间的相对差异分解为第一产业和旅游业间的相对差异(CV_1)、第二产业和旅游业间的相对差异(CV_2)、第一产业和第二产业间的相对差异(CV_3),进而计算两两之间的变异系数 CV。

由图 2-43 可知,CV_1 和 CV_2 呈波动增长趋势,CV_3 由剧烈波动趋于平稳。从总体上看 CV_1>CV_2>CV_3,即三亚市第一产业与旅游业相对差异程度>第二产业与旅游业相对差异程度>第一产业与第二产业相对差异程度。由此说明三亚市旅游业与第一产业、第二产业间的经济差异在不断拉大,旅游发展水平高于第一产业、第二产业,且有不断扩大的趋势。相比而言,旅游业与第一产业的差距大于旅游业与第二产业的差距。

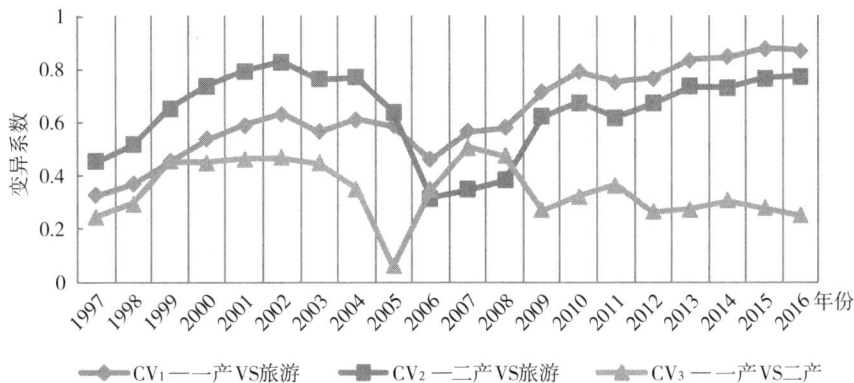

图 2-43　1997—2016 年三亚市产业发展变异系数两两比较

(三)首位度(S)和基尼系数(G)

从图 2-44 可看出,三亚市首位度(S)总体上呈平缓上升趋势,自 2009 年起 S 值均大于 2,说明三亚市旅游业与第一产业、第二产业之间的结构失衡,具体表现为过度集中于旅游业。2013—2016 年间,S 值持续上升,2016 年达到峰值 3.41,说明近 4 年间高度集中的程度更加严重。

从图 2-45 可看出,三亚市产业发展基尼系数(G)值整体呈现波动上升的趋势,进一步验证了三亚市第一产业、第二产业与旅游业间日趋集中的变化趋势。1997—1998 年间 G 值处于 0.1—0.2 区间,表明其间三亚市第一产业、第二产业和旅游业的经济发展水平高度平均;1999—2009 年间 G 值处于 0.2—0.3 区间,表明其间三亚市第一产业、第二产业和旅游业的经济发展水平比较平均;2010—2016 年间 G 值处于 0.3—0.4 区间,表示其间三

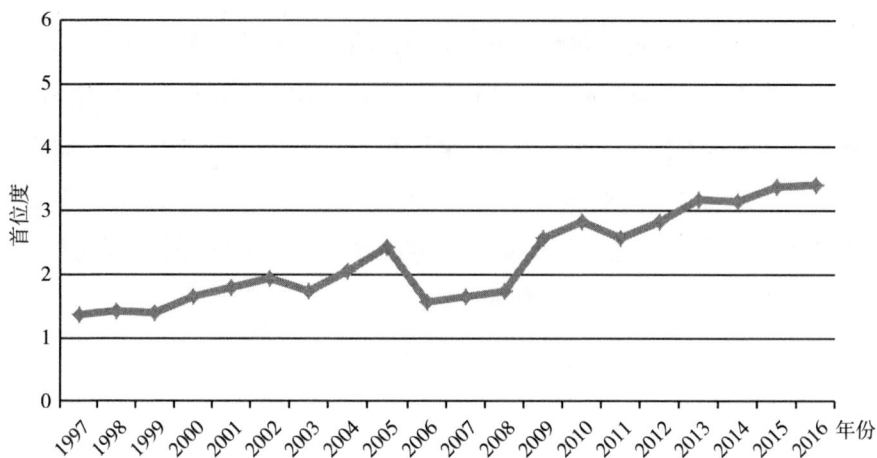

图 2-44 1997—2016 年三亚市产业发展首位度

亚市第一产业、第二产业和旅游业发展相对合理。但是,三亚市产业间发展差异正在逐渐拉大,2014—2016 年这 3 年 G 值均在 0.36 左右波动,已接近警戒线。

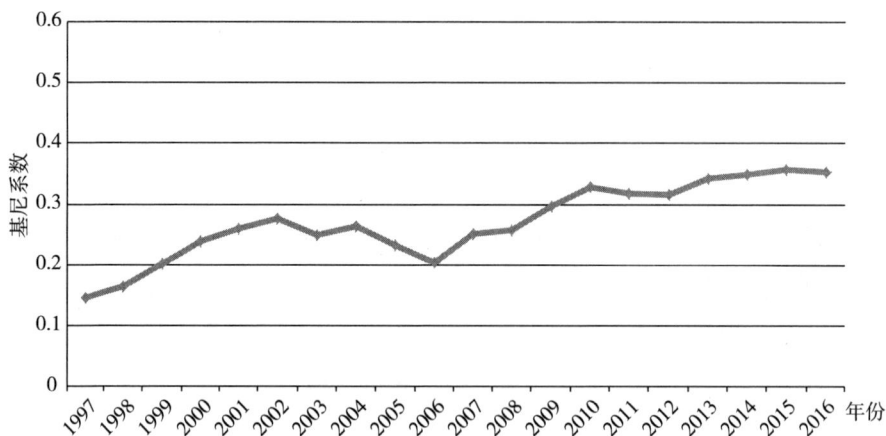

图 2-45 1997—2016 年三亚市产业发展基尼系数

第四节　比较分析

一、案例地比较

如表 2-6 所示,丽江市、张家界市、黄山市、阿坝州和三亚市五个案例地第一产业、第二产业与旅游业发展的绝对差异和相对差异均较大且呈现不断扩大趋势。五地由于过度的旅游经济依赖导致了区域产业结构的扭曲,甚至背离了产业结构发展规律,出现明显的产业空心化现象。从 2016 年的严重程度来看,丽江市>张家界市>三亚市>阿坝州>黄山市。其中,丽江市、张家界市情况较为严重,资源过度集中于旅游业的情况最为明显,已经突破了产业结构的"警戒线",三亚市、阿坝州、黄山市已经处于高度集中状态,距离警戒线也只有一步之遥。

表 2-6　2016 年五地产业发展差异指标比较

地区	极差 （R）	极值比率 （RHL）	标准差 （S_t）	变异系数 （CV）	首位度 （S）	基尼系数 （G）
丽江市	559.93	12.47	304.54	1.17	5.02	0.48
张家界市	386.80	7.87	210.26	1.04	4.15	0.43
黄山市	393.70	7.98	197.52	0.81	2.00	0.36
阿坝州	274.39	7.23	140.00	0.85	2.40	0.35
三亚市	256.41	4.89	140.54	0.87	3.41	0.37

二、云南省比较

为更进一步地表现旅游经济依赖型目的地产业发展的差异,本书遴选了云南省另外六个地州市与丽江市进行产业发展差异比较分析。遴选依据如下:昆明市、大理州、丽江市、红河州和西双版纳州是云南省旅游业最发达的地区;德宏州经济发展水平与丽江市相当;保山市行政区划和面积大小与丽江市相当,且二者都有旅游业特别发达的县(区)。分析结果如表 2-7 所示,丽江市产业发展绝对差异和相对差异明显高于其他地州市,结构失衡、产业过度集中现象最为明显。此外,西双版纳州已经临近"警戒线",也需要重视该问题。

表 2-7　2016 年云南省七州市产业发展差异指标比较

地区	极差 （R）	极值比率 （RHL）	标准差 （S_t）	变异系数 （CV）	首位度 （S）	基尼系数 （G）
昆明市	1459.95	8.28	734.63	0.75	1.55	0.33
保山市	62.70	1.41	31.84	0.18	1.24	0.08
丽江市	559.93	12.47	304.54	1.17	5.02	0.48
红河州	390.03	2.82	209.95	0.58	2.20	0.24
西双版纳州	328.06	4.56	187.59	0.92	3.35	0.36
大理州	329.28	2.60	164.65	0.44	1.43	0.20
德宏州	143.38	2.84	82.49	0.65	2.80	0.25

第五节　分析结论

一、差异分析结论

通过统计近 20 年来五地第一产业产值、第二产业产值和旅游总收入的比较,发现五地旅游业发展在总量和增速上都远高于第一产业、第二产业,旅游业在上述区域属于典型单一支柱产业。从产业发展极差、极值比率、标准差、变异系数来看,均表明五地的第一产业、第二产业与旅游业发展的绝对差异和相对差异呈现出持续快速扩大的趋势。

对五地第一产业、第二产业、旅游业两两间的相互差异的变异系数进行分析表明,旅游业与第一产业、第二产业发展的相对差异均呈现明显扩大趋势;而第一产业与第二产业经济相对差异由扩大变为趋于稳定。从总体上看,由变异系数的比较可得,旅游业与第一产业的发展差距大于旅游业与第二产业的发展差距,也大于第一产业与第二产业的发展差距,说明旅游业对三者间的发展差异的扩大具有明显拉动贡献作用。

从首位度看,近年来五地首位度都远大于2,表现为经济发展过度集中于旅游业,产业结构失衡;从基尼系数看,丽江市、张家界市基尼系数均超过0.4,突破了产业差异警戒线;三亚市、阿坝州、黄山市已经处于"高危"状态,距离警戒线也只有一步之遥。值得一提的是,本章的分析尚未考虑旅游业对第一产业和第二产业的关联带动效应,因此,实际情况应该更为严重。

二、比较分析结论

通过对五个案例地比较分析发现,五地均处于产业发展过度集中于旅游业的结构扭曲状态,且均有进一步加剧的趋势,其中,又以丽江市、张家界市最为严重;通过对云南省内七个地州市的比较分析发现,丽江市产业发展差异明显大于其他地州市,旅游经济依赖现象最为典型。

第三章　旅游地"荷兰病"效应的理论解析

通过文献综述可看出,学术界关于旅游地"荷兰病"效应的研究以存在性实证分析为主,对现象本身的理论探讨较为缺乏。因此,本章将认真梳理"荷兰病"经典理论模型、比较优势陷阱、产业结构理论、路径依赖理论和脆弱性理论等一系列涉及本书理论基础的相关原理,并结合案例地的发展实际,针对旅游地"荷兰病"效应的相关概念、表现形式、形成条件和作用机制做出较为全面系统的理论解析。

第一节　理论基础

一、"荷兰病"经典理论模型

作为研究"荷兰病"的代表性人物,Corden 和 Neary(1982)基于小经济体将一国或地区经济划分为可贸易的制造业部门、可贸易的出口部门和不可贸易部门三个部分,在充分就业、产品最终消费、生产要素自由流动、工资灵活等假设的基础上,构建了"荷兰病"经典理论模型,探讨资源繁荣对制造业的影响。该模型认为自然资源的大开发将导致资源转移效应(Resource Movement Effect)和支出效应(Spending Effect),并引发去工业化(De-Industrialization)和真实汇率(Real Exchange Rate)上升现象,导致工业和服务业的衰退。其中,资源转移效应指劳动和资本大量转移到可贸易的出口部门,导致可贸易的制造业部门和不可贸易部门的劳动力成本上升,削弱工业和服务业的竞争优势;同时,资源出口带来的大量外汇收入会导致本币升值,抑制产品出口,再度削弱可贸易的制造业部门的竞争力,并最终导致工业和服务业部门的衰退。支出效应是指随着自然资源的大量出口,提高区域的收入水平,进而增加对可贸易的制造业部门和不可贸易部门的产品需求量,但由于国外同类产品的价格优势,使得增加的这部分需求不得不通过进口来满足,再度重创本国或地区的可贸易的制造业部门的发展。

Corden 和 Neary(1982)还运用生产可能性曲线和无差异曲线详细刻画了两种效应。横轴 $O_S O_T$ 为经济系统的劳动力总供给,O_S 向右为不可贸易部门的劳动力供给量;O_T 向左为可贸易的出口部门和可贸易的制造业部门的劳动力供给量,纵轴 Wage 为名义工资,L_S、L_M、L_T 分别为繁荣前的不可贸易部门、可贸易的制造业部门和可贸易的出口部门劳动力需求曲线(见图 3-1)。在小经济体中,L_S 由一般均衡决定,可贸易部门的最大产出为 T,服务业的最大产出为 S,T 和 S 决定了生产可能性曲线 TS,无差异曲线 I_0 代表市场对产品的总需求,生产曲线与无差异曲线的交点即为市场的最佳生产点(见图 3-2)。

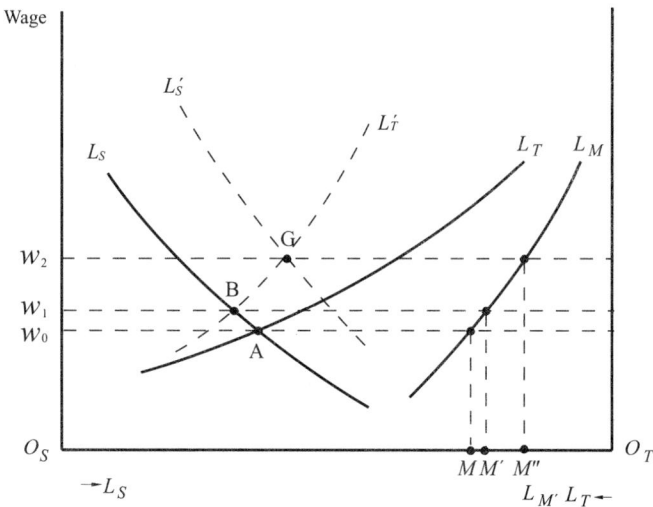

图 3-1 资源繁荣与劳动力市场

资料来源:W.M.Corden,J.P.Neary,"Booming Sector and De-Industrialization in a Small Open Economy",Economic Journal,1982,92,828。

资源转移效应:在外生技术的推动下,可贸易的出口部门的劳动力需求量

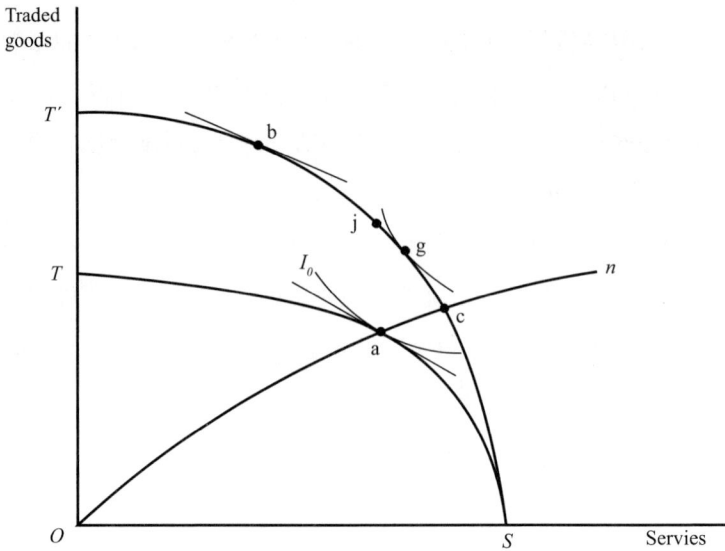

图 3-2 资源繁荣与产品市场

资料来源:W.M.Corden,J.P.Neary,"Booming Sector and De-Industrialization in a Small Open Economy",*Economic Journal*,1982,92,829。

增加,L_T 向 L_T' 移动,在实际汇率的作用下,新平衡点 B 对应的均衡工资率为 W_1,劳动力从可贸易的制造业部门和不可贸易部门流入可贸易的出口部门,可贸易的制造业部门劳动力供给由 O_TM 向 O_TM' 移动,发生资源转移效应。在资源转移效应的作用下,MM' 为可贸易的制造业部门就业量的减少量,出现直接去工业化现象(见图 3-1)。

支出效应:可贸易的出口部门劳动力需求量的增加不会改变不可贸易部门的最大产出,依然为 OS,但可贸易的出口部门的最大产出将从 OT 移向 OT',生产可能性曲线变为 ST',最佳生产组合点由 a 点向 b 点移动,不可贸易部门需求增加,但供给减少。在小经济体中,不可贸易部门的价格由本国的国内市场供需决定。在不可贸易部门供给减少(图 3-2,b 点位于 a 点左侧),需求增加(图 3-2,b 点位于 a 点上方)的情况下,不可贸易部门将通过提价使市场趋于均衡,不可贸易部门丰厚的利润产生收入效应,继而使逐利属性的商人加大对不可贸易部门的投资力度,L_S 向 L_S' 移动(图 3-1,劳动力需求增加),此时得到新的均衡点 G,劳动力从制造业流入服务业 O_TM' 向 O_TM'' 移动。在收入效应的作用下,$M'M''$ 为制造业就业量的减少量,出现间接去工业化现象(见图 3-1)。

除劳动力要素外,资本、土地、企业家等生产要素在逐利属性的驱使下也会发生一致的流向,即从可贸易的制造业部门流入其他部门(见图 3-3)。一方面,外汇的大量流入将导致非贸易品消费需求增加,促使非贸易部门通过提价维持供需均衡,导致实际汇率上涨,进而抑制可贸易品的出口竞争力;另一方面,高价又将进一步刺激非贸易部门的扩张,劳动力进一步从可贸易部门向不可贸易部门流动,此时,资源转移效应与收入效应并存,共同引发了"荷兰病"效应。

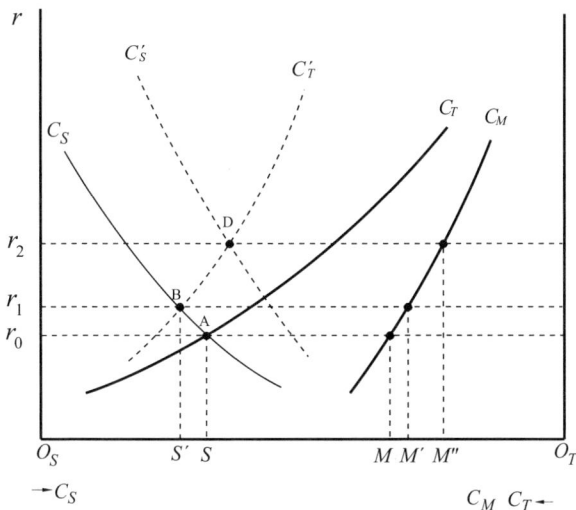

图 3-3 资源繁荣与资本市场

资料来源:冯宗宪、姜昕、赵驰:《资源诅咒传导机制之"荷兰病"——理论模型与实证研究》,《当代经济科学》2010 年第 4 期,第 76 页。

二、比较优势陷阱

比较优势(Comparative Advantage)是指一国生产某种产品的机会成本小于国外生产该产品的机会成本。比较优势理论缘起于苏格兰籍的经济学鼻祖亚当·斯密（Adam Smith）于1776年出版的《国富论》一书，他提出了绝对比较优势理论，并认为经济发展的源泉在于通过社会分工而形成的内生比较优势促进劳动生产率的提高。1817年，英国经济学家大卫·李嘉图（David Ricardo）在其代表作《政治经济学及赋税原理》中系统阐述并构建了比较优势理论体系，认为在国际贸易中应坚持扬长避短的原则，大量生产并出口具有"比较优势"的产品，同时进口"比较劣势"的产品。之后，比较优势理论研究获得了长足的发展，先后提出了要素禀赋理论（即H—O理论）、要素价格均等化定理（即H—O—S定理）、斯托尔珀-萨缪尔森定理（即S—S定理）、罗伯津斯基定理（Rybczynski Theorem）等比较优势理论的重要成果。

但是，也有不少学者对比较优势理论提出了质疑，最具代表性的就是美国经济学家沃西里·里昂惕夫（Wassily W. Leontief）提出著名的"里昂惕夫之谜"。中国著名经济学家高鸿业（1982）、洪银兴（1997）也均对比较优势理论持否定态度，认为单纯根据比较优势参与国际贸易难以带动本国经济发展。比较优势陷阱（Comparative Advantages Traps）正是学术界质疑比较优势理论的重要论点之一。所谓比较优势陷阱，是指一国或地区完全按照比较优势生产并出口产品，虽然能从中获得利益，但却导致了贸易结构不稳定和贸易条件恶化而处于不利地位。据笔者检索的资料看，"比较优势陷阱"的概念最早由我国学者王佃凯（2002）提出，他认为发展中国家实行比较优势战略进行国际贸易，不仅很难缩小与发达国家的经济差距，反而可能陷入比较优势陷阱。

之后，学术界从比较优势陷阱的存在性方面做了大量研究与争论（Proudman和Redding，2000；Hinloopen和Van，2004；陆文聪、许为，2015；Alvarez和Fuentes，2012；杨高举、黄先海，2014等）。此外，国内学者还结合中国实际从比较优势陷阱对我国贸易的影响（如孙伟忠，2008）、比较优势陷阱对我国产业发展的影响（如江宏飞，2007等）和比较优势陷阱的应对（如蒋德恩，2007）等方面做了一系列相关研究。

三、产业结构理论

产业结构（Industrial Structure）指国民经济体系中不同产业部门之间及产

业部门内部的构成方式、比例关系和相互作用,反映了不同产业部门间资源配置的状态,是产业经济学研究的热点和焦点之一。在产业结构理论的发展过程中,产生了诸如配第—克拉克(Petty-Clark)定理、库兹涅茨(Kuznets)产业结构规律、罗斯托(Rostow)起飞理论、里昂惕夫(Leontief)分析体系、刘易斯(Lewis)二元结构论、赫希曼(Hirschman)不平衡增长说、霍夫曼(Hoffmann)定理等一系列经典学说流派。在产业结构的形成、主导产业的选择、产业结构的演变、产业结构的影响因素、产业结构效应、产业结构优化、产业结构政策以及产业结构关联等方面形成了大量的研究成果。虽然不同学者的观点有所差异,但产业结构是经济增长的基础已经是学术界的共识。其中,与本书关系最为密切的就是产业空心化论和产业协同论。

所谓产业空心化,又被称为产业空洞化,最早由布鲁斯和哈里逊(Bruce和 Harrison,1982)在《美国的脱工业化》一书中提出,是指以制造业为中心的物质生产和资本大量迅速转移,使物质生产在国民经济中的地位明显下降,造成物质生产部门与非物质生产部门之间的比例关系严重失衡。具体而言,就是区域在一定发展阶段出现的非物质生产部门比重远超过物质生产部门比重,而成为国民经济中最为重要的部门。配第—克拉克定理(Petty-Clark Principle)、库兹涅茨法则(Kuznets's Law)等经典产业结构理论都阐明了产业结构演进的规律是由"一二三"到"二一三",再向"三二一"转变,最终形成以第三产业为主体的产业结构,也就是经济学中通常讲的产业结构高级化的过程。但是,产业结构高级化的前提不容忽视,即服务业的大发展必须以区域的深工业化为前提,也就是说,在未完成工业化甚至根本未经历过工业化发展阶段而蓬勃发展起来的第三产业,明显违背了产业结构的发展规律,这是产业结构高级化的畸形状态,即产业空心化。从长远来看,可能对经济发展带来负面影响。马云泽和刘春辉(2010)认为产业结构软化是一种产业结构变革的过程,是建立在知识发展与技术进步的基础之上的,是产业结构升级的表现,其发展过程并没有破坏生产的供需平衡,而产业空心化却是对生产供需平衡的破坏。

协同论(Soergeties)又称协同学,最早由德国学者赫尔曼·哈肯(Hermann Haken,1969)提出,并先后在 1971 年、1977 年、1983 年出版了《协同学:一门协作的科学》《协同学导论》《高等协同学》等三项研究成果,奠定了协同学的理论体系,在相关领域中广泛应用。协同学的核心思想是任何系统都由若干子系统构成,系统内既存在各子系统独立自发的无规则运动,又存在相互影响的整体运动。产业协同(Industrial Synergy)理论是协同论的相关原理在产业经济分析中的应用,所谓产业协同是指作为国民经济运行的各产业子系统或产业群之间相互协调合作,在时间、空间或功能上形成有序结构的过程。产业协同是区域经济发展达到一定程度的必然趋势,是由单个产业独立促进经济增长逐渐演变成多个产业相互密切配合、协调促进经济增长。产业协同理论认为,三大产业都是推动经济增长的重要动力,三者之间的投入—产出的关联效应和互动合作非常重要,三者的平衡发展更有利于产业协同的实现,进而形成更为有序的产业结构;但是,产业协同不等于三大产业同步增长或完全地齐头并进;在不同经济社会发展阶段或不同地区,三大产业协同的引领产业和协同方式都可能存在差异。

四、路径依赖理论

路径依赖(Path Dependence)是指某一系统(经济、社会、技术或制度等)的演变发展过程一旦进入某一路径,无论是好是坏,都会因为惯性(Inertia)的作用而不断自我强化(Self-reinforcement),进而锁定(Lock-in)该路径的现象。该概念最早出现于古生物学领域,用于描述物种进化演进的过程、方式和影响因素(Eldredge 和 Gould,1972)。之后,美国斯坦福大学经济史学家 Paul A. David(1985)将其引入社会科学研究领域分析技术变迁问题,提出了"键盘现象"这一著名的技术路径依赖案例。他认为,被广泛使用的 QWERTY 键盘在技术和效率方面并不是最好的,但却有最大规模的市场占有率是因为它出现得最早,偶然事件和报酬递增的存在导致缺乏效率的技术流行起来,并不断自我强化甚至被锁定。

20 世纪 90 年代初期,美国知名经济学家诺斯(North)率先将路径依赖的理论研究拓展到制度变迁领域,并因此获得了 1993 年诺贝尔经济学奖。他认为在制度变迁中存在着与技术变迁类似的报酬递增机制的自我强化机制,制度变迁过程中一旦选择某一路径,无论对错优劣都将持续地走下去,即使存在更优路径也很难更替,这有可能导致经济的低效率甚至无效率状态,使经济发展停滞不前。随后,路径依赖理论被广泛应用于经济学、社会学和管理学等领域。Grabher(1993)最早将路径依赖引入区域经济研究,提出德国鲁尔工业区经济发展陷入"锁定"状态;Garud 和 Rappa(1994)提出技术的路径依赖与行为惯性、认知结构和社会关系有关;Bebchuk(1999)首次提出公司治理中的路径依赖问题。

随着不同学科领域对路径依赖理论研究的不断深化,关于路径依赖的内涵界定、类型划分、成因分析等出现了一系列不同的观点与争论,但也形成了一些基本共识:第一,路径依赖既是一种状态,又是一种过程。状态是指"锁定"在某种结构或路径上,可能是无效、低效或者有效的锁定状态;过程指的是"非遍历性随机动态过程"(Non-ergodicity),强调路径依赖是一个非线性的不确定过程。第二,早期偶然性历史事件对系统发展轨迹具有重要影响。路径依赖理论认为经济社会系统的发展对初始条件十分敏感,通常受随机发生的小事件影响,起初不显著的差异发展到最后会呈现出截然不同的结果。第三,强调系统变迁中的时间因素和"滞后"作用。时间因素指随着自增强、正反馈、报酬递增发展,系统一旦达到某个临界点,便会陷入"锁定"状态;而"滞后"作用指历史事件引起的结果,或是历史本身内在的规则和秩序所形成的结果。

五、脆弱性理论

脆弱性(Vulnerability)一词源于拉丁语"vulnerare",意为"可能受伤"。在学术界,脆弱性的概念最早出现于流行病学理论,指的是某一区域爆发流行病的可能性。之后,脆弱性理论开始在生态环境、气候变化、可持续发展、灾害学、工程学、经济学和社会学等领域的研究中广泛应用。近年来,脆弱性的分析和评价已经成为这些领域的研究热点。

总体而言,学术界关于脆弱性概念的界定形成了可能性说、程度说、能力说和集合说四种观点。可能性说以 Gabor 和 Griffith(1980)的研究成果为代表,认为脆弱性是不利事件发生时遭受损害的可能性;程度说以 Timmerman (1981)的研究成果为代表,认为脆弱性是不利事件发生时遭受损害的程度;能力说以 Kates(1985)的研究成果为代表,认为脆弱性是指应对不利事件的能力;集合说以 George(1998)和我国学者刘燕华(2001)的研究成果为代表,认为脆弱性由风险、敏感性、适应性和恢复力等部分构成,是一个概念的集合。

从上述四种观点来看,可能性说对脆弱性概念的界定侧重于"风险"的角度,强调不利事件的潜在影响和概率,主要应用于自然灾害研究领域;程度说对脆弱性概念的界定侧重于"易损性"的角度,强调不利事件影响的结果,主要应用于自然灾害和气候变化研究领域;能力说对脆弱性概念的界定侧重于"恢复力"的角度,强调对不利事件的应对,主要应用于生态环境和社会经济研究领域;而集合说对脆弱性概念的界定则是"内外结合"的综合性视角,既考虑了对象的内部条件,也考虑了与外部环境之间的相互作用,是相对完善的定义,普遍应用于各个领域的脆弱性研究(见表 3-1)。

表 3-1　脆弱性的内涵比较

类型	视角	侧重点	代表学者	主要应用领域
可能性说	风险	概率	Gabor 和 Griffith	自然灾害
程度说	易损性	结果	Timmerman	自然灾害和气候变化
能力说	恢复力	应对	Kates	生态环境和社会经济
集合说	综合性	内外结合	George、刘燕华	特定要素系统

资料来源:作者归纳整理。

随着脆弱性理论研究的不断深入,产生了多个脆弱性研究理论模型,这些理论模型不断完善,使得脆弱性理论研究的思路和方法更加全面系统。目前,常见的脆弱性理论模型包括:R-H(Risk-Hazards)模型(Burton 和 White,1993)、三角模型(Watts 和 Bohle,1996)、HOP(Hazards of Place)模型(Cutter,1996)、钻石模型(Bohle,2001)、PAR(Pressure and Release)模型(Blaikie、Cannon 和 Davis,2004)和 AHV(Airlie House Vulnerability)模型(Turner、Kasperson 和 Matson,2003)等。在脆弱性理论模型不断深化的基础上,学术界

为了更好地评估与测度脆弱性,提出了脆弱性评估与测度分析框架。其中,较为常见的是 VSD(Vulnerability Scoping Diagram)框架(Polsky、Neff 和 Yarnal,2007)和 ADV(Agents' Differential Vulnerability)框架(Acosta-Michlik 和 Espaldon,2008)等。

第二节　相关概念

一、旅游繁荣

古典经济增长理论认为,从长期来看,经济运行的结果往往非常接近其潜在的水平,即使存在误差也不会过大,而且是暂时的,因此,将实际 GDP 大于潜在 GDP 状态称为经济繁荣。从严格意义上说,旅游繁荣(Tourism Boom)并不是一个学术概念,而是对旅游产业发展状态的一种描述,具体表现为:旅游产业需求旺盛、增长迅速、利润率高,与其他产业发展的差异逐步扩大,对经济发展的贡献率快速上升,甚至超出其应有贡献的状态。

二、旅游经济依赖

通过笔者对国内外学术资源数据库的系统检索,发现关于"旅游经济依赖"现象的研究成果尚不多见,但已经有学者提及或关注到这一现象,主要表现在两个方面:一是在旅游的负面经济影响研究中提到过度依赖旅游业会对区域经济发展带来不利影响,陈东田、吴人韦(2002)认为过度依赖旅游业而忽视其他产业的协调发展容易形成区域经济的发展瓶颈;谢彦君(2006)也指出,国民经济对旅游业的依赖程度过高会削弱区域的经济基础;李天元(2006)认为过分依赖旅游业会影响国民经济的稳定;Ashworth 和 Page(2011)也指出,旅游业能够给区域带来持续的经济利益,但那些高度依赖旅游业的区域却从旅游业中获利较少。二是出现了少量关于"旅游经济依赖型目的地"、"旅游资源依赖型城市"、"旅游经济体"和"专业化旅游城市"的类似研究,项怡娴、保继刚(2007)提出旅游经济依赖型目的地是指旅游产业高速发展,其他产业结构比较单一且发展相对滞后,国民经济发展高度依赖旅游经济的旅游目的地,并在此背景下探讨了旅游就业的形成、演变、动因与障碍;魏敏(2010)提出了与此类似的"旅游资源依赖型城市"的概念,是指具有良好的旅游资源禀赋,城市因旅游资源的开发、经营而兴起或发展壮大,旅游资源是城市经济发展的重要依托,旅游业是支柱产业,旅游收入相当于该城市 GDP 的50%以上的旅游城市,进而分析了旅游资源依赖型城市的形成与发展模式;李军、保继刚(2011)也提出了"旅游经济体"的类似概念,是指旅游业在地区经济总量中占较大比重的经济体,并针对张家界旅游经济体的旅游经济脆弱性特点与产业联系进行了实证研究。此外,还有学者从旅游专业化的角度探讨了该问题,陈钢华、保继刚(2014)以三亚市为例分析了旅游专业化发展历程与动力机制;张文菊(2014)以桂林、黄山、丽江、张家界为例分析了旅游专业化的程度及进程;Brau、Lanza 和 Pigliaru(2007),Adamou 和 Clerides(2009),何昭丽、孙慧(2015)等探讨了旅游专业化与经济发展的关系。

本书参考上述学者的观点以及笔者前期研究的相关成果,认为旅游经济依赖是指旅游产业异常繁荣,其他产业发展相对滞后,国民经济发展高度依赖旅游业的现象(一般表现为贡献率超过50%)。具体表现为:以旅游为区域的主导产业,以旅游为区域的主体功能,以旅游为区域的主打品牌,以旅游形成区域的主体环境,围绕旅游明确区域的主要工作任务;在区域的城市建设、产品开发、服务体系、人才配备等方面都明显地聚焦、依托和服务于旅游功能的发展。

三、经济脆弱性

脆弱性是多个学科领域的研究热点,目前,学术界并没有形成统一且具有普适性的脆弱性概念,其概念往往是基于不同学科和研究视角的特点来界定。Briguglio(1992)最早将脆弱性理论应用于经济学分析,联合国开发计划署(The United Nations Development Programme,1999)首次正式提出"经济脆弱性"(Economic Vulnerability)的概念,并将其定义为经济发展承受不利事件所带来的损害的能力。国内学者对经济脆弱性概念的界定往往是基于资源型城市背景,普遍认为经济脆弱性是指对经济系统内外各种扰动的敏感性以及缺乏应对不利扰动的能力而使区域经济趋向不可持续发展方向的一种状态(李鹤、张平宇,2008;卢万合、刘继生、那伟,2010,等)。因此,本书认为,经济脆弱性是源于经济系统内部的、与生俱来的一种属性,只有当遭受扰动因素的影响时才会表现出来。经济脆弱性(EV)可以看作是其敏感性(S)和应对能力(R)相互作用的函数(见式3.1),具体可表示为:

$$EV = F(S,R) \tag{3.1}$$

本书所探讨的经济脆弱性与此略有差异,主要以旅游经济依赖型目的地为背景。基于国内外学者对经济脆弱性的阐释和对资源型城市经济发展脆弱性的界定,本书认为旅游经济依赖型目的地经济发展脆弱性是区域经济发展脆弱性的一种特殊类型,是指在旅游经济依赖型目的地这个特定的区域范围的某一时期内,由于支柱产业单一,旅游业占国民经济比重过大,导致旅游地经济发展内部存在不稳定性,在内外扰动因素的影响下,表现出的敏感性及缺乏应对能力而使区域经济趋向不利于可持续发展方向的一种状态。该概念包含以下三个方面含义:

(1)旅游经济依赖型目的地经济脆弱性是一个时间和空间的函数,是在旅游经济依赖型目的地这个特定区域范围内的某一特定时期中区域经济发展的内在属性,该属性具有时空性、内生性和客观性的特征,会随着区域经济和旅游业的发展而上下波动。

(2)旅游经济依赖型目的地经济脆弱性的根源是区域经济发展的内部结构存在不稳定性,使得旅游地经济发展在扰动因素的影响下表现出较高的敏感性和较低的应对能力,导致区域经济发展出现振荡,不利于可持续发展。

(3)学术界关于经济脆弱性的研究大多集中在资源型城市,其主要扰动因素是资源枯竭,"应对能力"指的是区域经济系统的鲁棒性[①],即在扰动因素影响下的调节、适应和解决的能力。对于旅游经济依赖型目的地而言,由于以

---

① 鲁棒性(Robustness)原指控制系统应对扰动并维持性能的能力。本书借用这一概念,用于指区域经济在内外扰动因素的影响下持续发展的能力。

旅游业为单一支柱产业,"扰动因素"主要是指导致旅游业衰退的因素即旅游需求枯竭。但是,由于旅游业在扰动因素的影响消退后往往具有较强的恢复能力,旅游经济依赖型目的地经济发展的应对能力应该包括鲁棒性和恢复力两个方面的内容。

综上所述,旅游经济依赖型目的地经济脆弱性(EV)可以看作是其敏感性(S)和应对能力(R)相互作用的函数,应对能力又是经济发展鲁棒性(R_u)和恢复力(R_e)的函数,具体表示为:

$$\begin{cases} EV = F_1(S,R) \\ R = F_2(R_u,R_e) \end{cases} \qquad (3.2)$$

第三节　内涵解析

一、概念界定

"荷兰病"作为一种新自然资源的发现与大开发而导致其他产业发展受抑制的产业结构失衡现象,在世界经济发展过程中普遍存在。除荷兰外,沙特阿拉伯、尼日利亚、墨西哥、澳大利亚、挪威、英国、俄罗斯等自然资源丰富的国家都出现类似的经济症状。在中国,"荷兰病"现象也广泛存在于资源型城市中,尤其是在资源枯竭城市中"症状"较为明显。"荷兰病"的"病源"在于区域经济发展高度依赖某种自然资源而形成的资源经济依赖。所谓资源经济依赖,是指依靠区域自然资源尤其是矿产资源的比较优势,以自然资源的开采和初加工为增长动力而形成的以能源、矿产等产业为主导的经济体系。具体表现为:资源型经济部门在经济结构中占优势地位;资源型产品在区际或国际贸易中占主体地位;经济对资源型生产要素的投入依赖性较强且代价较高。因此,我们可以发现,传统"荷兰病"的"病源"表现在以下四个方面:首先,区域内发现某一种较为丰富的自然资源;其次,该自然资源的开发为区域带来了巨大的经济效益;再次,区域经济发展高度依赖这种资源产业,其他产业发展相对滞后,该资源产业的波动或衰退会对区域国民经济发展带来较大影响;最后,这种资源枯竭或产业衰退的可能性较大。

正如文献综述所表明,"荷兰病"效应已不仅仅存在于自然资源部门,旅游发展同样有可能产生"荷兰病"(Chao、Hazari 和 Laffargue,2006;徐红罡,2006;Capo、Font 和 Nadal,2009;Sheng 和 Tsui,2009;Mieiro 和 Ramos,2010;左冰,2011;刘长生,2012;杨懿,2015;钟伟,2016,等),会对地方经济的长期发展产生负面影响。近年来,我国各地非常重视发展旅游业,许多地方把旅游业确定为战略性支柱产业加以优先发展,以旅游业带动和促进经济社会协调发展的全域旅游建设如火如荼。旅游业作为"资源消耗低,带动系数大,就业机会多,综合效益好"的产业,战略性支柱产业的定位本无可非议。但是,在实际发展过程中,部分地区的经济发展却形成了对旅游业的高度依赖,出现了以云南丽江市、湖南张家界市、海南三亚市、安徽黄山市和四川阿坝州为代表的以旅游业为单一支柱产业,区域经济发展高度依赖旅游业的旅游地。林毅夫(1999)指出,经济发展的真实含义不是一个或几个产业鹤立鸡群式的增长,而是综合经济实力的提高。这类旅游地虽然通过旅游业的发展获得了"第一桶金"和巨大的荣耀,但其区域经济却陷入了过度依赖旅游业的"困局",使其他产业发展困难重重,旅游业的关联带动效应明显下降,使旅游地锁定于"非最优"发展模式,区域经济发展脆弱性凸显。这类旅游地存在着与资源型地区"荷兰病"类似的"病源"特征,主要表现在:首先,区域内发现了资源的"新用途",即旅游价值;其次,旅游开发为区域带来了巨大的经济效益;再次,区域经济发展高度依赖旅游产业,但其他产业发展相对滞后,旅游产业的波动会对区域国民经济发展带来较大影响;最后,旅游业作为一种敏感性较高的产业,出现产业衰退的可能性较大。

因此,结合前人的相关研究,本书提出了"旅游地'荷兰病'效应"的概念,是指旅游业过度繁荣形成的路径依赖使得各类生产要素过度集中于旅游业,抑制了其他产业发展,削弱了其他产业对经济发展的贡献,进而对区域经济发展带来负面影响。从该定义中可以看出,旅游地"荷兰病"效应实质上是旅游业过度繁荣的负反馈,既是过度发展旅游业的"机会成本",也是区域陷入旅游资源比较优势陷阱的主要表现;还是旅游经济依赖型目的地经济发展高脆弱性的主要诱因。从长远来看,不利于区域经济的可持续发展。

二、特征分析

(一)经济发展滞后性

旅游经济依赖明显的区域往往是经济相对不发达的地区。徐红罡(2005)曾指出旅游业为不发达地区提供了发展机遇,旅游资源是其最可利用的经济资源,但是以旅游为支柱产业的地方的经济发展却与其他地区的差距很大,如欧洲的西班牙、希腊,亚洲的泰国、马尔代夫,北美洲的巴哈马、多米尼加等。在国内依然如此,如丽江市 2016 年国民生产总值为 178.5 亿元,在云南省 16 个州市中排名倒数第四;张家界市 2016 年国民生产总值为 298.04 亿元,在湖南省 14 个州市中排名倒数第一;黄山市 2016 年国民生产总值为 576.8 亿元,在安徽省 16 个市中排名倒数第一;阿坝州 2016 年国民生产总值为 281.32 亿元,在四川省 21 个州市中排名倒数第二。

(二)支柱产业单一性

支柱产业单一在我国资源依赖型地区非常常见,一般可以划分为两种类型:一是资源型城市,如石油城市大庆、煤炭城市大同、铜矿城市铜陵等;二是产品型城市,如汽车城十堰、钢铁城攀枝花、化纤城仪征等。根据"旅游经济依赖"的定义可以看出,旅游经济依赖是以旅游业为单一支柱产业的旅游地,是一种新型的单一支柱产业区域,兼具资源型和产品型两种类型的特征。一旦本身就具备高敏感性特征的旅游产业发展出现波动,地区经济发展就会立竿见影地呈现"断崖"式下滑。

(三)外部经济依赖性

旅游业是一种外部依赖性很强的产业,影响旅游需求的主要因素如收入水平、闲暇时间、游客偏好等都是由客源地相关要素决定的,旅游目的地自身无法控制;而旅游活动本身的季节性以及突发事件对旅游业的冲击等扰动因素更是不在旅游地的可控范围之内。对于旅游经济依赖型区域而言,旅游产业是其唯一的支柱产业,是区域发展的经济命脉,旅游产业的外部依赖性决定了其区域整体经济发展都具有极强的外部依赖特征。

（四）产业结构空心化

旅游经济依赖明显的区域由于把大量的人力、物力和财力集中到旅游开发中，抑制了其他产业的发展，形成了以旅游业为单一支柱产业，第三产业在国民经济发展中一支独大的单一产业结构。例如，张家界市 2016 年三大产业结构为 11.3∶21.5∶67.2，第三产业对经济增长的贡献率为 79.1%；黄山市 2016 年三大产业结构为 9.8∶39.0∶51.2，第三产业对经济增长的贡献率为 54.7%；三亚市 2016 年三大产业结构为 13.9∶19.9∶66.2，第三产业对经济增长的贡献率为 77.5%。以旅游业为主的第三产业比重远超过第一产业、第二产业之和。在经济发达国家和地区，由于工业的外迁，第三产业占比较大是一个非常常见的现象，并不完全是坏事。但是，旅游经济依赖型区域在经济尚不发达，经济总量较低的情况下却过早地出现了产业空心化现象，导致区域内旅游产业的接续产业和替代产业不完善，产业转型难度大。

（五）发展风险潜在性

旅游经济依赖所导致的经济发展风险是隐性的，其经济发展风险的凸显过程与 19 世纪末美国康奈尔大学（Cornell University）科学家所做的"温水煮青蛙"实验类似。当未发生扰动因素的影响时，旅游产业蓬勃发展带来的财富和荣耀犹如"温柔的陷阱"，将区域经济发展的隐患屏蔽。但是，一旦出现扰动导致旅游产业的衰退或波动，由于缺乏替代产业或接续产业的支撑，加之本身经济实力较弱，极易导致整个区域经济发展危机的爆发。

三、形成条件

（一）市场需求条件

相关研究表明，当人均 GDP 达到 300 美元时，就会有旅游需求产生；当人均 GDP 达到 1000 美元时，就会有对临近地区或国家的旅游需求产生；当人均 GDP 达到 3000 美元以上时，就会有远距离国际旅游需求产生[①]。随着工业化进程的不断推进，物质生产部门获得了长足的发展，国民收入和人民生活水平

---

① 　田里主编：《旅游经济学》，科学出版社 2004 年版，第 22 页。

大幅提高,这就促使人们的需求结构从注重物质需求转向重视精神需求,为旅游需求的产生奠定了坚实的经济基础。与此同时,随着社会和科技的大发展,劳动生产率不断提高,人们的工作时间相对减少,而闲暇时间逐步增多,为旅游需求的产生提供了必要的时间条件。因此,旅游顺理成章地成为人们日常生活中的重要内容,产生了巨大的市场需求。这一需求的出现,成为旅游产业大发展的重要催化剂,引爆了各地旅游产业的大开发,助推了旅游地"荷兰病"效应的形成和发展。

(二)旅游资源条件

旅游资源是构成旅游活动的客体,是供旅游者参观游览的基本要素。旅游资源是指在自然和人类社会中能够激发旅游者旅游动机并进行旅游活动,为旅游业所利用并产生经济、社会和生态效益的客体①。旅游资源条件是旅游地"荷兰病"效应形成和发展的物质基础和前提条件,Prahalad 和 Hamel(1990)曾指出区域资源的稀缺性和独特性决定了该区域发展的能力。旅游经济依赖型目的地的旅游资源往往都是品质极高的资源,如丽江市、张家界市、黄山市、阿坝州的核心旅游资源均是世界遗产甚至是双遗产;三亚市被称为"东方夏威夷",其海滨旅游资源品位冠绝全国。正是由于独特稀缺的高品质旅游资源,才吸引了数量巨大的游客不断前来,形成了旅游业的过度繁荣和区域经济发展对旅游业的高度依赖。

(三)产业基础条件

旅游地产业基础条件主要包括旅游基础设施和旅游接待设施两大类。由于旅游经济依赖型目的地在旅游业大发展之前交通区位条件一般都较差,因此,只有首先大幅改善旅游地的可进入性,才有可能招徕大量的游客,如丽江市、张家界市、黄山市、阿坝州、三亚市等"荷兰病"型旅游地作为经济并不发达的区域非中心城市甚至偏远城市,却都拥有民航机场,《2016 年民航机场生产统计公报》显示,本书五个旅游地机场吞吐量均位列全国机场百强。在完善交通可进入性的同时,为应对大量涌入的游客,旅游经济依赖型目的地还会

---

① 杨桂华、陶犁主编:《旅游资源学》(修订版),云南大学出版社 1999 年版,第 3 页。

大量开发建设满足游客"吃、住、行、游、购、娱"需求的旅游设施,如丽江市、三亚市的高星级酒店数量均为全省第一,其他旅游经济依赖型目的地的高星级酒店数量也位居全省前列。因此,在旅游地"荷兰病"效应发展历程中,都经历过大规模投资建设旅游基础设施和接待设施,不断完善旅游产业发展基础条件的阶段。

（四）比较优势陷阱

在具备了上述三个基本条件的基础上,由于旅游开发给旅游地带来了巨大的经济效益和区域荣耀,旅游业也顺理成章地成为区域经济发展中"比较优势"明显的产业。这种"比较优势"形成了区域对旅游开发回报的高预期,导致区域过度投资和扶持旅游产业发展,而对其他产业发展的投资和扶持力度却严重不足。在这样的发展模式下,虽然也能从中获得一定的经济利益,但却引发了区域经济结构不稳定性和支柱产业单一的敏感性,使得区域经济发展落入了"比较优势陷阱"并导致"荷兰病"效应的形成。

第四节　作用机制

通过对上述四个概念的分析,不难发现,四者之间的逻辑关系为:旅游过度繁荣将导致"荷兰病"效应,具体表现为旅游经济依赖;"荷兰病"效应会引发区域经济发展的高脆弱性;从长远来看,不利于区域经济的可持续发展。因此,可形成分析框架(见图3-4)。

一、发生机制

旅游繁荣会给区域发展带来巨大的财富和荣耀已经是不争的事实,许多知名旅游地的发展已经印证了这一点。也正是因为如此,旅游过度繁荣的过程实质上就是一个从"惯性"到"自我强化"再到形成认知性锁定、功能性锁定和政治性锁定三大锁定的路径依赖过程,最终将导致"荷兰病"效应。而旅游地"荷兰病"效应的内在机制为资源转移效应所形成的去工业化或去农业化,外部表现即旅游经济依赖。

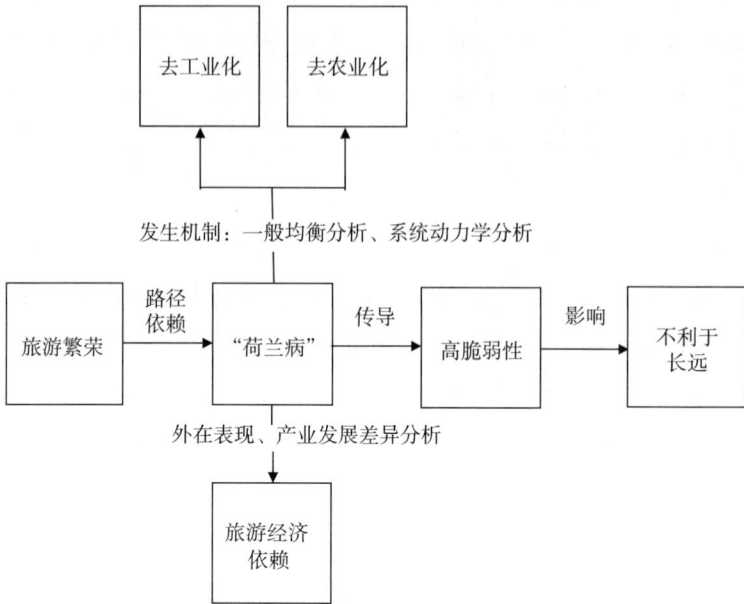

图 3-4　分析框架

资料来源:作者自行绘制。

（一）路径依赖分析

根据前文的概念界定可知,旅游地"荷兰病"效应是旅游业过度繁荣形成的路径依赖使得各类生产要素过度集中于旅游业而导致的反馈,因此,本书采用系统动力学模型分析旅游地"荷兰病"效应的形成,如图 3-5 所示,主要由两个正反馈构成。

首先,旅游繁荣带来良好的适应性预期,使得区域产业发展形成结构惯性,继而在规模报酬递增、转换成本、吸纳效应、黏滞效应等一系列影响因素的作用下进行自我强化,旅游产业自组织演化能力增强,并对产业发展进行了路径限定,区域旅游产业主导性和旅游经济依赖性增强,进而加剧了旅游产业的繁荣,即图 3-5"路径依赖"正反馈回路;其次,旅游繁荣产生巨大的资源需求,在有限的资源条件下,旅游业良好的发展势头使劳动力、土地、资本等生产要素从工业部门或农业部门流入旅游部门,工业部门或农业部门竞争力下降,出现旅游业一支独大的产业结构,旅游经济依赖现象形成,即图 3-5"去工业

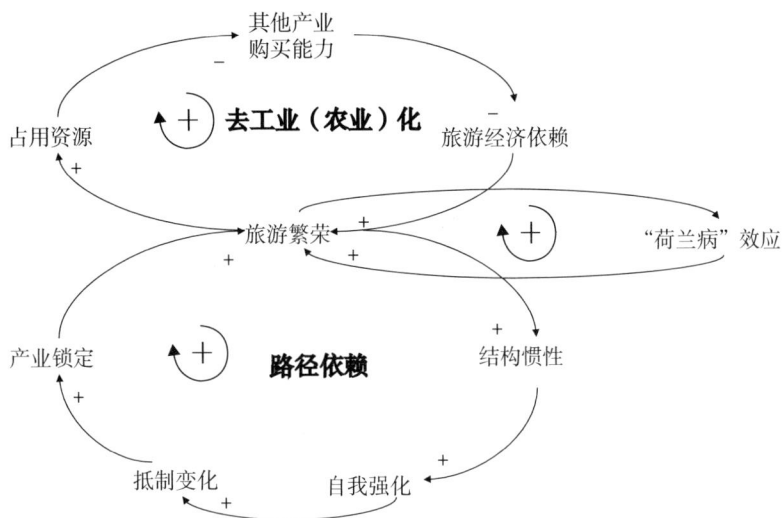

图 3-5　旅游繁荣路径依赖系统动力学分析模型

资料来源:作者自行绘制。

(农业)化"正反馈回路。具体来看,主要由 7 个正反馈构成,促进"荷兰病"效应的形成(见图 3-6)。

第一条正反馈回路为"产业前景"。旅游繁荣带来的良好适应性预期使政府投资意向倾向于旅游业,政府投入大规模建设资金,旅游业发展得到进一步强化,为旅游地"荷兰病"效应的形成创造了资本支持。

第二条正反馈回路为"发展氛围"。旅游繁荣为社区居民带来经济收入,目的地区域形成浓厚的旅游发展氛围,此时调整以旅游业为主的产业结构需要付出极大的社会成本,会遭受社区居民的抵制。社会成本的存在进一步加剧旅游业的自我强化,旅游业愈加繁荣,为旅游地"荷兰病"效应的形成获得了社会认同。

第三条正反馈回路为"权力"。旅游繁荣使区域内旅游产业有着更高的政治话语权,政府、企业建设与之相称的管理体制,旅游部门高度专业化,产业结构转型面临巨大的转换成本,旅游繁荣加剧,为旅游地"荷兰病"效应的形成获取了制度支撑。

第四条正反馈回路为"市场氛围"。旅游业的繁荣促进了旅游品牌(知名

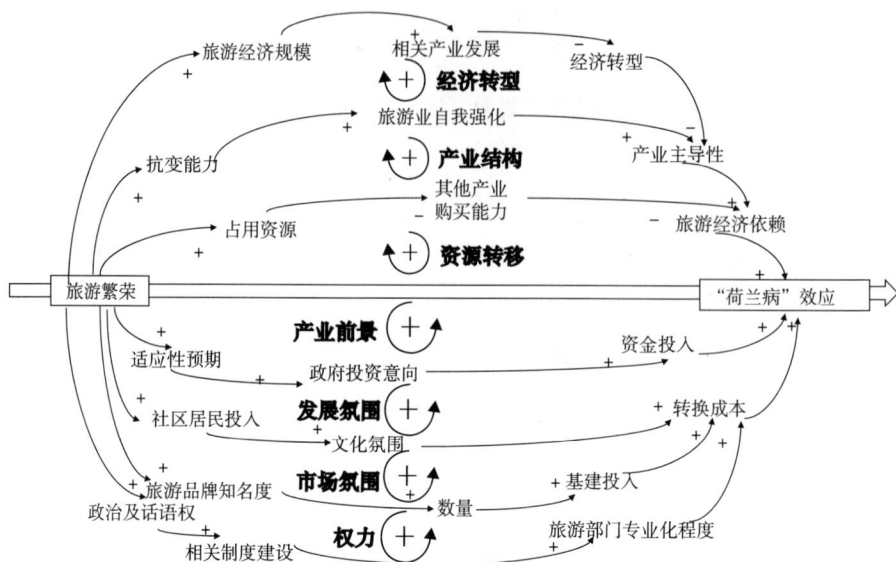

图 3-6　旅游繁荣路径依赖分析

资料来源:作者自行绘制。

度)的建立,如,丽江、黄山等地都是海内外知名的旅游目的地,大量的游客慕名而来,为满足市场需求,将增建基础服务设施,大量的沉没成本累积,产业转换成本增加,企业和政府为避免由转换成本带来的风险,选择继续发展旅游业,促进了旅游地"荷兰病"效应的形成。

　　第五条正反馈回路为"资源转移"。旅游繁荣需要更多的生产要素投入以发展旅游业,有限的资源条件下,旅游业良好的发展势头使劳动力、土地、资本等生产要素从工业部门或农业部门流入旅游部门,工业部门或农业部门竞争力下降,旅游业一支独大,旅游地"荷兰病"效应凸显。

　　第六条正反馈回路为"产业结构"。旅游繁荣带来的话语权、形成的区域经济发展氛围、大规模的基建投入等会使旅游产业规模大肆扩张,实现旅游产业的自我强化,进而形成了旅游产业主导性和旅游经济依赖性,旅游地"荷兰病"效应加剧。

　　第七条正反馈回路为"经济转型"。除了上述各正反馈回路会阻碍经济转型外,规模报酬递增引导旅游地旅游经济规模扩张、相关产业得到快速发展也会加大区域经济转型难度,无法撼动旅游业的产业主导性,出现不合理的产业结构,形成旅游经济依赖,激化了旅游地"荷兰病"效应。

综上所述,旅游繁荣是旅游地经济发展路径依赖的结果,也是引发"荷兰病"效应的驱动力。在产业前景、发展氛围、市场需求、权力、资源转移、产业结构及经济转型等正反馈回路的作用下,旅游产业实现了从"惯性"到"自我强化",再到路径锁定的完整过程,助推旅游繁荣的同时也引发了"荷兰病"效应。

(二)一般均衡分析

首先,我们假设丽江市、张家界市、黄山市、阿坝州和三亚市的经济体系是独立的,类似一个小经济体。同时,假设经济体中存在三个部门:贸易部门、旅游部门、非旅游不可贸易部门,三个部门的生产函数均为柯布·道格拉斯(C. D.)生产函数,投入要素均为资本(分别表示为 K_T, K_{nT}, K_m)和劳动力(分别表示为 L_T, L_{nT}, L_m),并且存在关系:$K_T + K_{nT} + K_m = K, L_T + L_{nT} + L_m = L$。其次,假设贸易部门使用的资本份额 α 高于非旅游不可贸易部门使用的资本份额 β,但小于旅游部门使用的资本份额 $\lambda(\beta < \alpha < \lambda)$。在 C.D.生产函数下,这意味着非旅游不可贸易部门(旅游部门)的劳动投入相对于贸易部门劳动投入之比,大于(小于)非旅游不可贸易部门(旅游部门)的资本投入相对于贸易部门的资本投入之比,即 $L_{nT}/L_m > K_{nT}/K_m, L_T/L_m < K_T/K_m$。

基于上述假设,丽江市、张家界市、黄山市、阿坝州及三亚市贸易部门、非旅游不可贸易部门和旅游部门的产出分别为 X_m, X_{nT}, X_T,在 C.D.生产函数下,有:

$$X_m = A_m K_m^\alpha L_m^{1-\alpha} \tag{3.3}$$

$$X_{nT} = A_{nT} K_{nT}^\beta L_{nT}^{1-\beta} \tag{3.4}$$

$$X_T = A_T K_T^\lambda L_T^{1-\lambda} \tag{3.5}$$

以贸易部门的价格为标准价 1,旅游业部门的相对价格为 P_T,非旅游不可贸易部门价格为 P_{nT}。此时,基于 C.D.生产函数,在生产者利润最大化下得到资本收益率和工资如下:

$$r = \alpha A_m K_m^{\alpha-1} L_m^{1-\alpha} = \beta P_{nT} A_{nT} K_{nT}^{\beta-1} L_{nT}^{1-\beta} = \lambda P_T A_T K_T^{\lambda-1} L_T^{1-\lambda} \tag{3.6}$$

$$\omega = (1 - \alpha) A_m K_m^{\alpha} L_m^{-\alpha} = (1 - \beta) P_{nT} A_{nT} K_{nT}^{\beta} L_{nT}^{-\beta} = (1 - \lambda) P_T A_T K_T^{\lambda} L_T^{-\lambda}$$

$$(3.7)$$

旅游业的发展会带来财富效应,假设财富增加值为χ,φ表征财富的增加程度,则$\varphi = \chi/\omega$,即$\chi = \omega\varphi$。此时代表性居民的可支配收入应等于工资加上财富增加值,即$\omega + \chi = \omega\varphi + \omega = \omega(1 + \varphi)$。

通常,代表性居民的消费既包括贸易品,也包括非贸易品。因此,假设代表性居民用于不可贸易品的消费比重为γ,则贸易品消费比重为$1 - \gamma$;又假设不可贸易品消费中的旅游消费比重为μ,则非旅游不可贸易品消费比重为$1 - \mu$,此时,有效用函数和预算约束如下:

$$u = (C_T^{\mu} C_{nT}^{1-\mu})^{\gamma} C_m^{1-\gamma} = C_T^{\mu\gamma} C_{nT}^{(1-\mu)\gamma} C_m^{1-\gamma} \tag{3.8}$$

$$P_T C_T + P_{nT} C_{nT} + 1 \times C_m \leq \omega(1 + \varphi) \tag{3.9}$$

消费者效用最大化支配下有:

$$P_T C_T \leq \mu\gamma\omega(1 + \varphi) \tag{3.10}$$

$$P_{nT} C_{nT} \leq \gamma(1 - \mu) \omega(1 + \varphi) \tag{3.11}$$

$$1 \times C_m \leq (1 - \gamma) \omega(1 + \varphi) \tag{3.12}$$

在市场出清条件下,总供给=总需求,即$LC_T = X_T, LC_{nT} = X_{nT}, LC_m = X_m$。由此,式(3.12)可写作:

$$P_T X_T = L\mu\gamma\omega(1 + \varphi) \tag{3.13}$$

$$P_{nT} X_{nT} = L\gamma(1 - \mu) \omega(1 + \varphi) \tag{3.14}$$

$$P_m X_m = L(1 - \gamma) \omega(1 + \varphi) \tag{3.15}$$

将式(3.3)、式(3.4)、式(3.5)分别代入式(3.15)、式(3.14)、式(3.13)并对其取对求导,并用"^"符号表示受到φ增加影响后的解释变量变动率,有:

$$\alpha \hat{K}_{m\varphi} + (1 - \alpha) \hat{L}_{m\varphi} = \hat{\omega}_{\varphi} + \left(\frac{1}{1 + \varphi} \right) \tag{3.16}$$

同理可得:

$$\hat{P}_{nT\varphi} + \beta \hat{K}_{nT\varphi} + (1 - \beta) \hat{L}_{nT\varphi} = \hat{\omega}_{\varphi} + \left(\frac{1}{1 + \varphi} \right) - \left(\frac{\mu}{1 - \mu} \right) \hat{\mu}_{\varphi} \tag{3.17}$$

$$\hat{P}_{T\varphi} + \lambda \hat{K}_{T\varphi} + (1 - \lambda) \hat{L}_{T\varphi} = \hat{\mu}_{\varphi} + \hat{\omega}_{\varphi} + \left(\frac{1}{1 + \varphi} \right) \tag{3.18}$$

旅游目的地发达的旅游业会导致代表性居民可自由支配收入增加,从而将导致目的地居民旅游消费在不可贸易品消费中的占比(μ)上升(即$\hat{\mu} > 0$)。同样地,我们将式(3.7)取对后对φ求导:

$$\hat{\omega}_{\varphi} = \alpha \hat{K}_{m\varphi} - \alpha \hat{L}_{m\varphi} \tag{3.19}$$

$$\hat{\omega}_{\varphi} = \hat{P}_{nT\varphi} + \beta \hat{K}_{nT\varphi} - \beta \hat{L}_{nT\varphi} \tag{3.20}$$

$$\hat{\omega}_{\varphi} = \hat{P}_{T\varphi} + \lambda \hat{K}_{T\varphi} - \lambda \hat{L}_{T\varphi} \tag{3.21}$$

最后,将式(3.19)、式(3.20)、式(3.21)三式分别代入式(3.16)、式(3.17)、式(3.18)中得:

$$\hat{L}_{m\varphi} = 1/1 + \varphi \tag{3.22}$$

同理有:

$$\hat{L}_{nT\varphi} = \left(\frac{1}{1 + \varphi} \right) - \left(\frac{\mu}{1 - \mu} \right) \hat{\mu}_{\varphi} \tag{3.23}$$

$$\hat{L}_{T\varphi} = (1/1 + \varphi) + \hat{\mu}_{\varphi} \tag{3.24}$$

式(3.24)的符号显然为正,说明发达的旅游业所产生的财富增值会导致劳动力流入旅游部门。而对于非旅游不可贸易部门而言,如果代表性居民在旅游业发达前旅游支出在不可贸易品消费中的比重较高,且发达的旅游业带来的财富增加值程度较大,以及其引起代表性居民旅游费比重变动较大的情况下,会使式(3.23)成为负值,即劳动力从非旅游不可贸易部门流入旅游部门。但不管是否如此,旅游部门的劳动力增加程度都会超过其他不可贸易部门。

经过推导,我们发现贸易部门、非旅游不可贸易部门、旅游部门间的资本(K)流向与劳动力(L)流向一致:

$$\hat{K}_{nT\varphi} - \hat{K}_{m\varphi} = \hat{L}_{nT\varphi} - \hat{L}_{m\varphi} \tag{3.25}$$

$$\hat{K}_{T\varphi} - \hat{K}_{m\varphi} = \hat{L}_{T\varphi} - \hat{L}_{m\varphi} \tag{3.26}$$

式(3.25)、式(3.26)表明,三个部门间的资本流向与劳动力流向是一致的。旅游业的繁荣可使劳动力从贸易部门流入不可贸易部门,导致包括旅游业在内的不可贸易部门投资增加。也就是发达的旅游业带来的财富效应引发了贸易部门的资本和劳动力流向了包括旅游业在内的不可贸易部门。

二、传导机制

传导机制着重探讨旅游地"荷兰病"效应负面影响在区域经济系统中传递的机理与过程。虽说区域发展的支柱产业选择由资源禀赋的比较优势决定,但是由于旅游业自身的高敏感性特征和过度的旅游经济依赖形成的单一支柱发展模式却会导致区域经济发展的高脆弱性,导致区域发展落入比较优势陷阱,不利于区域经济的长远发展。

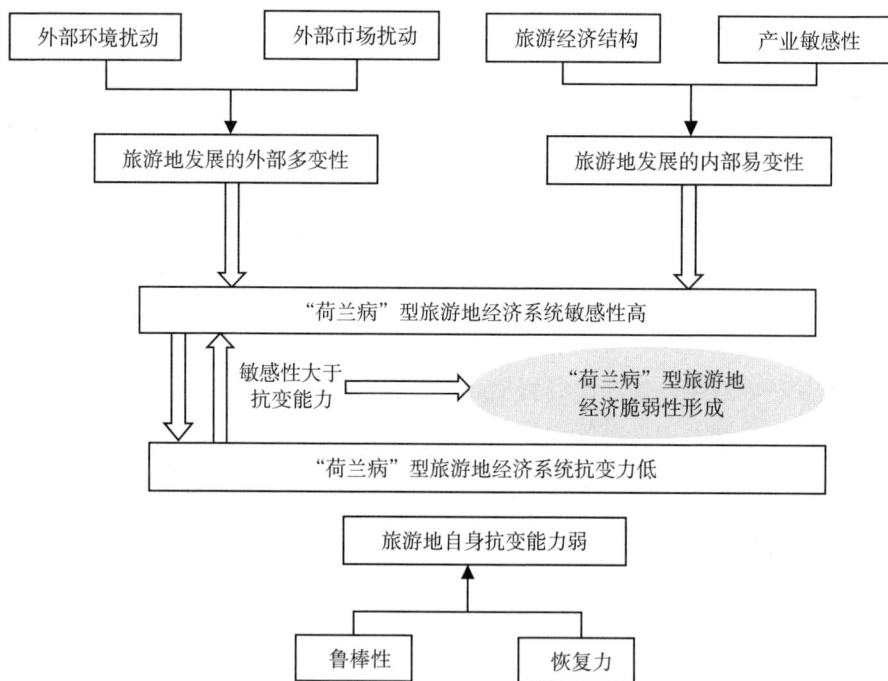

图3-7 "荷兰病"效应导致的经济发展脆弱性传导机制

资料来源:作者自行绘制。

(一)旅游地发展的外部多变性

旅游地复杂多变的外部发展环境滋生大量导致区域旅游业衰退和旅游需求枯竭的扰动因素。谢朝武(2008)将扰动称之为旅游业外突发事件,并按照扰动性质的不同将其划分为政治性危机、经济性危机、社会文化危机和安全性危机等四个大类(见图3-8)。笔者结合谢朝武(2008)的研究,并根据旅游产业演进的一般规律,发现引起区域旅游业衰退和旅游需求枯竭的扰动因素主要包括旅游市场竞争、生命周期更替、市场需求更新、政策导向变动、突发事件影响、交通区位变化等方面。

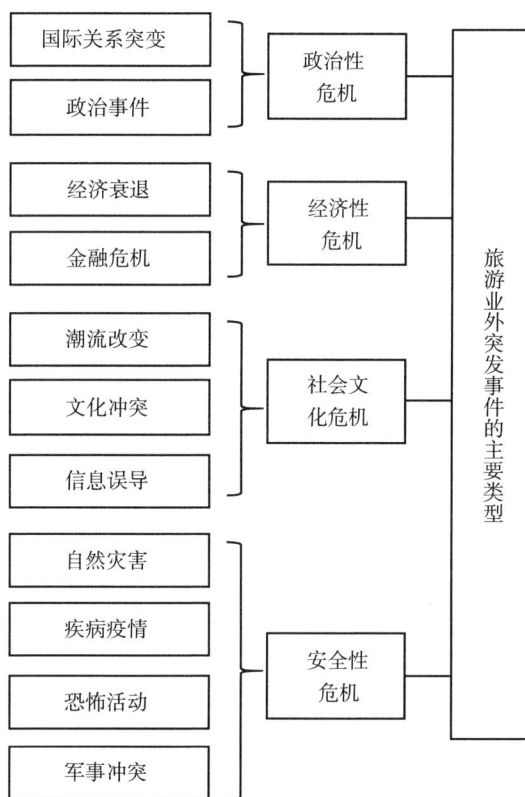

图 3-8 扰动因素的主要类型

资料来源:谢朝武:《业外突发事件与旅游业的应急管理研究》,《华侨大学学报(哲学社会科学版)》2008 年第 4 期,第 31 页。

(二)旅游地发展的内部易变性

对于绝大部分旅游地而言,外部发展环境的多变性影响是类似的,但是在"荷兰病"效应背景下,旅游经济依赖型目的地内部结构稳定性较差,具体表现为对内外扰动的敏感性较高。这种敏感性源自两个方面:一是旅游业本身的产业属性,具体表现为旅游产品的需求层次较高,属于非基本需要,受外部因素的影响较大,需求量容易出现明显波动;同时,旅游产品需求交叉弹性较高,在目前旅游产业大开发背景下,同质化竞争日趋激烈,旅游目的地产品的可替代性不断增强。二是旅游目的地的经济结构,由于旅游经济依赖型目的地经济发展高度依赖于单一的旅游业,区域经济的兴衰与旅游业的发展和旅游市场竞争密切相关,旅游业的快速发展可以带来区域经济的繁荣,旅游业的衰退则会导致区域经济振荡甚至崩溃;支柱产业单一已经为旅游经济依赖型目的地经济发展带来了较大的风险和较高的敏感性,加之支柱产业本身亦是高敏感性产业,使得旅游经济依赖型目的地经济发展敏感性较高、易变性较强。

(三)旅游地发展的应对能力弱

应对能力是指区域经济在受到内外扰动因素的不利影响时所表现出来的自我调节、适应和恢复的能力。应对能力一般由两个方面构成:一是区域经济发展在内外扰动因素的影响下持续发展的能力;二是在扰动影响结束后,区域经济发展恢复正常状态的能力。应对能力越强说明区域经济的自我保护能力越强,从不利影响中恢复的速度越快①。由于旅游经济依赖型目的地往往是经济不发达地区,区域经济基础较为薄弱,拉动经济增长的动力单一,导致其应对各类扰动影响的抗变能力较弱。加之,旅游经济依赖型目的地的产业多元化发展大部分围绕旅游业而建立,旅游业的波动和衰退对国民经济发展是致命的冲击,甚至导致形成区域经济的崩溃。

三、影响机制

影响机制着重探讨旅游地"荷兰病"效应负面影响的程度和等级,结合上文分析,这种影响主要通过旅游地经济脆弱性来表现,因此,可将区域经济发展的脆弱性程度作为衡量旅游地"荷兰病"效应影响程度的重要指标。同时,

---

① 武剑、杨爱婷:《基于 SPA 的广东省区域经济脆弱性及障碍因素研究》,《经济地理》2012年第 9 期。

由于旅游业具有关联带动强的特征,加之旅游经济依赖的特性,这一影响机制有可能会被放大或产生连锁反应,使得区域经济不具备可持续发展的基本条件。

(一)制约经济可持续发展

从经济脆弱性的定义中可以看出,经济脆弱性是一个与可持续发展密切相关的概念。长期以来,学术界都非常重视对可持续发展的手段的研究,即"如何去可持续发展";但是却忽视了对可持续发展的初始条件的研究,即"如何才能可持续发展"。冯振环、赵国杰(2005)指出,没有脆弱性或脆弱性很低才能实现可持续发展;孙平军、修春亮(2011)指出,区域经济发展过程是一个不断抑制脆弱性从而实现螺旋式上升的过程,经济脆弱性的合理调控是实现区域经济可持续发展的先决条件。因此,经济脆弱性可以作为衡量区域经济可持续发展的一种"度",脆弱性过高会导致区域经济向不利于可持续发展的方向演变,积累到一定程度区域经济就会崩溃。相反,只有有效抑制经济的脆弱性,将其控制在合理的阈值之内,才能实现区域经济的可持续发展(见图3-9)。而旅游经济依赖型目的地由于发展环境的多变性和内部结构的易变性导致的高敏感性以及自身应对能力不足,经济发展表现出较高的脆弱性,制约了区域经济的可持续发展。

(二)负反馈乘数效应

负反馈放大器(Negative Feedback Amplifier)原是一个电学领域的概念,指将输出信号按比例反馈回输入信号,从而达到控制的放大器。同样,旅游地"荷兰病"效应对于旅游负面经济的影响也会有类似的效果。当旅游业处于正常发展状态时,由于旅游业存在积极和消极两个方面的影响,旅游业综合影响表现为:

$$TI = f(EcI + SI + CI + EvI) = TI_p - TI_n \tag{3.27}$$

其中,TI 指旅游业的综合影响,它是旅游经济影响(EcI)、社会影响(SI)、文化影响(CI)和环境影响(EvI)的函数;TI_p 指旅游业的积极影响,TI_n 指旅游业的消极影响,分别又是相应社会、经济、文化和环境影响的函数:

$$TI_p = f_1(EcI_p + SI_p + CI_p + EvI_p) \tag{3.28}$$

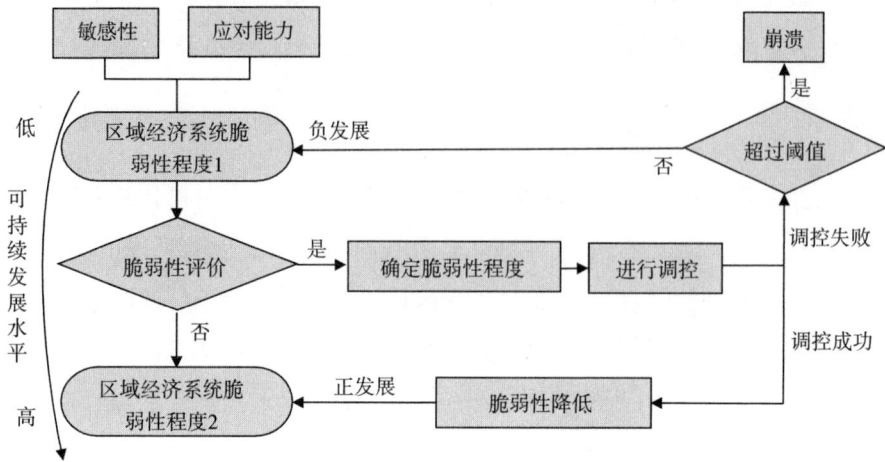

图 3-9　经济发展脆弱性与区域可持续发展

$$TI_n = f_2(EcI_n + SI_n + CI_n + EvI_n) \tag{3.29}$$

但是,当旅游业出现波动或衰退时式(3.27)会变为:

$$TI = f(EcI + SI + CI + EvI) = TI_p - TI_n = TI_p - (KTI_n + X) \tag{3.30}$$

其中,K 为旅游消极影响乘数,X 指由于旅游业的退出而带来的影响。由于旅游业的积极影响主要表现在旅游的经济贡献、就业效应等方面,这些影响往往会随着旅游业的衰退而消失,此时,TI_p 会大幅减小。而旅游业的消极影响如物价上涨、环境污染、文化涵化、民风破坏等往往具有延续性,且会随着旅游业的退出而被凸显甚至放大,产生旅游消极影响乘数(即 K)效应;与此同时,旅游消极影响还将增加由于旅游业的退出带来的诸如资产闲置、居民失业、物价虚高、有价无市等问题(即 X)。此时,TI_n(即"$KTI_n + X$"部分)还会继续增大,使得 $TI_p < TI_n$,旅游综合影响为负,给旅游目的地带来一系列的危害和灾难。对于旅游经济依赖型目的地而言,由于经济发展高度依赖旅游业,旅游业积极影响中的经济影响值(即 EcI_p)较大,旅游综合影响(即 TI)受 EcI_p 波动的影响也较大,导致旅游衰退带来的负面经济影响被放大。

(三)多米诺骨牌效应

旅游业是一种敏感性较高的产业,对于内外部环境变化、自然灾害、突发事件等的扰动极为敏感。同时,由于旅游业又是一种关联带动性极强的产业,具有"一业兴,百业旺"的特点。但是,旅游经济依赖型目的地的产业多元化是围绕旅游业而建立的,旅游产业的强关联带动性又可能带来"一业衰,百业废"的弊端。因此,对于"荷兰病"型旅游地而言,一旦旅游产业发生波动和衰退,整个国民经济都会面临较大的发展危机,甚至出现多米诺骨牌效应似的影响机制,导致整个地区国民经济的振荡。

第四章 旅游地"荷兰病"效应的实证分析

从第三章对旅游地"荷兰病"效应的概念界定中可看出,旅游地"荷兰病"效应对经济发展的负面影响具体表现为抑制其他产业发展,削弱其他产业对经济发展的贡献。刘伟(2002)通过对我国 1992—2000 年经济发展的实证研究,指出第三产业是我国拉动经济增长最有效的产业,但是,如果第三产业在国民生产总值中超过一定比重,就会降低农业和工业对经济增长的拉动作用。因此,本章将运用计量经济分析的相关原理和方法,通过构建虚拟变量回归模型,对丽江市等五个案例地国民经济、产业发展和旅游发展相关统计数据进行协整分析、因果分析和回归分析等实证研究,以探讨五个案例地旅游"荷兰病"效应的存在性、影响程度和内在规律。

第一节 分析数据

一、数据来源

本章所涉及的原始数据主要是 1997—2016 年的五个案例地 GDP、旅游收入、第一产业产值、第二产业产值等国民经济统计数据,数据来源为各案例地 1997—2016 年间的《国民经济和社会发展统计公报》和《政府工作报告》。

二、原始数据

（一）丽江市

通过对丽江市 1997—2016 年相关经济指标(见表 4-1)的分析可知,丽江市经济发展主要由以旅游业为主的第三产业带动。自 20 世纪 90 年代中期丽江市确立实施旅游先导战略以来,丽江市旅游产业得到了快速发展,1997—2010 年,丽江旅游收入持续稳定增长,相当于 GDP 的比重也逐年递增,两位数的增长率长期领跑三大产业;2011 年产业结构调整后,第二产业增速快速提高,但其对 GDP 的贡献率依然远低于以旅游业为主的第三产业,依旧保持了旅游、工业、农业的梯度分布。可见,丽江经济发展高度依赖旅游业,2013年起,丽江旅游收入甚至超过了 GDP 总量。

表 4-1 1997—2016 年丽江市国内生产总值、旅游收入、农业产值、工业产值指标

年份	GDP （亿元）	旅游收入 （亿元）	旅游收入相当于 GDP 比重 （%）	农业产值 （亿元）	工业产值 （亿元）
1997	23.87	9.47	39.68	8.38	7.37
1998	26.67	10.36	38.85	8.65	7.51
1999	28.75	15.87	55.20	9.01	7.48
2000	30.83	18.66	60.53	9.22	7.94
2001	33.40	20.43	61.16	9.76	8.37
2002	36.95	23.37	63.25	9.91	9.41
2003	41.41	24.04	58.06	10.84	12.40
2004	50.38	31.76	63.04	12.03	16.01
2005	60.33	38.58	63.95	14.38	16.81
2006	70.17	46.29	65.97	15.42	21.99
2007	84.82	58.24	68.66	18.45	28.03
2008	101.10	69.54	68.78	20.80	35.20
2009	117.44	88.66	75.49	22.13	44.14
2010	143.59	112.46	78.32	26.02	55.05
2011	178.50	152.22	85.28	30.49	74.39
2012	212.21	211.21	99.53	36.61	89.74
2013	248.81	278.66	112.00	41.14	112.69
2014	261.84	378.79	144.67	44.21	112.74
2015	290.01	483.48	166.71	44.57	115.60
2016	310.18	608.76	196.26	48.83	121.23

数据来源:1997—2000 年《丽江年鉴》、2001—2016 年《丽江市国民经济和社会发展统计公报》。

（二）张家界市

通过对张家界市1997—2016年经济指标(见表4-2)的分析可知,张家界市GDP、旅游收入、第一产业产值、第二产业产值均呈现稳步增长态势,但旅游业整体而言增势最为迅猛,增长率远超第一产业和第二产业。尤其是2000年以来,张家界旅游业发展突飞猛进,旅游收入开始超过第一产业产值、第二产业产值,相当于GDP比重开始上升至30%以上并不断提高,到2016年已高达89.05%;相较于第一产业和第二产业,以旅游业为主体的第三产业对张家界市经济发展有着更高的贡献率,是张家界市赖以生存的支柱产业。

表4-2 1997—2016年张家界市国内生产总值、旅游收入、农业产值、工业产值指标

年份	GDP （亿元）	旅游收入 （亿元）	旅游收入相当 于GDP比重 （%）	农业产值 （亿元）	工业产值 （亿元）
1997	47.55	4.16	8.76	14.01	13.60
1998	50.81	6.56	12.91	14.09	14.97
1999	54.83	9.46	17.25	14.81	14.46
2000	60.92	19.41	31.86	14.82	13.84
2001	66.71	26.86	40.26	15.15	14.10
2002	72.84	32.80	45.03	15.45	16.48
2003	82.51	32.01	38.80	16.26	20.59
2004	96.09	55.21	57.46	17.29	26.01
2005	110.63	64.35	58.17	18.56	28.18
2006	127.54	79.38	62.24	20.92	30.82
2007	151.34	91.25	60.29	25.39	36.00
2008	183.98	83.49	45.38	31.44	42.87
2009	203.10	100.20	49.34	26.89	47.06
2010	242.48	125.32	51.68	31.23	60.07
2011	298.04	167.31	56.14	39.61	76.35
2012	338.99	208.72	61.57	41.96	85.43
2013	365.65	212.29	58.06	44.10	92.89
2014	410.02	248.70	60.66	49.33	99.80
2015	447.70	340.70	76.10	51.90	101.90
2016	497.60	443.10	89.05	56.30	106.80

数据来源:1997—2000年《张家界年鉴》、2001—2016年《张家界市国民经济和社会发展统计公报》。

（三）黄山市

通过对黄山市 1997—2016 年经济指标（见表 4-3）的分析可知,黄山市 GDP、旅游收入、第一产业产值、第二产业产值整体呈现增长态势。其中,黄山市的旅游收入增长迅速,相当于 GDP 的比重不断增加,由 1997 年的 13.62% 增至 2016 年的 78.03%,旅游业已成为黄山市国民经济发展的主要动力。2000 年起,旅游收入超过第一产业产值;2004 年起,旅游收入超过第二产业产值;此后旅游收入与第一产业产值、第二产业产值差距逐渐拉大,成为黄山市经济发展不可或缺的支柱性产业。

表 4-3 1997—2016 年黄山市国内生产总值、旅游收入、农业产值、工业产值指标

年份	GDP（亿元）	旅游收入（亿元）	旅游收入相当于 GDP 比重（%）	农业产值（亿元）	工业产值（亿元）
1997	67.56	9.20	13.62	17.90	22.31
1998	66.12	11.00	16.64	18.90	20.04
1999	78.00	14.00	17.95	19.00	24.00
2000	82.00	17.72	21.61	18.70	25.30
2001	88.60	21.20	23.93	19.50	26.30
2002	96.40	25.10	26.04	19.70	30.00
2003	108.00	18.40	17.04	20.50	35.90
2004	131.98	50.00	37.88	24.87	47.32
2005	159.98	61.50	38.44	26.16	57.51
2006	187.50	84.40	45.01	28.00	71.30
2007	215.15	110.60	51.41	30.70	81.50
2008	249.90	140.90	56.38	34.25	98.60
2009	266.92	168.15	63.00	35.61	108.42
2010	309.30	202.10	65.34	39.30	136.40
2011	378.80	251.00	66.26	45.10	175.40
2012	424.90	303.00	71.31	48.50	196.60
2013	470.30	314.50	66.87	53.00	218.10
2014	507.20	354.40	69.87	54.60	234.20
2015	530.90	400.70	75.48	55.10	219.70
2016	576.80	450.10	78.03	56.40	225.20

数据来源:1997—1999 年《黄山年鉴》、2000—2016 年《黄山市国民经济和社会发展统计公报》。

（四）阿坝州

通过对阿坝州1997—2016年经济指标（见表4-4）的分析可知,除2008年是特例外,阿坝州的GDP、旅游收入、第一产业产值、第二产业产值总体呈递增态势。尤其是"5·12"汶川大地震后,阿坝州旅游业快速恢复并对国民经济产生更大的贡献率,旅游收入相当于GDP比重逐年增大,2015年旅游收入超越GDP。与旅游业繁荣发展的态势相比,阿坝州第一产业和第二产业的发展速度缓慢,旅游收入自2000年超越第一产业产值和第二产业产值,而后旅游收入与农业产值、工业产值间的差距逐渐拉大,旅游业在阿坝州的经济体系中扮演的角色愈发重要,甚至出现一枝独秀的局面。

表4-4　1997—2016年阿坝州国内生产总值、旅游收入、农业产值、工业产值指标

年份	GDP （亿元）	旅游收入 （亿元）	旅游收入相当 于 GDP 比重 （%）	农业产值 （亿元）	工业产值 （亿元）
1997	30.13	1.40	4.65	9.15	11.74
1998	32.49	4.37	13.45	10.18	12.51
1999	33.47	7.20	21.51	10.33	12.28
2000	35.28	9.60	27.21	10.44	12.35
2001	40.20	12.30	30.60	10.30	14.60
2002	45.00	15.88	35.29	10.40	17.10
2003	51.72	21.00	40.60	11.34	20.63
2004	62.70	39.40	62.84	13.50	26.30
2005	75.20	47.80	63.56	14.70	30.70
2006	87.00	61.81	71.05	15.66	36.82
2007	105.10	74.38	70.77	19.55	45.39
2008	75.60	17.42	23.04	20.20	22.90
2009	109.60	40.68	37.12	23.00	43.20
2010	132.76	73.78	55.57	25.12	58.53
2011	168.48	124.00	73.60	27.86	79.66

续表

年份	GDP（亿元）	旅游收入（亿元）	旅游收入相当于 GDP 比重（%）	农业产值（亿元）	工业产值（亿元）
2012	203.74	181.03	88.85	31.57	102.13
2013	233.99	195.67	83.62	35.04	120.84
2014	247.79	242.74	97.96	37.25	125.31
2015	265.04	285.09	107.56	40.84	130.02
2016	281.32	318.44	113.19	44.05	132.91

数据来源：1997—1999 年《四川省统计年鉴》、2000—2016 年《阿坝州国民经济和社会发展统计公报》。

（五）三亚市

通过对三亚市 1997—2016 年经济指标（见表 4-5）的分析可知，三亚市 1997—2016 年 GDP、第一产业产值、第二产业产值都保持平稳增长，而旅游收入呈现高速增长态势。除 2003 年外，三亚市旅游收入长时间保持两位数的增长速度，相当于 GDP 的比重也始终保持在 50% 以上，2004 年出现的最高值达 81.12%，旅游收入与第一产业产值、第二产业产值增长率的差距不断扩大。可见，三亚市旅游业发展速度远高于第一产业和第二产业，旅游业在三亚市经济结构中的地位愈发凸显，发展异常繁荣。

表 4-5　1997—2016 年三亚市国内生产总值、旅游收入、农业产值、工业产值指标

年份	GDP（亿元）	旅游收入（亿元）	旅游收入相当于 GDP 比重（%）	农业产值（亿元）	工业产值（亿元）
1997	22.34	11.95	53.49	8.74	6.12
1998	24.56	13.44	54.72	9.54	6.23
1999	26.15	15.38	58.81	11.03	5.66
2000	29.00	19.82	68.34	12.04	6.22
2001	32.73	24.52	74.92	13.64	6.90
2002	35.73	28.39	79.46	14.72	7.40
2003	40.40	29.26	72.43	16.83	8.73

续表

年份	GDP (亿元)	旅游收入 (亿元)	旅游收入相当于GDP比重 (%)	农业产值 (亿元)	工业产值 (亿元)
2004	48.25	39.14	81.12	19.18	11.51
2005	74.21	51.29	69.11	21.05	19.31
2006	108.90	65.40	60.06	25.10	41.50
2007	122.32	80.11	65.49	22.86	48.46
2008	144.31	91.05	63.09	25.89	52.03
2009	174.85	103.77	59.35	27.34	40.36
2010	230.79	139.64	60.51	31.00	49.37
2011	284.57	160.71	56.47	36.92	62.83
2012	330.96	192.22	58.08	46.73	68.18
2013	373.49	233.33	62.47	49.82	73.80
2014	402.26	269.73	67.05	55.15	85.58
2015	435.82	302.31	69.37	59.85	89.53
2016	475.56	322.40	67.79	65.99	94.45

数据来源:1997—2000年《三亚年鉴》、2001—2016年《三亚市国民经济和社会发展统计公报》。

三、数据处理

鉴于本书所使用的是时间序列数据,为消除通货膨胀等价格变动因素,本书根据《中国统计年鉴》公布的 CPI 指数,以 1997 年的 CPI 指数为基期测算 1998—2016 年的累计消费者价格指数,进而对原始数据进行平减处理,测算出以 1997 年为基期的 1998—2016 年各案例地实际的 GDP、第一产业产值、第二产业产值以及旅游收入等指标值。五个案例地平减处理后的各经济指标见表 4-6、表 4-7、表 4-8、表 4-9、表 4-10。其中:

累计 CPI 计算公式如下:

第 i 年累计 CPI $= X_{i-1}[1+(X_i-100)/100]$

X_i 为第 i 年公布的 CPI 值, X_{i-1} 为第 $i-1$ 年的累计 CPI 值

平减折算公式如下:

$$X_i \text{年实际变量数据} = \frac{X_i \text{年名义变量数据}}{X_i \text{年累计消费价格指数}}$$

表 4-6 丽江市经济统计数据平减处理结果（1997—2016 年）

年份	GDP（亿元）	旅游收入（亿元）	农业产值（亿元）	工业产值（亿元）
1997	23.87	9.47	8.38	7.37
1998	26.89	10.44	8.71	7.58
1999	29.39	16.23	9.21	7.65
2000	31.39	19.00	9.39	8.09
2001	33.78	20.66	9.87	8.46
2002	37.66	23.82	10.11	9.59
2003	41.71	24.22	10.92	12.49
2004	48.84	30.79	11.66	15.52
2005	57.46	36.74	13.70	16.01
2006	65.84	43.43	14.47	20.63
2007	75.94	52.14	16.52	25.10
2008	85.47	58.79	17.58	29.76
2009	99.99	75.48	18.84	37.58
2010	118.34	92.69	21.45	45.37
2011	139.58	119.03	23.84	58.17
2012	161.73	160.97	27.90	68.39
2013	184.82	206.99	30.56	83.71
2014	190.69	275.86	32.20	82.10
2015	208.29	347.24	32.01	83.03
2016	218.40	428.64	34.38	85.36

表 4-7 张家界市经济统计数据平减处理结果（1997—2016 年）

年份	GDP（亿元）	旅游收入（亿元）	农业产值（亿元）	工业产值（亿元）
1997	47.55	4.16	14.01	13.60
1998	51.22	6.61	14.20	15.09

年份	GDP (亿元)	旅游收入 (亿元)	农业产值 (亿元)	工业产值 (亿元)
1999	56.06	9.67	15.14	14.79
2000	62.04	19.77	15.10	14.09
2001	67.46	27.16	15.32	14.26
2002	74.25	33.44	15.75	16.80
2003	83.11	32.24	16.38	20.74
2004	93.16	53.53	16.76	25.22
2005	105.36	61.28	17.68	26.84
2006	119.67	74.48	19.63	28.92
2007	135.49	81.70	22.73	32.23
2008	155.54	70.58	26.58	36.24
2009	172.91	85.31	22.89	40.07
2010	199.85	103.29	25.74	49.51
2011	233.05	130.83	30.97	59.70
2012	258.36	159.07	31.98	65.11
2013	271.61	157.70	32.76	69.00
2014	298.60	181.12	35.92	72.68
2015	321.54	244.69	37.27	73.18
2016	350.37	312.00	39.64	75.20

表 4-8　黄山市经济统计数据平减处理结果(1997—2016 年)

年份	GDP (亿元)	旅游收入 (亿元)	农业产值 (亿元)	工业产值 (亿元)
1997	67.56	9.20	17.90	22.31
1998	66.65	11.09	19.05	20.20
1999	79.75	14.31	19.43	24.54
2000	83.50	18.04	19.04	25.76
2001	89.59	21.44	19.72	26.60
2002	98.27	25.59	20.08	30.58
2003	108.79	18.53	20.65	36.16

续表

年份	GDP（亿元）	旅游收入（亿元）	农业产值（亿元）	工业产值（亿元）
2004	127.95	48.47	24.11	45.88
2005	152.36	58.57	24.91	54.77
2006	175.93	79.19	26.27	66.90
2007	192.62	99.02	27.49	72.97
2008	211.27	119.12	28.96	83.36
2009	227.25	143.16	30.32	92.31
2010	254.92	166.57	32.39	112.42
2011	296.20	196.27	35.27	137.15
2012	323.83	230.93	36.96	149.84
2013	349.35	233.62	39.37	162.01
2014	369.37	258.09	39.76	170.56
2015	381.29	287.78	39.57	157.79
2016	406.14	316.92	39.71	158.57

表4-9 阿坝州经济统计数据平减处理结果（1997—2016 年）

年份	GDP（亿元）	旅游收入（亿元）	农业产值（亿元）	工业产值（亿元）
1997	30.13	1.40	9.15	11.74
1998	32.75	4.41	10.26	12.61
1999	34.22	7.36	10.56	12.55
2000	35.93	9.78	10.63	12.58
2001	40.65	12.44	10.42	14.76
2002	45.87	16.19	10.60	17.43
2003	52.10	21.15	11.42	20.78
2004	60.79	38.20	13.09	25.50
2005	71.62	45.52	14.00	29.24
2006	81.63	57.99	14.69	34.55
2007	94.10	66.59	17.50	40.64
2008	63.91	14.73	17.08	19.36

续表

年份	GDP (亿元)	旅游收入 (亿元)	农业产值 (亿元)	工业产值 (亿元)
2009	93.31	34.63	19.58	36.78
2010	109.42	60.81	20.70	48.24
2011	131.74	96.96	21.79	62.29
2012	155.28	137.97	24.06	77.84
2013	173.81	145.35	26.03	89.76
2014	180.45	176.78	27.13	91.26
2015	190.35	204.75	29.33	93.38
2016	198.08	224.22	31.02	93.58

表 4-10 三亚市经济统计数据平减处理结果(1997—2016 年)

年份	GDP (亿元)	旅游收入 (亿元)	农业产值 (亿元)	工业产值 (亿元)
1997	22.34	11.95	8.74	6.12
1998	24.76	13.55	9.62	6.28
1999	26.74	15.72	11.28	5.79
2000	29.53	20.18	12.26	6.33
2001	33.10	24.80	13.79	6.98
2002	36.42	28.94	15.01	7.54
2003	40.69	29.47	16.95	8.79
2004	46.78	37.95	18.59	11.16
2005	70.67	48.85	20.05	18.39
2006	102.18	61.36	23.55	38.94
2007	109.51	71.72	20.47	43.39
2008	122.00	76.97	21.89	43.99
2009	148.86	88.35	23.28	34.36
2010	190.21	115.09	25.55	40.69
2011	222.52	125.67	28.87	49.13
2012	252.24	146.50	35.61	51.96
2013	277.44	173.32	37.01	54.82

续表

年份	GDP （亿元）	旅游收入 （亿元）	农业产值 （亿元）	工业产值 （亿元）
2014	292.95	196.43	40.16	62.32
2015	313.01	217.12	42.98	64.30
2016	334.85	227.01	46.46	66.50

第二节 模型构建

一、模型构建

鉴于旅游收入、第一产业产值、第二产业产值与 GDP 之间存在相关关系，同时发展旅游业会对旅游地的第一产业和第二产业发展产生影响，本书根据产业经济学和国民经济学相关理论，构建以下虚拟变量模型：

$$\ln GDP_t = \beta_0 + \beta_1 \ln TE_t + \beta_2 \ln I_{1t} + \beta_3 \ln I_{2t} + \alpha_1 L \ln I_{1t} + \alpha_2 L \ln I_{2t} + \mu_t$$

$$(4.1)$$

其中，GDP_t 表示消除了价格因素的第 t 年的 GDP，$\ln GDP_t$ 是其自然对数；TE_t 表示消除了价格因素的第 t 年的旅游收入，$\ln TE_t$ 是其自然对数；I_{1t} 表示消除了价格因素的第 t 年的第一产业产值，$\ln I_{1t}$ 是其自然对数；I_{2t} 表示消除了价格因素的第 t 年的第二产业产值，$\ln I_{2t}$ 是其自然对数；β_0 表示常数项；β_1 表示旅游收入对国内生产总值的弹性系数；β_2 表示第一产业产值对国内生产总值的弹性系数；β_3 表示第二产业产值对国内生产总值的弹性系数；α_1 表示旅游繁荣后第一产业产值对国内生产总值弹性系数的变化量；α_2 表示旅游繁荣后第二产业产值对国内生产总值弹性系数的变化量；L 为虚拟变量，用案例地接待旅游者人次决定其取值，当旅游业不发达时 L 取值为 0，当旅游业发达时 L 取值为 1；μ_t 为随机干扰项。

保继刚、梁增贤（2011）曾指出，不同层次和等级的城市旅游供给不同，相较于中小城市,特大城市在现代服务功能、交通功能和商业功能上都更加完善,能为旅游者提供更便捷的旅游服务和更丰富的旅游活动。同时,在国务院2014年发布的《国家新型城镇化规划(2014—2020年)》和《关于调整城市规模划分标准的通知》中指出,常住人口500万以上1000万以下的城市为特大城市。以上述文献的观点为基础,并结合案例地均为地级城市的实际,本书将接待旅游者达500万人次作为判断旅游业繁荣与否的分界线,小于500万人次为旅游业不发达,大于500万人次为旅游业发达。

为分析旅游收入、第一产业产值、第二产业产值与国内生产总值的关系,基于式(4.1)式分别对旅游收入、第一产业产值、第二产业产值三个解释变量作一阶偏导:

$$\frac{\partial \ln GDP_t}{\partial \ln TE_t} = \beta_1 GDP \tag{4.2}$$

$$\frac{\partial \ln GDP_t}{\partial \ln I_{1t}} = (\beta_2 + \alpha_1 L)\, GDP_t \tag{4.3}$$

$$\frac{\partial \ln GDP_t}{\partial \ln I_{2t}} = (\beta_3 + \alpha_2 L)\, GDP_t \tag{4.4}$$

式(4.2)可度量旅游收入与GDP的关系,当旅游总收入每增长1%,GDP增长β_1个百分点。式(4.3)可度量第一产业与GDP的关系,同时也可以度量旅游业对第一产业的影响,具体而言,当L取值为0时,$\frac{\partial \ln GDP_t}{\partial \ln I_{1t}} = \beta_2 GDP_t$,即第一产业产值每增加1%,GDP增长$\beta_2$个百分点;当$L$取值为1时,$\frac{\partial \ln GDP_t}{\partial \ln I_{1t}} = (\beta_2 + \alpha_1 L)\, GDP_t = \frac{\partial \ln GDP_t}{\partial \ln I_{1t}} = (\beta_2 + \alpha_1)\, GDP_t$,即第一产业产值每增加1%,GDP增长$\beta_2 + \alpha_1$个百分点。因此,通过$\alpha_1$的符号即可判断旅游业繁荣对第一产业产值贡献率的影响,即若$\beta_2 < \beta_2 + \alpha_1$,则$\alpha_1 > 0$,说明发达的旅游业会提升第一产业对GDP的贡献率;若$\beta_2 > \beta_2 + \alpha_1$,则$\alpha_1 < 0$,说明发达的旅游业削弱了第一产业对GDP的贡献率。同理,根据式(4.3),若$\beta_2 < \beta_2 + \alpha_2$,则$\alpha_2 > 0$,说明发达的旅游业会提升第二产业对GDP的贡献率;若$\beta_2 > \beta_2 + \alpha_2$,则$\alpha_2 < 0$,说明发达的旅游业削弱了第二产业对GDP的贡献率。

二、分析流程

经济计量模型一般需要建立在某种经济理论和某些假设条件上,用以描述各个经济变量之间相互依存、互为因果的关系,回归前一般需要对回归方程中所涉变量进行数据检验,以保证所构建模型回归分析的有效性和可靠性,避免伪回归现象。一般来说,时间序列在回归分析估计(Regression Model Estimation)前需要对相关变量进行数据平稳性的单位根检验(Unit Root Test)以及协整关系检验(Cointegration Test)、格兰杰因果关系检验(Grange Test)。

(一)单位根检验

单位根检验常用于测试数据的平稳性。时间序列的回归要求所涉变量是平稳的,否则会产生伪回归现象。但现实经济中的变量几乎都是非平稳的,直接运用变量的水平值研究经济现象之间的均衡关系很容易导致谬论。因此,模型回归前需要对变量进行单位根检验[①],即原假设为 H_0:时间序列中存在单位根,是不平稳序列;备择假设为 H_1:时间序列中不存在单位根,是平稳序列。为使模型中的误差项为白噪声序列(即不存在自相关),本书采用 ADF 检验法(Augmented Dickey-Fuller Test),遵循从一般到特殊的法则分别验证模型中各变量的数据平稳性,若 ADF 检验值大于 t 值,接受原假设;若 ADF 检验值小于 t 值,拒绝原假设,接受备择假设。需要指出的是,当所有变量同阶差分平稳(同阶单整)时即可进行下一步的协整检验。

(二)协整关系检验

协整的经济含义是指一个包含多个非平稳变量的经济子系统,存在一种长期的均衡关系。协整检验可用于验证这种均衡关系是否存在,即一个时间序列可能是不平稳的,因为序列的矩是随时间变化的,但它们的线性组合却有可能不随时间变化,即变量间存在某种长期均衡关系[②]。为验证所构建模型中解释变量与被解释变量间是否存在某种长期稳定关系,在所有解释变量同

---

① 房林、邹卫星:《多种单位根检验法的比较研究》,《数量经济技术经济研究》2007 年第1 期。

② 陈艳:《生态旅游与经济增长的协整关系研究》,《统计与决策》2013 年第 1 期。

阶单整(一阶)的前提下,对模型所涉变量进行了 Johansen 协整检验,其原假设为:所构模型中至多有 r 个解释变量与被解释变量存在长期稳定关系,当 Johansen 检验值小于临界值时,接受原假设,否则拒绝原假设。

(三)因果关系检验

在计量经济分析中,虽然回归分析要确定被解释变量与解释变量之间的依存关系,但这并不意味着它们之间一定存在因果关系。从理论上讲,因果关系的确定依赖于定性分析。但是,由于时间序列数据涉及结果分布的滞后性,过去的事情可能导致今天事件的发生,具有一定的逻辑关系[1]。因此,为了避免虚假回归,需要进行格兰杰因果关系检验(Grange Test),用以检验解释变量与被解释变量间的因果关系。原假设为 H_0:X_t 无法解释 Y_t 的将来变化,X_t 不是 Y_t 的格兰杰原因;备择假设为 H_1:X_t 有助于解释 Y_t 的将来变化,X_t 是 Y_t 的格兰杰原因。在给定的显著性水平 α 下,若 P 值小于临界值,拒绝原假设,接受备择假设;P 值大于临界值,接受原假设。

(四)回归模型估计

计量经济分析的主要目的就是要通过估计回归模型中的参数来确定总体回归函数。在高斯—马尔可夫定理(Gauss-Markov Theory)和经典线性模型假定的基础上,本书选用最小二乘估计法(Ordinary Least Squares Estimation, OLS)估计回归模型参数,以误差平方和最小为目标确定样本回归函数,使样本回归函数尽可能地"接近"总体回归函数,也就是要尽量减小估计值 $\hat{Y}_i$ 与实际值之间的误差,即剩余项 e_i 尽可能小。

三、软件辅助

R-Studio 是本书的辅助研究软件。源于 R 软件产品的 R-Studio 是一款可使应用程序编程语言多样化且简洁高效,并帮助提高 R 的使用效率的系列集成工具,是个跨平台且非常实用的 R 语言的集成开发环境(Integrated Development Environment,IDE)。通过 R-Studio 可以方便快捷地编写及管理命令代

---

① 刘建平主编:《经济计量学》,中国统计出版社 2014 年版,第 231 页。

码,有效编辑与执行测试语句,集成管理各种软件包及文档材料。R-Studio 将R 的环境、先进的文本编辑器、R 的帮助系统、版本控制以及更多的其他功能结合在一个单一的应用程序之中①。需要注意的是,R-Studio 并不进行任何统计操作,它只是为用户提供一个更加简洁友好的界面,使得 R 操作更加方便。

第三节 计量检验

一、丽江市

(一)单位根检验结果及说明

利用 R-Studio 对丽江市 GDP、旅游收入、第一产业产值、第二产业产值的对数时间序列进行 ADF 检验,检验结果见表4-11。

表4-11 丽江市变量平稳性检验结果

变量	检验类型(C,T,K)	ADF检验值	临界值			P 值	结论
			1%	5%	10%		
$\ln GDP$	(C,T,0)	−1.1983	−4.38	−3.6	−3.24	0.8778	不平稳
$\Delta\ln GDP$	(C,T,0)	−1.5276	−4.38	−3.6	−3.24	0.7523	不平稳
$\Delta\Delta\ln GDP$	(C,T,0)	−5.4395	−4.38	−3.6	−3.24	0.01	平稳***
$\ln TE$	(C,T,0)	−0.86541	−4.38	−3.6	−3.24	0.9404	不平稳
$\Delta\ln TE$	(C,T,0)	−4.3682	−4.38	−3.6	−3.24	0.01041	平稳**
$\Delta\Delta\ln TE$	(C,T,0)	−9.1047	−4.38	−3.6	−3.24	0.01	平稳***
$\ln I_1$	(C,T,0)	−2.2087	−4.38	−3.6	−3.24	0.4929	不平稳
$\Delta\ln I_1$	(C,T,0)	−3.3149	−4.38	−3.6	−3.24	0.0896	平稳*
$\Delta\Delta\ln I_1$	(C,T,0)	−7.775	−4.38	−3.6	−3.24	0.01	平稳***
$\ln I_2$	(C,T,0)	−1.9148	−4.38	−3.6	−3.24	0.6048	不平稳
$\Delta\ln I_2$	(C,T,0)	−2.3212	−4.38	−3.6	−3.24	0.45	不平稳

① 许启发、蒋翠侠编著:《R 软件及其在金融定量分析中的应用》,清华大学出版社 2015 年版,第 6 页。

变量	检验类型 (C,T,K)	ADF 检验值	临界值			P 值	结论
			1%	5%	10%		
$\Delta\Delta\ln I_2$	(C,T,0)	-6.2393	-4.38	-3.6	-3.24	0.01	平稳***
$\ln PE$	(C,T,0)	-0.72841	-4.38	-3.6	-3.24	0.956	不平稳
$\Delta\ln PE$	(C,T,0)	-3.3577	-4.38	-3.6	-3.24	0.08365	平稳*
$\Delta\Delta\ln PE$	(C,T,0)	-7.486	-4.38	-3.6	-3.24	0.01	平稳***

注:C 表示常数项,T 表示趋势项,K 表示滞后阶数;Δ 代表对原数列进行一阶差分,ΔΔ 代表对原数列
　　进行二阶差分;*、**、*** 分别代表在 10%、5%、1%的显著性水平下显著。

由表 4-11 可见,GDP 的原始序列和一阶差分序列的 ADF 值均大于 1%、5%、10%的显著性水平下的临界值,不能拒绝原假设,即 $\ln GDP$ 和 $\Delta\ln GDP$ 均存在单位根,是不平稳序列;二阶差分后的 ADF 值小于 1%的显著性水平下的临界值,需拒绝原假设,即 $\Delta\Delta\ln GDP$ 在 99%的置信水平下是平稳序列。同理可得,主要解释变量旅游收入一阶差分($\Delta\ln TE$)后在 95%的置信水平下不存在单位根,是平稳序列;二阶差分的旅游收入($\Delta\Delta\ln TE$)则在 99%的置信水平下不存在单位根,是平稳序列。第一产业产值一阶差分($\Delta\ln I_1$)后在 90%的置信水平下不存在单位根,是平稳序列;第一产业产值二阶差分($\Delta\Delta\ln I_1$)后则在 99%的置信水平下不存在单位根,是平稳序列。第二产业产值二阶差分($\Delta\Delta\ln I_2$)后在 99%的置信水平下不存在单位根,是平稳序列。旅游人次一阶差分($\Delta\ln PE$)后在 90%的置信水平下是平稳序列;旅游人次二阶差分($\Delta\Delta\ln PE$)后则在 99%的置信水平下不存在单位根,是平稳序列。综上所述,所有的解释变量在二阶差分下都不存在单位根,都是平稳序列,但由于旅游收入是本书的核心变量,一阶差分后的旅游收入在 95%的置信水平下已经是平稳序列,因此,丽江市的各变量使用一阶差分数据进行回归分析。

(二)协整检验结果及说明

丽江市协整检验结果(见表 4-12)表明,当 $r \leqslant 3$ 时,检测值为 7.01,小于 1%的显著性水平下的临界值 11.65,说明在 99%的置信水平下无法拒绝原假设,所构模型中至多有 3 个解释变量与被解释变量 GDP 间存在协整关

系,即在99%的置信水平下丽江市旅游收入、第一产业产值、第二产业产值和GDP存在长期稳定的均衡关系,从而得知模型不会产生伪回归,可以进行下一步分析。

表4-12　丽江市协整检验结果

原假设	test	10pct	5pct	1pct	结论
r≤3	7.01	6.50	8.18	11.65	协整***
r≤2	13.77	12.91	14.90	19.19	
r≤1	20.39	18.90	21.07	25.75	
r = 0	28.69	24.78	27.14	32.14	

注:*、**、***分别代表在10%、5%、1%的显著性水平下显著。

(三)因果检验结果及说明

为了探寻构建模型中变量间预测关系的准确性,本书在ADF检验的基础上对丽江市各变量进行了格兰杰因果关系检验,结果如表4-13所示。

表4-13　丽江市变量间的格兰杰因果关系检验

原假设	F 值	P 值	结论
$\Delta\ln GDP$ 不是 $\Delta\ln TE$、$\Delta\ln I_1$、$\Delta\ln I_2$ 的格兰杰原因	3.0509	0.02004	拒绝
$\Delta\ln TE$ 不是 $\Delta\ln GDP$、$\Delta\ln I_1$、$\Delta\ln I_2$ 的格兰杰原因	3.0534	0.01997	拒绝
$\Delta\ln I_1$ 不是 $\Delta\ln GDP$、$\Delta\ln TE$、$\Delta\ln I_2$ 的格兰杰原因	1.4888	0.2182	接受
$\Delta\ln I_2$ 不是 $\Delta\ln GDP$、$\Delta\ln TE$、$\Delta\ln I_1$ 的格兰杰原因	1.3121	0.2844	接受

结果表明,$\Delta\ln GDP$ 有助于解释 $\Delta\ln TE$、$\Delta\ln I_1$、$\Delta\ln I_2$ 的将来变化,即 $\Delta\ln GDP$ 是引致 $\Delta\ln TE$、$\Delta\ln I_1$、$\Delta\ln I_2$ 的格兰杰原因;$\Delta\ln TE$ 有助于解释 $\Delta\ln GDP$、$\Delta\ln I_1$、$\Delta\ln I_2$ 的将来变化,即 $\Delta\ln TE$ 是引致 $\Delta\ln GDP$、$\Delta\ln I_1$、$\Delta\ln I_2$ 的格兰杰原因;$\Delta\ln I_1$ 不是引致 $\Delta\ln GDP$、$\Delta\ln TE$、$\Delta\ln I_2$ 的格兰杰原因;$\Delta\ln I_2$ 不是引致 $\Delta\ln GDP$、$\Delta\ln TE$、$\Delta\ln I_1$ 的格兰杰原因。即 GDP 是导致旅游收入、第一产业

产值和第二产业产值产生变化的格兰杰原因；旅游收入是导致 GDP、第一产业产值和第二产业产值产生变化的格兰杰原因；但第一产业产值不是 GDP、旅游收入和第二产业产值产生变化的格兰杰原因，第二产业产值也不能导致另外三个变量发生变化。

（四）回归模型估计结果及说明

利用 R-Studio 软件进行回归估计，得到丽江市 GDP 与旅游收入、第一产业产值、第二产业产值时间序列的回归估计模型如下：

$$\ln GDP_t = 0.0477 + 0.0519\ln TE_t + 0.6011\ln I_{1t} + 0.1575\ln I_{2t} - 0.6173L\ln I_{1t} + 0.2884L\ln I_{2t} + \mu_t$$

$$t = （2.5360）\quad（0.7750）\quad（3.5010）\quad（2.0020）\quad（-2.7350）$$

$$（2.3580）$$

$$Adjusted\ R - squared = 0.6746 \quad F - statistic = 8.464 \quad DF = 13$$

由式（4.2）、式（4.3）和式（4.4）可知，旅游业欠发达时（$L=0$），$\beta_1 = 0.0519$、$\beta_2 = 0.6011$、$\beta_3 = 0.1575$，即在其他变量不变的情况下，旅游收入每增加 1%，GDP 对应增长 0.0519%；第一产业产值每增加 1%，GDP 对应增长 0.6011%；第二产业产值每增加 1%，GDP 对应增长 0.1575%。可见，GDP 对第一产业变化的敏感度最高。

随着旅游业的繁荣（$L=1$），$\alpha_1 = -0.6173$，则 $\beta_2 + \alpha_1 = -0.0162$，即第一产业产值每增加 1%，GDP 下降 0.0162%；$\alpha_2 = 0.2884$，则 $\beta_3 + \alpha_2 = 0.4459$，即第二产业产值每增加 1%，GDP 增长 0.4459%。由于 $\alpha_1 < 0$，即 $\beta_2 > \beta_2 + \alpha_1$，表明发达的旅游业抑制了丽江市第一产业的发展，削弱了第一产业对 GDP 变动的影响力，旅游收入每增加 1%，第一产业对 GDP 的贡献率减少 0.6173%。

二、张家界市

（一）单位根检验结果及说明

利用 R-Studio 软件对张家界市 GDP、旅游收入、第一产业产值、第二产业产值的对数时间序列进行 ADF 检验，检验结果见表 4-14。

表4-14 张家界市变量平稳性检验结果

变量	检验类型 (C,T,K)	ADF 检验值	临界值			P 值	结论
			1%	5%	10%		
$\ln GDP$	(C,T,0)	−1.3162	−4.38	−3.6	−3.24	0.8329	不平稳
$\Delta\ln GDP$	(C,T,0)	−2.3509	−4.38	−3.6	−3.24	0.4387	不平稳
$\Delta\Delta\ln GDP$	(C,T,0)	−4.912	−4.38	−3.6	−3.24	0.01	平稳***
$\ln TE$	(C,T,0)	−2.9911	−4.38	−3.6	−3.24	0.1948	不平稳
$\Delta\ln TE$	(C,T,0)	−3.5796	−4.38	−3.6	−3.24	0.05284	平稳*
$\Delta\Delta\ln TE$	(C,T,0)	−6.5349	−4.38	−3.6	−3.24	0.01	平稳***
$\ln I_1$	(C,T,0)	−2.5976	−4.38	−3.6	−3.24	0.3447	不平稳
$\Delta\ln I_1$	(C,T,0)	−4.5892	−4.38	−3.6	−3.24	0.01	平稳***
$\Delta\Delta\ln I_1$	(C,T,0)	−5.6289	−4.38	−3.6	−3.24	0.01	平稳***
$\ln I_2$	(C,T,0)	−1.6936	−4.38	−3.6	−3.24	0.6891	不平稳
$\Delta\ln I_2$	(C,T,0)	−1.9071	−4.38	−3.6	−3.24	0.6078	不平稳
$\Delta\Delta\ln I_2$	(C,T,0)	−3.5281	−4.38	−3.6	−3.24	0.05998	平稳*
$\ln PE$	(C,T,0)	−2.0219	−4.38	−3.6	−3.24	0.564	不平稳
$\Delta\ln PE$	(C,T,0)	−4.5768	−4.38	−3.6	−3.24	0.01	平稳***
$\Delta\Delta\ln PE$	(C,T,0)	−6.2434	−4.38	−3.6	−3.24	0.01	平稳***

注:C 表示常数项,T 表示趋势项,K 表示滞后阶数;Δ 代表对原数列进行一阶差分,$\Delta\Delta$ 代表对原数列
进行二阶差分;*、**、*** 分别代表在 10%、5%、1%的显著性水平下显著。

由表4-14 可见,GDP 原始序列和一阶差分序列的 ADF 值均大于1%、5%、10%的显著性水平下的临界值,不能拒绝原假设,即 $\ln GDP$ 和 $\Delta\ln GDP$ 均存在单位根,是不平稳序列;二阶差分后的 ADF 值小于1%的显著性水平下的临界值,需拒绝原假设,即 $\Delta\Delta\ln GDP$ 在 99%的置信水平下是平稳序列。同理可得,主要解释变量旅游收入一阶差分($\Delta\ln TE$)后在90%的置信水平下不存在单位根,是平稳序列;旅游收入二阶差分($\Delta\Delta\ln TE$)后则在99%的置信水平下不存在单位根,是平稳序列。第一产业产值一阶差分($\Delta\ln I_1$)和二阶差分($\Delta\Delta\ln I_1$)后在99%的置信水平下不存在单位根,是平稳序列。第二产业产值二阶差分后($\Delta\Delta\ln I_2$)在90%的置信水平下不存在单位根,是平稳序列。旅

游人次一阶差分($\Delta \ln PE$)和二阶差分($\Delta\Delta \ln PE$)后在99%的置信水平下不存在单位根,是平稳序列。综上所述,所有的解释变量在二阶差分下都不存在单位根,都是平稳序列,但由于旅游收入是本书的核心变量,一阶差分后的旅游收入在90%的置信水平下已经是平稳序列,因此,张家界市的各变量使用一阶差分数据进行回归分析。

(二)协整关系检验结果及说明

张家界市协整检验结果(见表4-15)表明,当$r \leqslant 3$时,检测值为2.57,小于1%的显著性水平下的临界值11.65,说明在99%的置信水平下无法拒绝原假设,所构模型中至多有3个解释变量与被解释变量GDP间存在协整关系。即在99%的置信水平下张家界市旅游收入、第一产业产值、第二产业产值和GDP存在长期稳定的均衡关系,从而得知模型不会产生伪回归,可以进行下一步分析。

表4-15 张家界市协整检验结果

原假设	test	10pct	5pct	1pct	结论
$r \leqslant 3$	2.57	6.50	8.18	11.65	协整***
$r \leqslant 2$	7.37	12.91	14.90	19.19	
$r \leqslant 1$	28.90	18.90	21.07	25.75	
$r = 0$	62.96	24.78	27.14	32.14	

注:*、**、***分别代表在10%、5%、1%的显著性水平下显著。

(三)因果关系检验结果及说明

为了探寻构建模型中变量间预测关系的准确性,本书在ADF检验的基础上对张家界市各变量进行了格兰杰因果关系检验,结果如表4-16所示。

表4-16 张家界市变量间的格兰杰因果关系检验

原假设	F值	P值	结论
$\Delta \ln GDP$ 不是 $\Delta \ln TE$、$\Delta \ln I_1$、$\Delta \ln I_2$ 的格兰杰原因	12.194	1.022e−06	拒绝
$\Delta \ln TE$ 不是 $\Delta \ln GDP$、$\Delta \ln I_1$、$\Delta \ln I_2$ 的格兰杰原因	20.956	3.655e−09	拒绝

原假设	F 值	P 值	结论
$\Delta\ln I_1$ 不是 $\Delta\ln GDP$、$\Delta\ln TE$、$\Delta\ln I_2$ 的格兰杰原因	19.934	6.35e-09	拒绝
$\Delta\ln I_2$ 不是 $\Delta\ln GDP$、$\Delta\ln TE$、$\Delta\ln I_1$ 的格兰杰原因	1.0508	0.4147	接受

结果表明，$\Delta\ln GDP$ 有助于解释 $\Delta\ln TE$、$\Delta\ln I_1$、$\Delta\ln I_2$ 的将来变化，即 $\Delta\ln GDP$ 是引致 $\Delta\ln TE$、$\Delta\ln I_1$、$\Delta\ln I_2$ 的格兰杰原因；$\Delta\ln TE$ 有助于解释 $\Delta\ln GDP$、$\Delta\ln I_1$、$\Delta\ln I_2$ 的将来变化，即 $\Delta\ln TE$ 是引致 $\Delta\ln GDP$、$\Delta\ln I_1$、$\Delta\ln I_2$ 的格兰杰原因；$\Delta\ln I_1$ 有助于解释 $\Delta\ln GDP$、$\Delta\ln TE$、$\Delta\ln I_2$ 的将来变化，即 $\Delta\ln I_1$ 是引致 $\Delta\ln GDP$、$\Delta\ln TE$、$\Delta\ln I_2$ 的格兰杰原因；$\Delta\ln I_2$ 不是引致 $\Delta\ln GDP$、$\Delta\ln TE$、$\Delta\ln I_1$ 的格兰杰原因。即 GDP 是导致旅游收入、第一产业产值和第二产业产值产生变化的格兰杰原因；旅游收入、第一产业产值是导致另外三个相关变量变化的格兰杰原因；但第二产业产值不是 GDP、旅游收入和第一产业产值产生变化的原因。

(四)回归模型估计结果及说明

利用 R-Studio 软件进行回归估计，得到张家界市 GDP 与旅游收入、第一产业产值、第二产业产值时间序列的回归模型估计如下：

$$\ln GDP_t = 0.0751 + 0.0305\ln TE_t + 0.0110\ln I_{1t} - 0.1451\ln I_{2t} + 0.1484L\ln I_{1t} + 0.3277L\ln I_{2t} + \mu_t$$

$$t = (6.3080) \quad (1.0870) \quad (0.0320) \quad (-0.7130) \quad (0.4310)$$
$$(1.5900)$$

Adjusted R-squared = 0.4188   *F-statistic* = 3.595   *DF* = 13

由式(4.2)、式(4.3)和式(4.4)可知，旅游业欠发达时($L=0$)，$\beta_1 = 0.0305$、$\beta_2 = 0.0110$、$\beta_3 = -0.1451$，即在其他变量不变的情况下，旅游收入每增加1%，GDP 对应增长0.0305%；第一产业产值每增加1%，GDP 对应增长0.0110%；第二产业产值每增加1%，GDP 对应减少0.1451%。可见，GDP 对旅游业变化的敏感度最高。

随着旅游业的繁荣($L=1$)，$\alpha_1 = 0.1484$，则 $\beta_2 + \alpha_1 = 0.1594$，即第一产业

产值每增加 1%,GDP 增长 0.1594%;$\alpha_2 = 0.3277$,则 $\beta_3 + \alpha_2 = 0.1826$,即第二产业产值每增加 1%,GDP 增长 0.1826%。由于 α_1、$\alpha_2 > 0$,即 $\beta_2 < \beta_2 + \alpha_1$,$\beta_3 < \beta_3 + \alpha_2$,表明发达的旅游业并未抑制张家界市第一产业和第二产业的发展,反而加强了第一产业和第二产业对 GDP 变动的影响力,旅游收入每增加 1%,第一产业贡献率增加 0.1484%,第二产业贡献率增加 0.3277%。

三、黄山市

(一)单位根检验结果及说明

利用 R-Studio 软件对黄山市 GDP、旅游收入、第一产业产值、第二产业产值的对数时间序列进行 ADF 检验,检验结果见表 4-17。

表 4-17　黄山市变量平稳性检验结果

变量	检验类型 (C,T,K)	ADF 检验值	临界值			P 值	结论
			1%	5%	10%		
$\ln GDP$	(C,T,0)	−1.2124	−4.38	−3.6	−3.24	0.8724	不平稳
$\Delta\ln GDP$	(C,T,0)	−4.6653	−4.38	−3.6	−3.24	0.01	平稳***
$\Delta\Delta\ln GDP$	(C,T,0)	−8.2964	−4.38	−3.6	−3.24	0.01	平稳***
$\ln TE$	(C,T,0)	−1.8802	−4.38	−3.6	−3.24	0.618	不平稳
$\Delta\ln TE$	(C,T,0)	−6.109	−4.38	−3.6	−3.24	0.01	平稳***
$\Delta\Delta\ln TE$	(C,T,0)	−8.6223	−4.38	−3.6	−3.24	0.01	平稳***
$\ln I_1$	(C,T,0)	−1.6059	−4.38	−3.6	−3.24	0.7225	不平稳
$\Delta\ln I_1$	(C,T,0)	−3.2977	−4.38	−3.6	−3.24	0.09199	平稳*
$\Delta\Delta\ln I_1$	(C,T,0)	−6.3947	−4.38	−3.6	−3.24	0.01	平稳***
$\ln I_2$	(C,T,0)	−0.81068	−4.38	−3.6	−3.24	0.9484	不平稳
$\Delta\ln I_2$	(C,T,0)	−3.8967	−4.38	−3.6	−3.24	0.02881	平稳**
$\Delta\Delta\ln I_2$	(C,T,0)	−7.4735	−4.38	−3.6	−3.24	0.01	平稳***
$\ln PE$	(C,T,0)	−2.4366	−4.38	−3.6	−3.24	0.406	不平稳
$\Delta\ln PE$	(C,T,0)	−4.8251	−4.38	−3.6	−3.24	0.01	平稳***
$\Delta\Delta\ln PE$	(C,T,0)	−7.578	−4.38	−3.6	−3.24	0.01	平稳***

注:C 表示常数项,T 表示趋势项,K 表示滞后阶数;Δ 代表对原数列进行一阶差分,ΔΔ 代表对原数列进行二阶差分;*、**、*** 分别代表在 10%、5%、1% 的显著性水平下显著。

由表4-17可见,GDP原始序列的ADF值大于1%、5%、10%的显著性水平下的临界值,不能拒绝原假设,即原始序列(lnGDP)存在单位根,是不平稳序列;但一阶差分和二阶差分后,其ADF值均小于1%的显著性水平下的临界值,需拒绝原假设,即$\Delta lnGDP$和$\Delta\Delta lnGDP$在99%的置信水平下不存在单位根,是平稳序列。同理可得,主要解释变量旅游收入一阶差分($\Delta lnTE$)和二阶差分后($\Delta\Delta lnTE$)在99%的置信水平下不存在单位根,是平稳序列。第一产业产值一阶差分(ΔlnI_1)后在90%的置信水平下不存在单位根,是平稳序列;二阶差分后的第一产业产值($\Delta\Delta lnI_1$)则在99%的置信水平下不存在单位根,是平稳序列。第二产业产值一阶差分(ΔlnI_2)后在95%的置信水平下不存在单位根,是平稳序列;二阶差分($\Delta\Delta lnI_2$)后则在99%的置信水平下不存在单位根,是平稳序列。旅游人次一阶差分($\Delta lnPE$)和二阶差分($\Delta\Delta lnPE$)后在99%的置信水平下不存在单位根,是平稳序列。综上所述,所有的解释变量在一阶差分下都不存在单位根,都是平稳序列。因此,黄山市的各变量使用一阶差分数据进行回归分析。

(二)协整关系检验结果及说明

黄山市协整检验结果(见表4-18)表明,当$r \leqslant 3$时,检测值为3.22,小于1%的显著性水平下的临界值11.65,说明在99%的置信水平下无法拒绝原假设,所构模型中至多有3个解释变量与被解释变量GDP间存在协整关系,即在99%的置信水平下黄山市旅游收入、第一产业产值、第二产业产值和GDP存在长期稳定的均衡关系,从而得知模型不会产生伪回归,可以进行下一步分析。

表4-18 黄山市协整检验结果

原假设	test	10pct	5pct	1pct	结论
$r \leqslant 3$	3.22	6.50	8.18	11.65	协整***
$r \leqslant 2$	6.74	12.91	14.90	19.19	
$r \leqslant 1$	18.66	18.90	21.07	25.75	
$r = 0$	36.53	24.78	27.14	32.14	

注:*、**、***分别代表在10%、5%、1%的显著性水平下显著。

（三）因果关系检验结果及说明

为了探寻构建模型中变量间预测关系的准确性,本书在 ADF 检验的基础上对黄山市各变量数据进行了格兰杰因果关系检验,结果如表4-19 所示。

表4-19　黄山市变量间的格兰杰因果关系检验

原假设	F 值	P 值	结论
$\Delta \ln GDP$ 不是 $\Delta \ln TE$、$\Delta \ln I_1$、$\Delta \ln I_2$ 的格兰杰原因	1.3094	0.2856	接受
$\Delta \ln TE$ 不是 $\Delta \ln GDP$、$\Delta \ln I_1$、$\Delta \ln I_2$ 的格兰杰原因	3.331	0.01328	拒绝
$\Delta \ln I_1$ 不是 $\Delta \ln GDP$、$\Delta \ln TE$、$\Delta \ln I_2$ 的格兰杰原因	0.90649	0.5044	接受
$\Delta \ln I_2$ 不是 $\Delta \ln GDP$、$\Delta \ln TE$、$\Delta \ln I_1$ 的格兰杰原因	1.6832	0.1621	接受

结果表明, $\Delta \ln GDP$ 不是引致 $\Delta \ln TE$、$\Delta \ln I_1$、$\Delta \ln I_2$ 的格兰杰原因; $\Delta \ln TE$ 有助于解释 $\Delta \ln GDP$、$\Delta \ln I_1$、$\Delta \ln I_2$ 的将来变化,即 $\Delta \ln TE$ 是引致 $\Delta \ln GDP$、$\Delta \ln I_1$、$\Delta \ln I_2$ 的格兰杰原因; $\Delta \ln I_1$ 不是引致 $\Delta \ln GDP$、$\Delta \ln TE$、$\Delta \ln I_2$ 的格兰杰原因; $\Delta \ln I_2$ 不是引致 $\Delta \ln GDP$、$\Delta \ln TE$、$\Delta \ln I_1$ 的格兰杰原因。即旅游收入是导致 GDP、第一产业产值和第二产业产值变化的格兰杰原因;但 GDP、第一产业产值、第二产业产值间不存在因果关系,不是导致彼此变化的格兰杰原因,GDP、第一产业产值、第二产业产值也不能预测旅游收入的未来变化,因为它们不是导致旅游收入变化的原因。

（四）回归模型估计结果及说明

利用 R-Studio 软件进行回归估计,得到黄山市 GDP 与旅游收入、第一产业产值、第二产业产值时间序列的回归估计模型如下:

$$\ln GDP_t = 0.0456 + 0.0179\ln TE_t + 0.0397\ln I_{1t} + 0.6589\ln I_{2t} + 0.0152L\ln I_{1t} - 0.2558L\ln I_{2t} + \mu_t$$

　　t =（5.4040）　（0.6370）　（0.1070）　（6.5820）　（0.0380）　（- 1.9910）

Adjusted R-squared = 0.8382　*F-statistic* = 19.65　*DF* = 13

由式（4.2）、式（4.3）和式（4.4）可知,旅游业欠发达时（ $L = 0$ ）, β_1 =

0.0179、$\beta_2 = 0.0397$、$\beta_3 = 0.6589$,即在其他变量不变的情况下,旅游收入每增加1%,GDP 对应增长 0.0179%;第一产业产值每增加 1%,GDP 对应增长 0.0397%;第二产业产值每增加 1%,GDP 对应增长 0.6589%。可见,GDP 对第二产业变化的敏感度最高。

随着旅游业的繁荣($L=1$),$\alpha_1 = 0.0152$,则 $\beta_2 + \alpha_1 = 0.0549$,即第一产业产值每增加 1%,GDP 增长 0.0549%;$\alpha_2 = -0.2558$,则 $\beta_3 + \alpha_2 = 0.4031$,即第二产业产值每增加 1%,GDP 增长 0.4031%。由于 $\alpha_2 < 0$,即 $\beta_3 > \beta_3 + \alpha_2$,表明发达的旅游业抑制了黄山市第二产业的发展,削弱了第二产业对 GDP 变动的影响力,旅游收入每增加 1%,第二产业对 GDP 的贡献率减少 0.2558%。

四、阿坝州

(一)单位根检验结果及说明

利用 R-Studio 软件对阿坝州国内生产总值、旅游收入、第一产业产值、第二产业产值的对数时间序列进行 ADF 检验,检验结果见表 4-20。

表 4-20　阿坝州变量平稳性检验结果

变量	检验类型 (C, T, K)	ADF 检验值	临界值			P 值	结论
			1%	5%	10%		
$\ln GDP$	$(C,T,0)$	-3.3373	-4.38	-3.6	-3.24	0.08648	平稳*
$\Delta\ln GDP$	$(C,T,0)$	-5.3341	-4.38	-3.6	-3.24	0.01	平稳***
$\Delta\Delta\ln GDP$	$(C,T,0)$	-7.8234	-4.38	-3.6	-3.24	0.01	平稳***
$\ln TE$	$(C,T,0)$	-3.3962	-4.38	-3.6	-3.24	0.07831	平稳*
$\Delta\ln TE$	$(C,T,0)$	-4.6031	-4.38	-3.6	-3.24	0.01	平稳***
$\Delta\Delta\ln TE$	$(C,T,0)$	-6.5026	-4.38	-3.6	-3.24	0.01	平稳***
$\ln I_1$	$(C,T,0)$	-2.0762	-4.38	-3.6	-3.24	0.5433	不平稳
$\Delta\ln I_1$	$(C,T,0)$	-5.2954	-4.38	-3.6	-3.24	0.01	平稳***
$\Delta\Delta\ln I_1$	$(C,T,0)$	-7.9752	-4.38	-3.6	-3.24	0.01	平稳***
$\ln I_2$	$(C,T,0)$	-3.2106	-4.38	-3.6	-3.24	0.1112	不平稳
$\Delta\ln I_2$	$(C,T,0)$	-5.1565	-4.38	-3.6	-3.24	0.01	平稳***

变量	检验类型（C,T,K）	ADF检验值	临界值			P 值	结论
			1%	5%	10%		
$\Delta\Delta\ln I_2$	(C,T,0)	-7.4827	-4.38	-3.6	-3.24	0.01	平稳***
$\ln PE$	(C,T,0)	-3.0441	-4.38	-3.6	-3.24	0.1746	不平稳
$\Delta\ln PE$	(C,T,0)	-4.326	-4.38	-3.6	-3.24	0.01188	平稳**
$\Delta\Delta\ln PE$	(C,T,0)	-7.1935	-4.38	-3.6	-3.24	0.01	平稳***

注：C 表示常数项，T 表示趋势项，K 表示滞后阶数；Δ 代表对原数列进行一阶差分，ΔΔ 代表对原数列进行二阶差分；*、**、*** 分别代表在 10%、5%、1% 的显著性水平下显著。

由表 4-20 可见，GDP 原始序列的 ADF 值小于 10% 的显著性水平下的临界值，需拒绝原假设，即 $\ln GDP$ 在 90% 的置信水平下不存在单位根，是平稳序列；GDP 一阶差分（$\Delta\ln GDP$）和二阶差分（$\Delta\Delta\ln GDP$）后的 ADF 值小于 1%、5%、10% 的显著性水平下的临界值，从而拒绝原假设，即 $\Delta\ln GDP$ 和 $\Delta\Delta\ln GDP$ 在 99% 的置信水平下均不存在单位根，是平稳序列。同理可得，主要解释变量旅游收入原始序列的 ADF 值小于 10% 的显著性水平下的临界值，需拒绝原假设，即 $\ln TE$ 在 90% 的置信水平下不存在单位根，是平稳序列；一阶差分（$\Delta\ln TE$）和二阶差分（$\Delta\Delta\ln TE$）后则在 99% 的置信水平下不存在单位根，是平稳序列。第一产业一阶差分（$\Delta\ln I_1$）和二阶差分（$\Delta\Delta\ln I_1$）后在 99% 的置信水平下不存在单位根，是平稳序列。第二产业一阶差分（$\Delta\ln I_2$）和二阶差分（$\Delta\Delta\ln I_2$）后在 99% 的置信水平下不存在单位根，是平稳序列。旅游人次一阶差分（$\Delta\ln PE$）后在 95% 的置信水平下不存在单位根，是平稳序列；旅游人次二阶差分（$\Delta\Delta\ln PE$）后则在 99% 的置信水平下不存在单位根，是平稳序列。综上所述，所有的解释变量在一阶差分下都不存在单位根，即都是平稳序列。因此，阿坝州的各变量使用一阶差分数据进行回归分析。

（二）协整关系检验结果及说明

阿坝州协整检验结果（见表 4-21）表明，当 $r \leqslant 3$ 时，检测值为 4.62，小于 1% 的显著性水平下的临界值 11.65，说明在 99% 的置信水平下无法拒绝原假设，即所构模型中至多有 3 个解释变量与被解释变量 GDP 间存在协整关系，即在99%的置信水平下阿坝州旅游收入、第一产业产值、第二产业产值和GDP存在长期稳定的均衡关系,从而得知模型不会产生伪回归,可以进行下一步分析。

表4-21　阿坝州协整检验结果

原假设	test	10pct	5pct	1pct	结论
$r \leqslant 3$	4.62	6.50	8.18	11.65	协整***
$r \leqslant 2$	11.77	12.91	14.90	19.19	
$r \leqslant 1$	18.56	18.90	21.07	25.75	
$r = 0$	34.62	24.78	27.14	32.14	

注:*、**、***分别代表在10%、5%、1%的显著性水平下显著。

(三)因果关系检验结果及说明

为了探寻构建模型中变量间预测关系的准确性,本书在ADF检验的基础上对阿坝州各变量数据进行了格兰杰因果关系检验,结果如表4-22所示。

表4-22　阿坝州变量间的格兰杰因果关系检验

原假设	F值	P值	结论
$\Delta \ln GDP$ 不是 $\Delta \ln TE$、$\Delta \ln I_1$、$\Delta \ln I_2$ 的格兰杰原因	1.4902	0.2177	接受
$\Delta \ln TE$ 不是 $\Delta \ln GDP$、$\Delta \ln I_1$、$\Delta \ln I_2$ 的格兰杰原因	3.1476	0.01738	拒绝
$\Delta \ln I_1$ 不是 $\Delta \ln GDP$、$\Delta \ln TE$、$\Delta \ln I_2$ 的格兰杰原因	2.7267	0.03258	拒绝
$\Delta \ln I_2$ 不是 $\Delta \ln GDP$、$\Delta \ln TE$、$\Delta \ln I_1$ 的格兰杰原因	1.2954	0.2916	接受

结果表明:$\Delta \ln GDP$ 不是引致 $\Delta \ln TE$、$\Delta \ln I_1$、$\Delta \ln I_2$ 的格兰杰原因;$\Delta \ln TE$ 有助于解释 $\Delta \ln GDP$、$\Delta \ln I_1$、$\Delta \ln I_2$ 的将来变化,即 $\Delta \ln TE$ 是引致 $\Delta \ln GDP$、$\Delta \ln I_1$、$\Delta \ln I_2$ 的格兰杰原因;$\Delta \ln I_1$ 有助于解释 $\Delta \ln GDP$、$\Delta \ln TE$、$\Delta \ln I_2$ 的将来变化,即 $\Delta \ln I_1$ 是引致 $\Delta \ln GDP$、$\Delta \ln TE$、$\Delta \ln I_2$ 的格兰杰原因;$\Delta \ln I_2$ 不是引致 $\Delta \ln GDP$、$\Delta \ln TE$、$\Delta \ln I_1$ 的格兰杰原因。即旅游收入是导致GDP、第一产业产

值和第二产业产值变化的格兰杰原因;第一产业产值是导致旅游收入、GDP、第二产业产值变化(增长或下降)的格兰杰原因;但 GDP 不是导致旅游收入、第一产业产值、第二产业产值产生变化的原因;第二产业也不能导致另外三个变量发生变化。

(四)回归模型估计结果及说明

利用 R-Studio 软件进行回归估计,得到阿坝州 GDP 与旅游收入、第一产业后、第二产业后时间序列的回归估计模型为:

$$\ln GDP_t = 0.0360 + 0.0088\ln TE_t - 0.0268\ln I_{1t} + 0.5483\ln I_{2t} + 0.1599L\ln I_{1t} - 0.0506L\ln I_{2t} + \mu_t$$

$t = $ (5.4300)　　(0.4380)　　(0.1430)　　(13.1020)　　(0.8240)　　(- 1.2130)

Adjusted R - squared = 0.9854　　F - statistic = 244.8　　DF = 13

由式(4.2)、式(4.3)和式(4.4)可知,旅游业欠发达时($L=0$),$\beta_1 = 0.0088$、$\beta_2 = -0.0268$、$\beta_3 = 0.5483$,即在其他变量不变的情况下,旅游收入每增加 1%,GDP 对应增长 0.0088%;第一产业产值每增加 1%,GDP 对应减少 0.0268%;第二产业产值每增加 1%,GDP 对应增长 0.5483%。可见,GDP 对第二产业变化的敏感度最高。

随着旅游业的繁荣($L=1$), $\alpha_1 = 0.1599$,则 $\beta_2 + \alpha_1 = 0.1331$,即第一产业产值每增加 1%,GDP 增长 0.1331%; $\alpha_2 = -0.0506$,则 $\beta_3 + \alpha_2 = 0.4977$,即第二产业产值每增加 1%,GDP 增长 0.4977%。由于 $\alpha_2 < 0$,即 $\beta_3 > \beta_3 + \alpha_2$,表明发达的旅游业抑制了阿坝州第二产业的发展,削弱了第二产业对 GDP 变动的影响力,旅游收入每增加 1%,第二产业对 GDP 的贡献率减少 0.0506%。

五、三亚市

(一)单位根检验结果及说明

利用 R-Studio 软件对三亚市 GDP、旅游收入、第一产业产值、第二产业产值的对数时间序列进行 ADF 检验,检验结果见表4-23。

表4-23　三亚市变量平稳性检验结果

变量	检验类型（C,T,K）	ADF检验值	临界值			P值	结论
			1%	5%	10%		
$\ln GDP$	(C,T,0)	-1.1382	-4.38	-3.6	-3.24	0.9003	不平稳
$\Delta\ln GDP$	(C,T,0)	-2.371	-4.38	-3.6	-3.24	0.431	不平稳
$\Delta\Delta\ln GDP$	(C,T,0)	-3.729	-4.38	-3.6	-3.24	0.04078	平稳**
$\ln TE$	(C,T,0)	-1.0658	-4.38	-3.6	-3.24	0.9109	不平稳
$\Delta\ln TE$	(C,T,0)	-3.8106	-4.38	-3.6	-3.24	0.03496	平稳**
$\Delta\Delta\ln TE$	(C,T,0)	-5.0856	-4.38	-3.6	-3.24	0.01	平稳***
$\ln I_1$	(C,T,0)	-2.3421	-4.38	-3.6	-3.24	0.442	不平稳
$\Delta\ln I_1$	(C,T,0)	-4.633	-4.38	-3.6	-3.24	0.01	平稳***
$\Delta\Delta\ln I_1$	(C,T,0)	-7.8456	-4.38	-3.6	-3.24	0.01	平稳***
$\ln I_2$	(C,T,0)	-1.2586	-4.38	-3.6	-3.24	0.8548	不平稳
$\Delta\ln I_2$	(C,T,0)	-2.4733	-4.38	-3.6	-3.24	0.3921	不平稳
$\Delta\Delta\ln I_2$	(C,T,0)	-4.3745	-4.38	-3.6	-3.24	0.01019	平稳**
$\ln PE$	(C,T,0)	-1.7571	-4.38	-3.6	-3.24	0.6649	不平稳
$\Delta\ln PE$	(C,T,0)	-4.5167	-4.38	-3.6	-3.24	0.01	平稳***
$\Delta\Delta\ln PE$	(C,T,0)	-6.0961	-4.38	-3.6	-3.24	0.01	平稳***

注:C表示常数项,T表示趋势项,K表示滞后阶数;Δ代表对原数列进行一阶差分,$\Delta\Delta$代表对原数列进行二阶差分;*、**、***分别代表在10%、5%、1%的显著性水平下显著。

由表4-23可见,GDP原始序列和一阶差分序列的ADF值均大于1%、5%、10%的显著性水平下的临界值,不能拒绝原假设,即$\ln GDP$和$\Delta\ln GDP$均存在单位根,是不平稳序列;二阶差分下的ADF值小于5%的显著性水平下的临界值,需拒绝原假设,即$\Delta\Delta\ln GDP$在95%的置信水平下不存在单位根,是平稳序列。同理可得,主要解释变量旅游收入一阶差分（$\Delta\ln TE$）后在95%的置信水平下不存在单位根,是平稳序列;二阶差分（$\Delta\Delta\ln TE$）后则在99%的置信水平下不存在单位根,是平稳序列。第一产业产值一阶差分（$\Delta\ln I_1$）和二阶差分（$\Delta\Delta\ln I_1$）后在99%的置信水平下不存在单位根,是平稳序列。第二产业产值二阶差分（$\Delta\Delta\ln I_2$）后在95%的置信水平下不存在单位根,是平稳序列。旅游人次一阶差分（$\Delta\ln PE$）和二阶差分（$\Delta\Delta\ln PE$）后在99%的置信水平下不存在单位根,是平稳序列。综上所述,所有的解释变量在二阶差分下都不存在单位根,都是平稳序列,但由于旅游收入是核心变量,一阶差分后的旅游收入在99%的置信水平下已经是平稳序列。因此,三亚市的各变量使用一阶差分数据进行回归分析。

(二)协整关系检验结果及说明

三亚市协整检验结果(见表4-24)表明,当$r \leqslant 3$时,检测值为5.60,小于在99%置信水平下的临界值11.65,说明在99%的置信水平下无法拒绝原假设,所构模型中至多有3个解释变量与被解释变量GDP间存在协整关系,即在99%的置信水平下三亚市旅游收入、第一产业产值、第二产业产值和GDP存在长期稳定的均衡关系,从而得知模型不会产生伪回归,可以进行下一步分析。

表4-24 三亚市协整检验结果

原假设	test	10pct	5pct	1pct	结论
$r \leqslant 3$	5.60	6.50	8.18	11.65	协整***
$r \leqslant 2$	11.32	12.91	14.90	19.19	
$r \leqslant 1$	24.78	18.90	21.07	25.75	
$r = 0$	33.54	24.78	27.14	32.14	

注:*、**、***分别代表在10%、5%、1%的显著性水平下显著。

(三)因果关系检验结果及说明

为了探寻构建模型中变量间预测关系的准确性,本书在ADF检验的基础上对三亚市的变量进行了格兰杰因果关系检验,结果如表4-25所示。

表4-25 三亚市变量间的格兰杰因果关系检验

原假设	F值	P值	结论
$\Delta \ln GDP$ 不是 $\Delta \ln TE$、$\Delta \ln I_1$、$\Delta \ln I_2$ 的格兰杰原因	3.9254	0.005698	拒绝
$\Delta \ln TE$ 不是 $\Delta \ln GDP$、$\Delta \ln I_1$、$\Delta \ln I_2$ 的格兰杰原因	5.4857	0.0007373	拒绝
$\Delta \ln I_1$ 不是 $\Delta \ln GDP$、$\Delta \ln TE$、$\Delta \ln I_2$ 的格兰杰原因	4.8977	0.001547	拒绝
$\Delta \ln I_2$ 不是 $\Delta \ln GDP$、$\Delta \ln TE$、$\Delta \ln I_1$ 的格兰杰原因	0.9165	0.5146	接受

结果表明：$\Delta\ln GDP$ 有助于解释 $\Delta\ln TE$、$\Delta\ln I_1$、$\Delta\ln I_2$ 的将来变化，即 $\Delta\ln GDP$ 是引致 $\Delta\ln TE$、$\Delta\ln I_1$、$\Delta\ln I_2$ 的格兰杰原因；$\Delta\ln TE$ 有助于解释 $\Delta\ln GDP$、$\Delta\ln I_1$、$\Delta\ln I_2$ 的将来变化，即 $\Delta\ln TE$ 是引致 $\Delta\ln GDP$、$\Delta\ln I_1$、$\Delta\ln I_2$ 的格兰杰原因；$\Delta\ln I_1$ 有助于解释 $\Delta\ln GDP$、$\Delta\ln TE$、$\Delta\ln I_2$ 的将来变化，即 $\Delta\ln I_1$ 是引致 $\Delta\ln GDP$、$\Delta\ln TE$、$\Delta\ln I_2$ 的格兰杰原因；$\Delta\ln I_2$ 不是引致 $\Delta\ln GDP$、$\Delta\ln TE$、$\Delta\ln I_1$ 的格兰杰原因。即 GDP 是导致旅游收入、第一产业产值和第二产业产值变化的格兰杰原因；旅游收入是导致 GDP、第一产业产值和第二产业产值变化的格兰杰原因；第一产业产值是导致 GDP、旅游收入和第二产业产值产生变化的格兰杰原因，第二产业产值不是导致另外三个变量发生变化的格兰杰原因。

（四）回归模型估计结果及说明

利用 R-Studio 软件进行回归估计，得到三亚市 GDP 与旅游收入、第一产业产值、第二产业产值时间序列的回归估计模型为：

$$\ln GDP_t = 0.0598 + 0.3485\ln TE_t - 0.3280\ln I_{1t} + 0.4060\ln I_{2t} + 0.5480 L\ln I_{1t} - 0.5087 L\ln I_{2t} + \mu_t$$

　　$t = (1.6070)\quad(1.6810)\quad(-1.1280)\quad(4.8450)\quad(2.0170)$
(-2.9350)

Adjusted R squared = 0.6746　*F statistic* = 8.463　*DF* = 13

由式（4.2）、式（4.3）和式（4.4）可知，旅游业欠发达时（$L=0$），$\beta_1 = 0.3485$、$\beta_2 = -0.3280$、$\beta_3 = 0.4060$，即在其他变量不变的情况下，旅游收入每增加 1%，GDP 对应增长 0.3485%；第一产业产值每增加 1%，GDP 对应减少 0.3280%；第二产业产值每增加 1%，GDP 对应增长 0.4060%。可见，GDP 对第二产业变化的敏感度最高。

随着旅游业的繁荣（$L=1$），$\alpha_1 = 0.5480$，则 $\beta_2 + \alpha_1 = 0.22$，即第一产业产值每增加 1%，GDP 增长 0.22%；$\alpha_2 = -0.5087$，则 $\beta_3 + \alpha_2 = -0.1027$%，即第二产业产值每增加 1%，GDP 减少 0.1027%。由于 $\alpha_2 < 0$，即 $\beta_3 > \beta_3 + \alpha_2$，表明发达的旅游业抑制了三亚市第二产业的发展，削弱了第二产业对 GDP 变动的影响力，旅游收入每增加 1%，第二产业对 GDP 的贡献率减少 0.5087%。

第四节　分析结论

一、因果分析结论

从因果关系分析来看,旅游业与被抑制的产业部门(第一产业或第二产业)均存在单向因果关系,即旅游业是被抑制产业部门变化的格兰杰原因,而被抑制产业部门不是旅游业变化的格兰杰原因;同时,被抑制的产业部门也不是 GDP 或另一产业部门变化的格兰杰原因。五个案例地的分析结果均表明旅游业是 GDP、第一产业产值、第二产业产值变化的格兰杰原因;但丽江市第一产业产值不是 GDP、第二产业产值、旅游业变化的格兰杰原因;张家界市第二产业产值不是 GDP、第一产业产值、旅游业变化的格兰杰原因;黄山市第二产业产值不是 GDP、第一产业产值、旅游业变化的格兰杰原因;阿坝州第二产业产值不是 GDP、第一产业产值、旅游业变化的格兰杰原因;三亚市第二产业产值不是 GDP、第一产业产值、旅游业变化的格兰杰原因。另外,丽江市和黄山市未被抑制的产业部门也表现为不是另外三个变量的格兰杰原因。

二、回归分析结论

从回归分析来看,旅游地"荷兰病"效应在五个案例地都客观存在,但与传统"荷兰病"不同之处在于旅游地"荷兰病"效应既可能是去工业化,也可能是去农业化。其中,丽江市表现为去农业化,而黄山市、阿坝州和三亚市表现为去工业化。具体情况如下:丽江市旅游收入每增长 1%,第一产业对 GDP 的贡献率减少 0.6173%;黄山市旅游收入每增长 1%,第二产业对 GDP 的贡献率减少 0.2558%;阿坝州旅游收入每增长 1%,第二产业对 GDP 的贡献率减少 0.0506%;三亚市旅游收入每增长 1%,第二产业对 GDP 的贡献率减少 0.5087%。目前,尚不存在同时抑制第一产业和第二产业两个部门的情况,但结合因果分析的结论和参数估计的结果,短期内,黄山市很有可能出现去农业化现象,丽江市也存在出现去工业化的可能性。

三、比较分析结论

通过对五个案例地计量经济分析的结果比较,发现旅游地"荷兰病"效应还存在两个方面的规律:一是存在"荷兰病"效应的旅游地经济增长对旅游产业变化不敏感,即旅游业促进经济增长的效率偏低,丽江市旅游收入每增长1%,GDP 增长 0.0519%;张家界市旅游收入每增长 1%,GDP 增长 0.0305%;黄山市旅游收入每增长 1%,GDP 增长 0.0179%;阿坝州旅游收入每增长 1%,GDP 增长 0.0088%;三亚市旅游收入每增长 1%,GDP 增长 0.3485%,这也印证了 Ashworth 和 Page(2011)的观点,旅游业能够给区域带来持续的经济利益,但那些高度依赖旅游业的区域却从旅游业中获利较少。二是旅游地"荷兰病"效应抑制的对象一般是旅游繁荣前经济增长对其变化敏感程度较高的产业部门,如旅游繁荣前,丽江市 GDP 对第一产业变化的敏感度最高,因此表现为去农业化;张家界市 GDP 对第二产业变化的敏感度最高,因此表现为去工业化;黄山市 GDP 对第二产业变化的敏感度最高,因此表现为去工业化;阿坝州 GDP 对第二产业变化的敏感度最高,因此表现为去工业化;三亚市 GDP 对第二产业变化的敏感度最高,因此表现为去工业化。

四、关于 α 的讨论

众所周知,旅游业具有很强的关联带动效应,从某种意义上来说,这与"荷兰病"效应正好是旅游经济效应中相反的两个方面。本章所构建的回归模型中的系数 α(包括 α_1 和 α_2)应该可以作为衡量这两种效应的标尺,即若 $\alpha > 0$ 表现为关联带动效应,$\alpha < 0$ 表现为"荷兰病"效应。至于两种效应的大小比较,可能与 α 所对应产业的属性、产值等有关,尚需进一步讨论。由于本书重点探讨旅游地"荷兰病"效应,且案例地均存在 $\alpha < 0$ 的情况,因此可将 α 称为旅游地"荷兰病"效应系数。

第五章 旅游地"荷兰病"效应的影响评价

区域经济发展的产业选择本无可厚非,但是将高敏感性的旅游业作为区域的单一支柱产业甚至是"生命产业"却导致了经济发展的高脆弱性,不利于区域经济的可持续发展。经济学家刘伟(2002)就曾指出第三产业的发展必须以第一产业和第二产业的发展为前提,单纯强调发展第三产业,只能促进经济的短期经济增长,之后则会步入长时间的经济衰退。因此,本章将经济发展的脆弱性程度作为衡量旅游地"荷兰病"效应影响程度的重要指标,运用经济脆弱性评价相关原理,结合案例地经济发展相关统计数据,通过评价指标体系的构建、权重的确定和障碍度分析,对旅游地"荷兰病"效应的影响程度进行定量评价。

第一节 研究设计

一、评价指标

(一)指标选取原则

1. 系统性与重点性原则

经济脆弱性是一个多要素共同作用的耦合系统,各要素之间相互作用、相互制约,共同构成经济脆弱性的影响因素。经济脆弱性的评价指标的设置不仅需要明确各要素对评价目标的影响,还要厘清各要素之间的相互关系和多要素共同作用而产生的综合效应。与此同时,在众多的影响要素中,还需要有主要与次要之分,要抓住主要矛盾,重点选取处于主导地位的代表性指标。

2. 科学性与动态性原则

经济脆弱性评价指标的选取必须建立在科学分析的基础上,每个指标都应具备清晰且明确的内涵,能够客观地反映每个指标作用于目标的意义,力求做到不遗漏、不重复;必须选用国内外产业界和学术界公认的指标,指标的计算和量纲必须符合相关规范和标准要求。与此同时,由于经济发展是一个不断变化的长期的过程,指标的选取必须有注重动态性的原则,以适应评价对象可能随时间演变的趋势。

3. 可行性与可比性原则

构建评价指标体系的最终目的在于运用,因此,在评价指标的选取过程中既要全面地反映经济脆弱性的特征,又要充分考虑评价指标量化的可能性、数据的可得性、数据处理的可行性并确保所获得数据的可靠性。与此同时,经济发展的脆弱性从某种意义上说是一个相对值,指标的选取应充分考虑与其他评价对象之间的可比性。

(二)指标体系构建

结合学术界对矿业城市、石油城市、煤炭城市等的经济脆弱性研究,以及梁增贤(2011)、李锋(2013)、苏飞等(2013)的相关研究成果,本书构建了包含2个子目标层和16个具体指标的评价指标体系(见表5-1),既可用于评价旅游经济依赖型目的地经济脆弱性,也可以用于评价一般旅游地在旅游产业出现波动的扰动影响下的经济脆弱性。

(三)指标体系说明

1. 敏感性指标说明

由于经济发展高度依赖旅游业,旅游业的波动是旅游经济依赖型目的地经济发展敏感性的主要影响因素。因此,本书主要选取反映区域经济发展对旅游业依赖程度的相关指标来表征经济发展的敏感性,具体分为两大类:一类为直接反映区域经济发展对旅游业依赖程度的指标,如 S_1、S_4、S_5 和 S_8;另一类为通过与其他产业发展的比较间接反映区域经济发展对旅游业依赖程度的指标,如 S_2、S_3、S_6 和 S_7。其中,S_1 反映经济对旅游业的依赖程度、S_4 反映旅游外汇收入对出口的贡献、S_8 反映区域旅游业发展水平,可直接查询相关数据后计

表 5-1　旅游地经济发展脆弱性测度指标体系

目标	子目标层	代码	指标	指标解释
旅游地经济系统脆弱性	敏感性	S_1	旅游收入相当于 GDP 的比重	反映经济对旅游业的依赖程度
		S_2	产业结构基尼系数	反映产业发展不平衡程度
		S_3	旅游产业首位度	反映产业发展结构集中度
		S_4	旅游外汇收入占出口比重	反映旅游外汇收入对出口的贡献
		S_5	旅游业对 GDP 增长弹性系数	反映旅游发展对经济增长的反应程度
		S_6	旅游业对工业增长弹性系数	反映旅游业对工业增长的反应程度
		S_7	旅游业对农业增长弹性系数	反映旅游业对农业增长的反应程度
		S_8	接待旅游者人次与本地人口数量之比	反映区域旅游业发展水平
	应对能力	R_1	GDP 总量	反映区域总体经济实力
		R_2	GDP 增长率	反映区域经济增长能力
		R_3	固定资产投资增长率	反映投资对区域经济发展的助推力
		R_4	城乡消费增长率	反映消费对区域经济发展的助推力
		R_5	出口增长率	反映出口对区域经济发展的助推力
		R_6	产业结构多样化指数	反映产业结构对经济发展助推力
		R_7	旅游收入增长率	反映区域旅游经济增长能力
		R_8	游客增长率	反映区域旅游吸引力

算;S_2反映产业发展不平衡程度、S_3反映产业发展结构集中度,计算方法详见第三章;S_5反映旅游发展对经济增长的反应程度、S_6反映旅游业对工业增长的反应程度、S_7反映旅游业对农业增长的反应程度。计算方法如下:

$$S_5(旅游业对 GDP 增长弹性系数) = \frac{旅游收入增长率}{GDP 增长率}$$

$$S_6(旅游业对工业增长弹性系数) = \frac{旅游收入增长率}{第二产业增长率}$$

$$S_7(旅游业对农业增长弹性系数) = \frac{旅游收入增长率}{第一产业增长率}$$

2. 应对能力指标说明

在应对能力指标的选取过程中,主要考虑三种类型的指标:一是反映区域总体经济实力的指标,即 R_1、R_2、R_6,其中,R_1 反映区域总体经济实力,R_2 反映区域经济增长能力;R_6 反映产业结构对经济发展助推力;二是反映区域经济发展能力的指标,众所周知,投资、消费、净出口是拉动经济增长的"三驾马车",因此,设置 R_3、R_4、R_5 这三个指标,分别表征投资、消费和出口对区域经济发展的助推力;三是反映区域旅游业恢复力的指标,即 R_7、R_8,分别反映区域旅游经济增长能力和区域旅游吸引力。其中,R_1、R_2、R_3、R_4、R_5、R_7、R_8 均可直接查询获得,R_6 产业结构多样化指数计算方法如下:

$$H = \frac{1}{\sum_{i=1}^{n} X_i^{\,2}}$$

X_i 为第 i 次产业的增加值占 GDP 的比重(i 分别为 1、2、3)。

二、评价数据

(一)数据来源

由表 5-1 可看出,旅游经济依赖型目的地经济发展脆弱性评价的相关数据均可通过直接查询区域该年的国民经济发展统计数据获得或计算获得,因此,本书的数据来源主要有以下渠道:①查阅相应区域历年统计年鉴;②通过网络检索相应区域历年国民经济与社会发展统计公报;③通过网络检索相应区域历年政府工作报告;④查阅或通过网络检索其他相关的官方公报。

(二)数据处理

1. 无量纲化

获得评价指标的原始数据后,由于原始数据指标量纲和数量级的不同,需要对原始数据进行无量纲化处理。所谓无量纲化,即数据规范化,是指利用数学变换方法消除原始数据指标量纲和数量级影响,并保留数据取值差异度的过程。原始数据的无量纲化兼顾了数据之间的可比性和评价研究的可操作性,是进行综合评价的前提条件。学术界最常用的原始数据无量纲化方法为阀值法,又称临界值法,该方法的原理是确定数据变化过程中的特殊值,如最大值、最小值等,通过每一指标数据与特殊值相比实现数据的无量纲化。阀值法一般通过五种方式可以实现,由于在本评价指标体系的设计中,所有指标相对于子目标层均为正相关关系,因此,可选取如下方法进行原始数据的无量纲化处理:

$$A_i^* = \frac{A_i}{\max A_i} (1 \leqslant i \leqslant m) \tag{5.1}$$

其中,m 为 A_i 所在系列数据的个数,A_i^* 即数据 A_i 的标准值。在公式(5.1)中,影响指标标准值大小的因素是数据 A_i 本身和该系列数据最大值 $\max A_i$,因此,所得标准值的取值范围为 $\left[\frac{\min A_i}{\max A_i}, 1 \right]$。使用该方法进行数据无量纲化所得出的标准值均随着指标值的增大而增大,所有标准值均大于 0,且小于等于 1。

2. 非负化

由于某些年份突发事件的影响,评价指标体系中某些值可能为负,如 2003 年"非典"影响下的旅游相关指标。熵值法要求所有评价数据均不能为负,因此,本书采用了平移法对评价指标体系中出现负数的列进行向右平移同一单位的非负化处理,既保证了评价研究的可行性,又保留了原始数据的相对差异,不影响评价的科学性。

三、评价方法

(一)脆弱性评价

S/R 模型即"敏感性(Sensitivity)—应对能力(Resilience)"模型,是目前经济脆弱性评价研究中最为常用的模型之一,该模型认为区域经济发展脆弱性与对内外扰动的敏感性成正比,与区域经济对内外扰动的应对能力成反比,即式(5.2)。其中,EV_i表示第i年或第i个评价对象的经济脆弱性指数,S_i表示第i年或第i个评价对象的经济发展敏感性指数,R_i表示第i年或第i个评价对象的经济发展应对能力指数。通过脆弱性评价模型的比较分析,并结合旅游经济依赖型目的地的实际,本书将选用 S/R 模型对各个实证研究对象的经济脆弱性进行评价。S/R 模型具体公式为:

$$EV_i = \frac{S_i}{R_i} \tag{5.2}$$

关于脆弱性的等级划分,国内外目前的研究成果尚不多见,本书充分考虑到经济脆弱性等级划分的复杂性,在借鉴相关研究成果并结合"旅游经济依赖"这一特定背景的基础上,将经济脆弱性程度等级划分为不脆弱、低脆弱、脆弱、很脆弱、非常脆弱和极端脆弱 6 个等级。

表 5-2　经济脆弱性等级划分标准

脆弱性值	EV_i < 0.2	$0.2 \leq EV_i$ < 0.4	$0.4 \leq EV_i$ < 0.6	$0.6 \leq EV_i$ < 0.8	$0.8 \leq EV_i$ < 1	EV_i ≥ 1
等级划分	不脆弱	低脆弱	脆弱	很脆弱	非常脆弱	极端脆弱

(二)障碍度分析

障碍度评估模型主要用于测算各项指标对降低旅游地经济脆弱性的障碍程度,以此来确定脆弱性的主要影响因素。障碍度值越大,说明该项指标对降低旅游经济系统脆弱性的阻碍作用越大;障碍度值越小,说明该项指标对降低旅游经济系统脆弱性的阻碍作用越小。障碍度评估模型的计算公式如下所示:

$$O_i = \frac{w_i \times F_i}{\sum_{t=1}^{12}} \times 100\% \tag{5.3}$$

其中:O_i 为经济系统脆弱性障碍度;F_i 为指标偏离度,$F_i = 1 - X_i^*$(X_i^*为第i个指标的标准化值)。

(三)权重的确定

权重是一个相对概念,反映了某一指标在相应指标体系中的相对重要性程度。权重的确定就是在若干指标中定量分配重要性比重的过程。熵值法(Entropy Value Method)是一种最为常用的客观赋权法,是通过同一指标体系内部各属性值的差异程度来确定指标权重,差异越大,则该指标的权重越大,差异越小,则该指标的权重越小。该方法的优点在于权重的确定是客观的,适用范围较广,可用于同一研究对象的纵向动态比较研究和不同研究对象的横向比较研究;缺点在于测度结果是相对值。通过对相关权重确定方法的比较分析,并结合本书的目的,即客观评价旅游经济依赖型目的地经济发展脆弱性并进行时间序列动态比较和不同旅游地横向比较的需要,本书将选用熵值法来评价区域经济发展的脆弱性。

"熵"的概念最早于1850年由鲁道夫·克劳休斯(Rudolf Clausius)提出,指体系的无序程度,并在热力学、控制论、概率论、数论、天体物理、生命科学等领域广泛应用,用于测度不确定性的量,指的是从不确定的现象中获取的信息量大小。信息熵的计算公式为:

$$En = -\sum_{i=1}^{m} p_i \ln p_i \tag{5.4}$$

由式(5.4)可看出,指标信息量越大,不确定性越小,熵值就越小,指标的效用值和权重也就越大;反之,信息量越小,不确定性越大,熵值就越大,指标的效用值和权重也就越小。因此,可以根据各项指标值测算每一指标占相应列指标值之和的比重,并计算其信息熵值和效用值,进而得出各指标的权重,具体计算过程如下:

①计算第 i 年或第 i 个评价对象第 j 项指标所占的比重,计算方法见公式(5.5):

$$P_{ij} = \frac{X_{ij}}{\sum_{i=1}^{m} X_{ij}} \tag{5.5}$$

②计算第 i 年或第 i 个评价对象第 j 项指标的信息熵值,计算方法见公式(5.6):

$$e_{ij} = -\frac{1}{\ln m} \sum_{i=1}^{m} p_{ij} \ln p_{ij} \tag{5.6}$$

③计算第 i 年或第 i 个评价对象第 j 项指标的效用值,计算方法见公式（5.7）：

$$d_{ij} = 1 - e_{ij} \tag{5.7}$$

④计算第 i 年或第 i 个评价对象第 j 项指标的权重值,计算方法见公式（5.8）：

$$W_{ij} = \frac{d_{ij}}{\sum\limits_{j=1}^{n} d_{ij}} \tag{5.8}$$

第二节　评价分析

一、丽江市

（一）脆弱性评价

根据表 5-1 确定的评价指标体系,本书通过查阅 2002—2016 年《丽江统计年鉴》和在网络上检索了丽江市政府公布的 2002—2016 年《丽江市国民经济和社会发展统计公报》,得到了评价指标的原始统计数据（见表 5-3、表5-4）。

表 5-3　2002—2016 年丽江市经济发展敏感性指标原始数据

年份	S_1	S_2	S_3	S_4	S_5	S_6	S_7	S_8
2002	0.6325	0.2179	2.3575	19.9381	0.3093	0.2419	2.1429	3.0356
2003	0.5806	0.1861	1.9389	20.7943	0.2278	0.0926	0.7175	2.6946
2004	0.6304	0.2200	1.9838	4.9398	2.2299	1.7643	10.7033	3.1950
2005	0.6395	0.2312	2.2946	3.1468	1.9907	1.3030	4.3000	3.5534
2006	0.6597	0.2459	2.1050	5.9201	1.1860	0.6861	2.4286	3.9863
2007	0.6866	0.2533	2.0778	6.9509	1.8561	1.2709	3.9692	4.3662
2008	0.6878	0.2588	1.9756	3.2566	1.4679	1.1515	2.9585	5.2342
2009	0.7549	0.2863	2.0086	2.0056	2.1146	1.6461	4.5817	6.1838
2010	0.7832	0.2978	2.0429	5.3497	1.7658	1.2200	4.1292	7.3921

续表

年份	S_1	S_2	S_3	S_4	S_5	S_6	S_7	S_8
2011	0.8528	0.3156	2.0462	4.1067	2.1430	1.3653	5.4400	9.4414
2012	0.9953	0.3448	2.3536	0.3409	2.4525	1.8107	5.5357	12.6712
2013	1.1200	0.3661	2.4728	3.2398	2.2655	1.3866	4.8742	16.3875
2014	1.4467	0.4163	3.3599	4.7408	7.8130	35.9400	5.6156	20.8926
2015	1.6671	0.4546	4.1823	11.0700	3.0711	2.4460	4.5311	23.8748
2016	1.9626	0.4793	5.0217	7.0937	3.7014	3.3218	4.4672	27.3923

表 5-4 2002—2016 年丽江市经济发展应对能力指标原始数据

年份	R_1	R_2	R_3	R_4	R_5	R_6	R_7	R_8
2002	36.9480	9.7000	29.4300	8.5000	16.0000	2.7445	3.0000	4.7900
2003	41.4050	12.6000	72.7000	8.8000	-48.1000	2.8515	2.8700	-10.7000
2004	50.3800	14.4000	41.9000	15.4000	394.5000	2.8198	32.1100	19.4700
2005	60.3328	10.8000	30.2000	15.7000	190.7000	2.7195	21.5000	12.2000
2006	70.1700	12.9000	28.1000	16.0000	-4.9000	2.7438	15.3000	13.8000
2007	84.8200	13.9000	25.2000	22.6000	19.1000	2.7713	25.8000	15.4000
2008	101.1000	13.1000	30.1000	29.3000	166.0000	2.7650	19.2300	18.1300
2009	117.4400	13.0000	30.2000	25.8000	87.0000	2.7276	27.4900	21.2100
2010	143.5900	15.2000	34.5000	24.3000	-56.0000	2.7071	26.8400	20.0300
2011	178.5015	16.5000	35.3000	22.3000	63.8000	2.6813	35.3600	30.1200
2012	212.2100	15.8000	31.8000	18.0000	36.9000	2.6852	38.7500	35.0500
2013	248.8114	14.2000	26.0900	14.0000	30.5000	2.6441	32.1700	30.0500
2014	261.8385	4.6000	-24.0200	12.7000	-22.5000	2.6712	35.9400	28.0900
2015	290.0117	9.0000	13.7000	11.0000	-49.5000	2.6114	27.6400	14.7200
2016	310.1799	7.0000	7.4000	12.0000	57.7000	2.5910	25.9100	15.1800

　　由于原始数据序列中存在负数,首先采用平移法对表格中出现负数的列进行向右平移的非负化处理,再选用式(5.1)对原始数据进行标准化处理,得到表5-5、表5-6的标准化数据。

表 5-5　2002—2016 年丽江市经济发展敏感性指标标准化数据

年份	S_1	S_2	S_3	S_4	S_5	S_6	S_7	S_8
2002	0.3223	0.4547	0.4695	0.9588	0.0396	0.0067	0.2002	0.1108
2003	0.2958	0.3883	0.3861	1.0000	0.0292	0.0026	0.0670	0.0984
2004	0.3212	0.4589	0.3950	0.2376	0.2854	0.0491	1.0000	0.1166
2005	0.3258	0.4824	0.4569	0.1513	0.2548	0.0363	0.4017	0.1297
2006	0.3361	0.5130	0.4192	0.2847	0.1518	0.0191	0.2269	0.1455
2007	0.3499	0.5285	0.4138	0.3343	0.2376	0.0354	0.3708	0.1594
2008	0.3505	0.5400	0.3934	0.1566	0.1879	0.0320	0.2764	0.1911
2009	0.3847	0.5973	0.4000	0.0965	0.2707	0.0458	0.4281	0.2258
2010	0.3991	0.6213	0.4068	0.2573	0.2260	0.0339	0.3858	0.2699
2011	0.4345	0.6586	0.4075	0.1975	0.2743	0.0380	0.5083	0.3447
2012	0.5071	0.7194	0.4687	0.0164	0.3139	0.0504	0.5172	0.4626
2013	0.5707	0.7639	0.4924	0.1558	0.2900	0.0386	0.4554	0.5983
2014	0.7371	0.8687	0.6691	0.2280	1.0000	1.0000	0.5247	0.7627
2015	0.8494	0.9485	0.8328	0.5324	0.3931	0.0681	0.4233	0.8716
2016	1.0000	1.0000	1.0000	0.3411	0.4737	0.0924	0.4174	1.0000

表 5-6　2002—2016 年丽江市经济发展应对能力指标标准化数据

年份	R_1	R_2	R_3	R_4	R_5	R_6	R_7	R_8
2002	0.1191	0.5879	0.5571	0.2901	0.1617	0.9625	0.0774	0.3429
2003	0.1335	0.7636	1.0000	0.3003	0.0197	1.0000	0.0741	0.0065
2004	0.1624	0.8727	0.6847	0.5256	1.0000	0.9889	0.8286	0.6617
2005	0.1945	0.6545	0.5650	0.5358	0.5486	0.9537	0.5548	0.5038
2006	0.2262	0.7818	0.5435	0.5461	0.1154	0.9622	0.3948	0.5385
2007	0.2735	0.8424	0.5138	0.7713	0.1685	0.9719	0.6658	0.5733
2008	0.3259	0.7939	0.5640	1.0000	0.4939	0.9697	0.4963	0.6326
2009	0.3786	0.7879	0.5650	0.8805	0.3189	0.9566	0.7094	0.6995
2010	0.4629	0.9212	0.6090	0.8294	0.0022	0.9494	0.6926	0.6738
2011	0.5755	1.0000	0.6172	0.7611	0.2676	0.9403	0.9125	0.8929
2012	0.6842	0.9576	0.5814	0.6143	0.2080	0.9417	1.0000	1.0000

续表

年份	R_1	R_2	R_3	R_4	R_5	R_6	R_7	R_8
2013	0.8022	0.8606	0.5229	0.4778	0.1938	0.9273	0.8302	0.8914
2014	0.8442	0.2788	0.0100	0.4334	0.0764	0.9368	0.9275	0.8489
2015	0.9350	0.5455	0.3961	0.3754	0.0166	0.9158	0.7133	0.5585
2016	1.0000	0.4242	0.3316	0.4096	0.2540	0.9086	0.6686	0.5685

评价 2002—2016 年丽江市经济发展脆弱性,样本量为 15,根据公式
(5.5)、公式(5.6)、公式(5.7)和公式(5.8),分别将两个评价矩阵代入,可计
算出表5-5 中 S_1—S_8 列和表5-6 中 R_1—R_8 列的信息熵值、效用值和权重值,
计算结果见表5-7、表5-8。

表5-7 2002—2016 年丽江市经济发展敏感性指标权重

	S_1	S_2	S_3	S_4	S_5	S_6	S_7	S_8
信息熵值	0.9688	0.9855	0.9808	0.8870	0.9137	0.5623	0.9579	0.8927
效用值	0.0312	0.0145	0.0192	0.1130	0.0863	0.4377	0.0421	0.1073
权重值	0.0367	0.0170	0.0226	0.1327	0.1014	0.5141	0.0494	0.1260

表5-8 2002—2016 年丽江市经济发展应对能力指标权重

	R_1	R_2	R_3	R_4	R_5	R_6	R_7	R_8
信息熵值	0.9258	0.9853	0.9658	0.9760	0.8418	0.9999	0.9559	0.9634
效用值	0.0742	0.0147	0.0342	0.0240	0.1582	0.0001	0.0441	0.0366
权重值	0.1921	0.0382	0.0885	0.0623	0.4097	0.0003	0.1142	0.0948

将每一项指标标准化后的数值与对应权重值相乘作为该项指标的评价
值,进而通过加权求和可求得 2002—2016 年丽江市经济发展敏感性值和应对
能力值,代入 S/R 测度模型即可测算出 2002—2016 年丽江市经济发展的脆
弱性值,评价结果见表5-9 和图5-1。

表 5-9　2002—2016 年丽江市经济发展脆弱性测度结果

年份	敏感性 S	应对能力 R	脆弱性 S/R	脆弱性等级
2002	0.1888	0.2206	0.8558	非常脆弱
2003	0.1789	0.1794	0.9972	非常脆弱
2004	0.6784	0.7252	0.9355	非常脆弱
2005	0.3313	0.4819	0.6875	很脆弱
2006	0.3231	0.2991	1.0802	极端脆弱
2007	0.3562	0.3779	0.9426	非常脆弱
2008	0.5425	0.5244	1.0345	极端脆弱
2009	0.5467	0.4859	1.1251	极端脆弱
2010	0.5620	0.3738	1.5035	极端脆弱
2011	0.6785	0.5495	1.2348	极端脆弱
2012	0.4852	0.5522	0.8787	非常脆弱
2013	0.5129	0.5219	0.9828	非常脆弱
2014	0.8248	0.4186	1.9704	极端脆弱
2015	0.6424	0.4003	1.6048	极端脆弱
2016	0.8638	0.4977	1.7356	极端脆弱

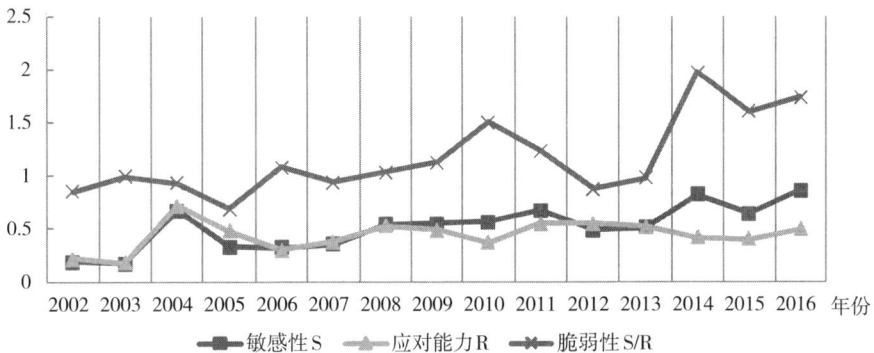

图 5-1　2002—2016 年丽江市经济发展脆弱性测度结果

(二)障碍度分析

根据障碍度评估模型,将表 5-5、表 5-6 中的标准化数据代入计算模型,从中筛选出历年排名前五位的指标,进而确定阻碍丽江市经济发展脆弱性降低的主要因素,分析结果见表5-10。

表5-10 2002—2016年丽江市经济发展障碍度测度结果

年份	第一障碍因素		第二障碍因素		第三障碍因素		第四障碍因素		第五障碍因素	
	指标	障碍度	指标	障碍度	指标	障碍度	指标	障碍度	指标	障碍度
2002	S_6	0.3210	R_5	0.2159	R_1	0.1064	S_8	0.0704	R_7	0.0662
2003	S_6	0.3476	R_5	0.2723	S_8	0.0770	R_7	0.0717	S_5	0.0667
2004	R_1	0.4409	S_6	0.2921	S_8	0.0665	S_4	0.0605	S_5	0.0433
2005	R_1	0.3616	S_6	0.2567	R_5	0.0958	S_4	0.0583	S_8	0.0568
2006	R_1	0.3120	S_6	0.2428	R_5	0.1745	S_8	0.0518	S_4	0.0457
2007	R_1	0.3062	S_6	0.2594	R_5	0.1782	S_8	0.0554	S_4	0.0462
2008	R_1	0.2993	S_6	0.2856	R_5	0.1190	S_4	0.0642	S_8	0.0585
2009	S_6	0.2887	R_1	0.2657	R_5	0.1642	S_4	0.0706	S_8	0.0574
2010	S_6	0.2882	R_5	0.2373	R_1	0.2101	S_4	0.0572	S_8	0.0534
2011	S_6	0.3401	R_5	0.2063	R_1	0.1814	S_4	0.0732	S_8	0.0568
2012	S_6	0.3559	R_5	0.2366	R_1	0.1237	S_4	0.0952	S_5	0.0507
2013	S_6	0.3770	R_5	0.2519	S_4	0.0854	R_1	0.0641	S_5	0.0549
2014	R_5	0.4877	S_4	0.1320	R_3	0.1129	R_1	0.0634	R_4	0.0455
2015	S_6	0.3810	R_5	0.3204	S_4	0.0493	S_5	0.0489	R_3	0.0425
2016	S_6	0.4098	R_5	0.2684	S_4	0.0768	R_3	0.0520	S_5	0.0469

　　总体来看,在2002—2016年间,丽江市经济发展脆弱性的影响因素出现频次最高的是旅游业对工业增长弹性系数(S_6)、出口增长率(R_5),均为14次,是制约丽江市经济脆弱性降低的最大障碍因素;其次为旅游外汇收入占出口比重(S_4)、GDP总量(R_1)、接待旅游者人次与本地人口数量之比(S_8),这三项指标出现的频次依次为13次、12次、10次,是制约丽江市经济发展脆弱性降低的次要障碍因素;旅游业对GDP增长弹性系数(S_5)、固定资产投资增长率(R_3)、旅游收入增长率(R_7)、城乡消费增长率(R_4),这四项指标出现的频次依次为6次、3次、2次、1次,是制约丽江市经济发展脆弱性降低的一般

障碍因素。从各年份来看,影响丽江市经济发展脆弱性降低的第一障碍因素处于不断的变化状态,2004—2008 年的第一障碍因素均为 GDP 总量(R_1),2014 年为出口增长率(R_5),其余年份均为旅游业对工业增长弹性系数(S_6)。

(三)评价结论

2002—2016 年间,丽江市经济发展敏感性相对较高,变化较为平稳,应对能力相对波动较大,二者总体上均呈现上升的趋势,敏感性增幅大于应对能力,近年来明显呈现敏感性高于应对能力的趋势。因而导致了丽江市经济发展脆弱性始终保持较高水平且总体呈现波动上升趋势,其中,有 8 个年度处于极端脆弱状态,6 个年度处于非常脆弱状态,1 个年度处于很脆弱状态,近 3 年均为极端脆弱状态。从导致脆弱性的影响因素看,旅游业发展对工业的抑制、出口过度依赖旅游业且对经济发展带动能力不足、旅游业发展水平过高且总体经济发展水平不足是导致丽江市经济发展高脆弱性的主要原因。

二、张家界市

(一)脆弱性评价

根据表 5-1 确定的评价指标体系,本书通过查阅 2002—2016 年《张家界统计年鉴》和在网络上检索了张家界市政府公布的 2002—2016 年《张家界市国民经济和社会发展统计公报》,得到了评价指标的原始统计数据(见表 5-11、表 5-12)。

表 5-11　2002—2016 年张家界市经济发展敏感性指标原始数据

年份	S_1	S_2	S_3	S_4	S_5	S_6	S_7	S_8
2002	0.4503	0.1787	1.9903	194.7165	2.3263	1.7967	11.0500	4.9333
2003	0.3880	0.1525	1.5546	27.4027	-0.2233	-0.1060	-0.7667	4.8249
2004	0.5746	0.2566	2.1226	41.2500	5.8699	4.0791	13.8846	8.0679
2005	0.5817	0.2748	2.2835	63.9303	1.4569	1.1118	3.9302	9.0744
2006	0.6224	0.2972	2.5756	50.3212	1.9339	2.2500	4.3333	10.3809
2007	0.6029	0.2876	2.5347	33.4734	1.0274	1.1538	2.8846	11.5648
2008	0.4538	0.2199	1.9475	22.5989	0.6439	1.0119	1.4655	10.2417

续表

年份	S_1	S_2	S_3	S_4	S_5	S_6	S_7	S_8
2009	0.4934	0.2806	2.1292	8.1171	1.4599	1.1299	3.5714	11.1801
2010	0.5168	0.2896	2.0862	10.0581	1.7310	1.2613	6.1220	16.2871
2011	0.5614	0.3005	2.1914	13.3281	2.1071	1.8323	8.9394	18.0550
2012	0.6157	0.3308	2.4432	10.1816	2.1293	2.0081	7.0571	21.2545
2013	0.5806	0.3210	2.2855	7.2315	0.2787	0.1735	0.6538	20.1417
2014	0.6066	0.3341	2.4920	4.6225	1.6075	2.0000	3.5833	22.5690
2015	0.7610	0.3893	3.3435	10.8845	4.3529	6.7273	9.2500	29.8587
2016	0.8905	0.4254	4.1489	10.0181	3.7037	5.3571	8.3333	40.1740

表 5-12　2002—2016 年张家界市经济发展应对能力指标原始数据

年份	R_1	R_2	R_3	R_4	R_5	R_6	R_7	R_8
2002	72.8400	9.5000	21.0000	10.9000	62.1000	2.4294	22.1000	23.2000
2003	82.5100	10.3000	26.8000	8.9000	769.0000	2.4557	−2.3000	−1.8000
2004	96.0900	12.3000	14.1000	14.7000	77.0000	2.4542	72.2000	67.1000
2005	110.6300	11.6000	19.5000	14.2000	0.5000	2.3438	16.9000	14.5000
2006	127.5400	12.1000	8.0000	15.2000	16.2000	2.2804	23.4000	15.3000
2007	151.3400	14.6000	19.4000	16.7000	52.9000	2.2832	15.0000	12.1000
2008	183.9800	13.2000	16.8000	19.8000	23.9000	2.2791	8.5000	−10.6000
2009	203.1000	13.7000	51.9000	19.3000	104.7000	2.1027	20.0000	17.4000
2010	242.4800	14.5000	27.8000	18.7000	52.0000	2.1426	25.1000	24.7000
2011	298.0400	14.0000	20.1000	17.9000	−5.6000	2.1905	29.5000	26.5000
2012	338.9900	11.6000	18.9000	15.2000	38.4000	2.1346	24.7000	18.0000
2013	365.6506	6.1000	24.0000	10.0000	25.7000	2.1269	1.7000	−4.1000
2014	410.0200	10.7000	19.0000	11.6000	85.5000	2.0882	17.2000	12.9000
2015	447.7000	8.5000	18.1000	12.8000	−37.3000	2.0153	37.0000	30.6000
2016	497.6000	8.1000	14.7000	11.7000	47.3000	1.9579	30.0000	21.0000

　　由于原始数据序列中存在负数,首先采用平移法对表格中出现负数的列进行向右平移的非负化处理,再选用式(5.1)对原始数据进行标准化处理,得

到表 5-13、表 5-14 的标准化数据。

表 5-13　2002—2016 年张家界市经济发展敏感性指标标准化数据

年份	S_1	S_2	S_3	S_4	S_5	S_6	S_7	S_8
2002	0.5057	0.4201	0.4797	1.0000	0.4191	0.2882	0.8070	0.1228
2003	0.4357	0.3585	0.3747	0.1407	0.0011	0.0136	0.0023	0.1201
2004	0.6452	0.6033	0.5116	0.2118	1.0000	0.6177	1.0000	0.2008
2005	0.6532	0.6460	0.5504	0.3283	0.2765	0.1894	0.3221	0.2259
2006	0.6989	0.6987	0.6208	0.2584	0.3547	0.3537	0.3496	0.2584
2007	0.6771	0.6762	0.6109	0.1719	0.2061	0.1954	0.2509	0.2879
2008	0.5096	0.5169	0.4694	0.1161	0.1433	0.1749	0.1543	0.2549
2009	0.5540	0.6597	0.5132	0.0417	0.2770	0.1920	0.2977	0.2783
2010	0.5804	0.6807	0.5028	0.0517	0.3215	0.2109	0.4714	0.4054
2011	0.6304	0.7065	0.5282	0.0684	0.3831	0.2934	0.6632	0.4494
2012	0.6914	0.7776	0.5889	0.0523	0.3868	0.3188	0.5351	0.5291
2013	0.6520	0.7547	0.5509	0.0371	0.0834	0.0539	0.0990	0.5014
2014	0.6812	0.7854	0.6006	0.0237	0.3012	0.3176	0.2985	0.5618
2015	0.8546	0.9153	0.8059	0.0559	0.7513	1.0000	0.6844	0.7432
2016	1.0000	1.0000	1.0000	0.0514	0.6449	0.8022	0.6220	1.0000

表 5-14　2002—2016 年张家界市经济发展应对能力指标标准化数据

年份	R_1	R_2	R_3	R_4	R_5	R_6	R_7	R_8
2002	0.1464	0.6507	0.4046	0.5505	0.1262	0.9893	0.3293	0.4379
2003	0.1658	0.7055	0.5164	0.4495	1.0000	1.0000	0.0027	0.1178
2004	0.1931	0.8425	0.2717	0.7424	0.1446	0.9994	1.0000	1.0000
2005	0.2223	0.7945	0.3757	0.7172	0.0501	0.9544	0.2597	0.3265
2006	0.2563	0.8288	0.1541	0.7677	0.0695	0.9286	0.3467	0.3367
2007	0.3041	1.0000	0.3738	0.8434	0.1148	0.9297	0.2343	0.2958
2008	0.3697	0.9041	0.3237	1.0000	0.0790	0.9281	0.1473	0.0051
2009	0.4082	0.9384	1.0000	0.9747	0.1789	0.8562	0.3012	0.3636

年份	R_1	R_2	R_3	R_4	R_5	R_6	R_7	R_8
2010	0.4873	0.9932	0.5356	0.9444	0.1137	0.8725	0.3695	0.4571
2011	0.5990	0.9589	0.3873	0.9040	0.0425	0.8920	0.4284	0.4802
2012	0.6813	0.7945	0.3642	0.7677	0.0969	0.8692	0.3641	0.3713
2013	0.7348	0.4178	0.4624	0.5051	0.0812	0.8661	0.0562	0.0883
2014	0.8240	0.7329	0.3661	0.5859	0.1551	0.8503	0.2637	0.3060
2015	0.8997	0.5822	0.3487	0.6465	0.0033	0.8207	0.5288	0.5327
2016	1.0000	0.5548	0.2832	0.5909	0.1079	0.7973	0.4351	0.4097

评价张家界市 2002—2016 年经济发展脆弱性,样本量为 15,根据公式 (5.5)、公式(5.6)、公式(5.7)和公式(5.8),分别将两个评价矩阵代入,可计算出 S_1—S_8 列和 R_1—R_8 列的信息熵值、效用值和权重值,计算结果见表 5-15、表 5-16。

表 5-15 2002—2016 年张家界市经济发展敏感性指标权重

	S_1	S_2	S_3	S_4	S_5	S_6	S_7	S_8
信息熵值	0.9924	0.9892	0.9896	0.7817	0.9137	0.8966	0.9209	0.9399
效用值	0.0076	0.0108	0.0104	0.2183	0.0863	0.1034	0.0791	0.0601
权重值	0.0131	0.0187	0.0181	0.3790	0.1499	0.1795	0.1373	0.1043

表 5-16 2002—2016 年张家界市经济发展应对能力指标权重

	R_1	R_2	R_3	R_4	R_5	R_6	R_7	R_8
信息熵值	0.9400	0.9910	0.9693	0.9899	0.7852	0.9991	0.9194	0.9291
效用值	0.0600	0.0090	0.0307	0.0101	0.2148	0.0009	0.0806	0.0709
权重值	0.1258	0.0188	0.0643	0.0212	0.4505	0.0018	0.1690	0.1487

将每一项指标标准化后的数值与对应权重值相乘作为该项指标的评价值,进而通过加权求和可求得 2002—2016 年张家界市经济发展敏感性值和应

对能力值,代入 S/R 测度模型即可测算出 2002—2016 年张家界市经济发展的脆弱性值,评价结果见表 5-17 和图 5-2。

表 5-17 2002—2016 年张家界市经济发展脆弱性测度结果

年份	敏感性 S	应对能力 R	脆弱性 S/R	脆弱性等级
2002	0.6404	0.2477	2.5854	极端脆弱
2003	0.0880	0.5471	0.1608	不脆弱
2004	0.5284	0.4580	1.1537	极端脆弱
2005	0.2983	0.1990	1.4990	极端脆弱
2006	0.3231	0.2156	1.4986	极端脆弱
2007	0.2282	0.2360	0.9669	非常脆弱
2008	0.1695	0.1684	1.0065	极端脆弱
2009	0.1906	0.3410	0.5589	脆弱
2010	0.2421	0.3176	0.7623	很脆弱
2011	0.3051	0.3020	1.0103	极端脆弱
2012	0.2980	0.3023	0.9868	非常脆弱
2013	0.1348	0.2015	0.6690	很脆弱
2014	0.2453	0.3149	0.7790	很脆弱
2015	0.5278	0.3318	1.5907	极端脆弱
2016	0.4999	0.3514	1.4226	极端脆弱

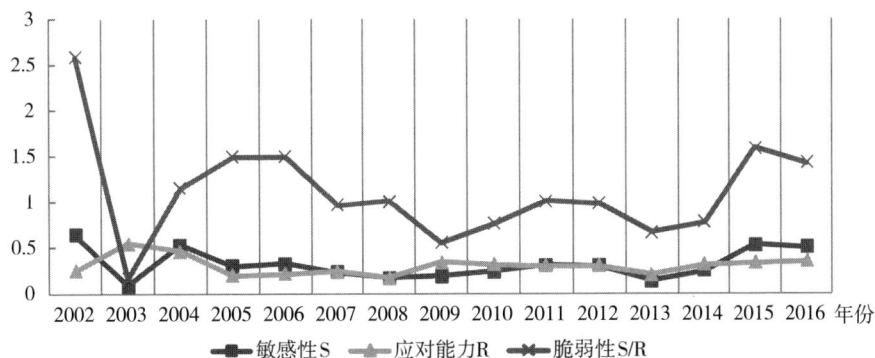

图 5-2 2002—2016 年张家界市经济发展脆弱性测度结果

(二)障碍度分析

根据障碍度评估模型,将表 5-13、表 5-14 中的标准化数据代入计算模型,从中筛选出历年排名前五位的指标,进而确定阻碍张家界市经济发展脆弱性降低的主要因素,分析结果见表 5-18。

表 5-18　2002—2016 年张家界市经济发展障碍度测度结果

年份	第一障碍因素		第二障碍因素		第三障碍因素		第四障碍因素		第五障碍因素	
	指标	障碍度	指标	障碍度	指标	障碍度	指标	障碍度	指标	障碍度
2002	R_5	0.3540	S_6	0.1149	R_7	0.1019	R_1	0.0966	S_8	0.0823
2003	S_4	0.2585	S_6	0.1405	R_7	0.1338	S_5	0.1188	S_7	0.1087
2004	R_1	0.4302	R_5	0.2407	S_4	0.1866	S_8	0.0521	S_6	0.0429
2005	R_1	0.3159	R_5	0.2084	S_4	0.1240	S_6	0.0709	R_7	0.0609
2006	R_1	0.3049	R_5	0.2130	S_4	0.1428	S_6	0.0590	R_7	0.0561
2007	R_1	0.2720	R_5	0.2004	S_4	0.1578	S_6	0.0726	R_7	0.0650
2008	R_1	0.2285	R_5	0.2022	S_4	0.1633	S_6	0.0722	R_8	0.0721
2009	R_1	0.2281	R_5	0.2049	S_4	0.2011	S_6	0.0803	R_7	0.0654
2010	R_5	0.2350	S_4	0.2116	R_1	0.1902	S_6	0.0834	R_7	0.0627
2011	R_5	0.2730	S_4	0.2235	R_1	0.1502	S_6	0.0803	R_7	0.0611
2012	R_5	0.2671	S_4	0.2358	R_1	0.1073	S_6	0.0803	R_7	0.0706
2013	R_5	0.2383	S_4	0.2101	S_6	0.0978	R_7	0.0918	S_5	0.0791
2014	R_5	0.2582	S_4	0.2510	R_7	0.0844	S_6	0.0831	S_5	0.0711
2015	R_5	0.3889	S_4	0.3099	R_7	0.0690	R_8	0.0602	S_7	0.0375
2016	R_5	0.3498	S_4	0.3129	R_7	0.0831	R_8	0.0764	S_5	0.0463

总体来看,在 2002—2016 年间,张家界市经济发展脆弱性的影响因素出现频次最高的是旅游外汇收入占出口比重(S_4)、出口增长率(R_5),均为 14 次,是阻碍张家界市经济发展脆弱性降低的最大影响因素;其次为旅游业对工业增长弹性系数(S_6)、旅游收入增长率(R_7)、GDP 总量(R_1),这三项指标出现的频次依次为 13 次、13 次、10 次,是制约张家界市经济发展脆弱性降低的

次要障碍因素;旅游业对 GDP 增长弹性系数(S_5)、游客增长率(R_8)、旅游业对农业增长弹性系数(S_7)、接待旅游者人次与本地人口数量之比(S_8),这四项指标出现的频次依次为 4 次、3 次、2 次、2 次,是阻碍张家界市经济发展脆弱性降低的一般影响因素。从各年份来看,影响张家界市经济发展脆弱性降低的第一障碍因素一直处于不断的变化状态,2002 年、2010—2016 年的第一障碍因素均为出口增长率(R_5),2003 年为旅游外汇收入占出口比重(S_4),2004—2009 年均为 GDP 总量(R_1)。

（三）评价结论

2002—2016 年间,张家界市经济发展敏感性和应对能力变化较为平稳,总体而言,敏感性增长幅度大于应对能力,近年来明显呈现敏感性高于应对能力的趋势。因而导致了张家界市经济脆弱性始终保持较高水平且总体呈现波动上升趋势,其中,有 8 个年度处于极端脆弱状态,2 个年度处于非常脆弱状态,3 个年度处于很脆弱状态,近 2 年均为极端脆弱状态。从导致脆弱性的影响因素看,出口过度依赖旅游业且对经济发展带动能力不足、旅游业发展对工业的抑制、旅游经济持续增长潜力不足和总体经济发展水平较低等是导致张家界经济发展高脆弱性的主要原因。

三、黄山市

（一）脆弱性评价

根据表 5-1 确定的评价指标体系,本书通过查阅 2002—2016 年《黄山统计年鉴》和在网络上检索了黄山市政府公布的 2002—2016 年《黄山市国民经济和社会发展统计公报》,得到了评价指标的原始统计数据(见表 5-19、表 5-20)。

表 5-19　2002—2016 年黄山市经济发展敏感性指标原始数据

年份	S_1	S_2	S_3	S_4	S_5	S_6	S_7	S_8
2002	0.2604	0.0918	1.1952	2.4863	2.1582	1.6367	13.0933	4.8084
2003	0.1704	0.1560	1.7512	0.4264	-2.8750	-1.5771	-15.3333	3.8304
2004	0.3788	0.1371	1.0566	1.3115	2.4836	1.5781	7.9737	5.5825

续表

年份	S₁	S₂	S₃	S₄	S₅	S₆	S₇	S₈
2005	0.3844	0.1623	1.0694	1.1356	1.9008	1.5972	5.6098	6.8162
2006	0.4501	0.2047	1.1837	1.3221	2.8626	2.0833	6.4655	8.4101
2007	0.5141	0.2391	1.3571	1.5890	2.3111	1.6508	5.5714	10.3741
2008	0.5638	0.2597	1.4290	1.6131	2.2833	1.5657	4.4194	12.1422
2009	0.6300	0.2830	1.5509	1.5883	1.6783	1.2138	3.2712	14.2834
2010	0.6534	0.2873	1.4817	1.2036	1.5420	0.9951	4.2979	17.1881
2011	0.6626	0.2911	1.4310	1.0506	1.9360	1.3596	5.5000	20.6239
2012	0.7131	0.3096	1.5412	0.7651	1.7845	1.4892	3.9808	24.7237
2013	0.6687	0.2977	1.4420	0.6942	0.4086	0.3304	1.2667	25.3195
2014	0.6987	0.3107	1.5132	0.6626	1.6711	1.6076	3.0238	28.2016
2015	0.7548	0.3411	1.8239	1.1422	2.1475	2.5686	3.3590	31.5925
2016	0.7803	0.3587	1.9987	1.2199	1.5769	1.4819	6.1500	34.9511

表 5-20　2002—2016 年黄山市经济发展应对能力指标原始数据

年份	R₁	R₂	R₃	R₄	R₅	R₆	R₇	R₈
2002	96.4000	9.1000	20.2000	8.4500	2.0000	2.6789	19.6400	13.9200
2003	108.0000	9.6000	40.4000	9.2000	75.8000	2.6681	−27.6000	−20.4000
2004	131.9800	12.2000	48.7000	13.3000	20.6000	2.7079	30.3000	45.2000
2005	159.9800	12.1000	54.4000	13.5000	40.0000	2.6076	23.0000	22.5000
2006	187.5000	13.1000	42.0000	15.0000	18.1000	2.5761	37.5000	23.9000
2007	215.1500	13.5000	30.8000	18.1000	32.4000	2.5457	31.2000	23.7000
2008	249.9000	12.0000	25.1000	23.7000	24.2000	2.5388	27.4000	17.3000
2009	266.9200	11.5000	28.0000	19.0000	12.9000	2.5332	19.3000	17.8000
2010	309.3000	13.1000	34.3000	19.0000	62.3000	2.5176	20.2000	19.9000
2011	378.8000	12.5000	25.6000	17.9000	47.0000	2.4814	24.2000	20.0000
2012	424.9000	11.6000	20.3000	16.2000	71.1000	2.4632	20.7000	19.2000
2013	470.3000	9.3000	17.9000	14.3000	11.9000	2.4560	3.8000	2.5000
2014	507.2000	7.6000	5.1000	12.7000	16.8000	2.4377	12.7000	11.6000
2015	530.9000	6.1000	1.0000	11.0000	−35.4000	2.4113	13.1000	12.0000
2016	576.8000	7.8000	8.2000	11.4000	—	—	—	—

由于原始数据序列中存在负数,首先采用平移法对表格中出现负数的列进行向右平移的非负化处理,再选用式(5.1)对原始数据进行标准化处理,得到表5-21、表5-22的标准化数据。

表5-21 2002—2016年黄山市经济发展敏感性指标标准化数据

年份	S_1	S_2	S_3	S_4	S_5	S_6	S_7	S_8
2002	0.3337	0.2559	0.5980	1.0000	0.8799	0.7764	1.0000	0.1376
2003	0.2183	0.4348	0.8762	0.1715	0.0213	0.0055	0.0229	0.1096
2004	0.4855	0.3822	0.5287	0.5275	0.9354	0.7624	0.8240	0.1597
2005	0.4926	0.4524	0.5350	0.4567	0.8359	0.7670	0.7428	0.1950
2006	0.5768	0.5706	0.5923	0.5318	1.0000	0.8836	0.7722	0.2406
2007	0.6588	0.6665	0.6790	0.6391	0.9059	0.7798	0.7415	0.2968
2008	0.7225	0.7241	0.7150	0.6488	0.9012	0.7594	0.7019	0.3474
2009	0.8073	0.7891	0.7760	0.6388	0.7980	0.6750	0.6624	0.4087
2010	0.8373	0.8009	0.7413	0.4841	0.7747	0.6225	0.6977	0.4918
2011	0.8491	0.8116	0.7160	0.4226	0.8419	0.7100	0.7390	0.5901
2012	0.9138	0.8630	0.7711	0.3077	0.8161	0.7411	0.6868	0.7074
2013	0.8570	0.8299	0.7215	0.2792	0.5814	0.4631	0.5935	0.7244
2014	0.8954	0.8663	0.7571	0.2665	0.7968	0.7695	0.6539	0.8069
2015	0.9672	0.9509	0.9125	0.4594	0.8780	1.0000	0.6654	0.9039
2016	1.0000	1.0000	1.0000	0.4907	0.7807	0.7393	0.7613	1.0000

表5-22 2002—2016年黄山市经济发展应对能力指标标准化数据

年份	R_1	R_2	R_3	R_4	R_5	R_6	R_7	R_8
2002	0.1671	0.6741	0.3713	0.3565	0.3399	0.9893	0.7354	0.5275
2003	0.1872	0.7111	0.7426	0.3882	1.0000	0.9853	0.0356	0.0091
2004	0.2288	0.9037	0.8952	0.5612	0.5063	1.0000	0.8933	1.0000
2005	0.2774	0.8963	1.0000	0.5696	0.6798	0.9630	0.7852	0.6571
2006	0.3251	0.9704	0.7721	0.6329	0.4839	0.9513	1.0000	0.6782
2007	0.3730	1.0000	0.5662	0.7637	0.6118	0.9401	0.9067	0.6752
2008	0.4333	0.8889	0.4614	1.0000	0.5385	0.9376	0.8504	0.5785

续表

年份	R_1	R_2	R_3	R_4	R_5	R_6	R_7	R_8
2009	0.4628	0.8519	0.5147	0.8017	0.4374	0.9355	0.7304	0.5861
2010	0.5362	0.9704	0.6305	0.8017	0.8792	0.9297	0.7437	0.6178
2011	0.6567	0.9259	0.4706	0.7553	0.7424	0.9163	0.8030	0.6193
2012	0.7367	0.8593	0.3732	0.6835	0.9580	0.9096	0.7511	0.6073
2013	0.8154	0.6889	0.3290	0.6034	0.4284	0.9070	0.5007	0.3550
2014	0.8793	0.5630	0.0938	0.5359	0.4723	0.9002	0.6326	0.4924
2015	0.9204	0.4519	0.0184	0.4641	0.0054	0.8905	0.6385	0.4985
2016	1.0000	0.5778	0.1507	0.4810	0.3596	0.8711	0.6267	0.4834

评价黄山市 2002—2016 年经济发展脆弱性,样本量为 15,根据公式(5.5)、公式(5.6)、公式(5.7)和公式(5.8),分别将两个评价矩阵代入,可计算出 S_1—S_8 列和 R_1—R_8 列的信息熵值、效用值和权重值,计算结果见表 5-23、表 5-24。

表 5-23　2002—2016 年黄山市经济发展敏感性指标权重

	S_1	S_2	S_3	S_4	S_5	S_6	S_7	S_8
信息熵值	0.9778	0.9801	0.9942	0.9712	0.9752	0.9711	0.9754	0.9306
效用值	0.0222	0.0199	0.0058	0.0288	0.0248	0.0289	0.0246	0.0694
权重值	0.0990	0.0886	0.0257	0.1281	0.1105	0.1289	0.1098	0.3093

表 5-24　2002—2016 年黄山市经济发展应对能力指标权重

	R_1	R_2	R_3	R_4	R_5	R_6	R_7	R_8
信息熵值	0.9502	0.9915	0.9319	0.9865	0.9544	0.9997	0.9743	0.9670
效用值	0.0498	0.0085	0.0681	0.0135	0.0456	0.0003	0.0257	0.0330
权重值	0.2038	0.0347	0.2785	0.0553	0.1865	0.0011	0.1051	0.1351

将每一项指标标准化后的数值与对应权重值相乘作为该项指标的评价

值,进而通过加权求和可求得 2002—2016 年黄山市经济发展敏感性值和应对能力值,代入 S/R 测度模型即可测算出 2002—2016 年黄山市经济发展的脆弱性值,评价结果见表 5-25 和图 5-3。

表 5-25 2002—2016 年黄山市经济发展脆弱性测度结果

年份	敏感性 S	应对能力 R	脆弱性 S/R	脆弱性等级
2002	0.5489	0.3936	1.3914	极端脆弱
2003	0.1442	0.4837	0.2981	低脆弱
2004	0.5046	0.6828	0.7390	很脆弱
2005	0.4943	0.6967	0.7095	很脆弱
2006	0.5746	0.6379	0.9008	非常脆弱
2007	0.5975	0.6122	0.9760	非常脆弱
2008	0.6192	0.5719	1.0827	极端脆弱
2009	0.6260	0.5501	1.1380	极端脆弱
2010	0.6295	0.6895	0.9130	非常脆弱
2011	0.6768	0.6463	1.0472	极端脆弱
2012	0.7061	0.6622	1.0663	极端脆弱
2013	0.6259	0.4965	1.2606	极端脆弱
2014	0.7276	0.4765	1.5270	极端脆弱
2015	0.8409	0.3704	2.2702	极端脆弱
2016	0.8507	0.4916	1.7305	极端脆弱

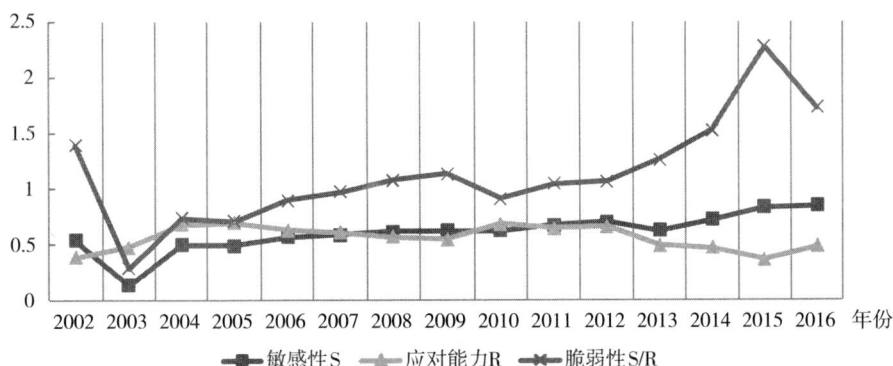

图 5-3 2002—2016 年黄山市经济发展脆弱性测度结果

(二)障碍度分析

根据障碍度评估模型,将表5-21、表5-22中的标准化数据代入计算模型,从中筛选出历年排名前五位的指标,进而确定阻碍黄山市经济发展脆弱性降低的主要因素,分析结果见表5-26。

表5-26 2002—2016年黄山市经济发展障碍度测度结果

年份	第一障碍因素		第二障碍因素		第三障碍因素		第四障碍因素		第五障碍因素	
	指标	障碍度	指标	障碍度	指标	障碍度	指标	障碍度	指标	障碍度
2002	S_8	0.2522	R_3	0.1656	R_1	0.1605	R_5	0.1164	S_1	0.0624
2003	S_8	0.2283	R_8	0.1110	S_6	0.1062	S_5	0.0896	S_7	0.0889
2004	R_1	0.4950	S_8	0.2003	R_5	0.0710	S_4	0.0466	S_2	0.0422
2005	R_1	0.4702	S_8	0.1993	S_4	0.0557	R_5	0.0478	S_1	0.0402
2006	R_1	0.4447	S_8	0.2007	R_5	0.0822	R_3	0.0542	S_4	0.0513
2007	R_1	0.4061	S_8	0.1950	R_3	0.1083	R_5	0.0649	S_4	0.0414
2008	R_1	0.3555	S_8	0.1876	R_3	0.1394	R_5	0.0800	R_8	0.0529
2009	R_1	0.3204	S_8	0.1740	R_3	0.1286	R_5	0.0998	R_8	0.0532
2010	R_1	0.3095	S_8	0.1851	R_3	0.1212	S_4	0.0778	R_8	0.0608
2011	R_1	0.2330	R_3	0.1863	R_3	0.1602	S_4	0.0935	R_8	0.0650
2012	R_3	0.2494	R_1	0.1745	S_8	0.1293	S_4	0.1267	R_8	0.0758
2013	R_3	0.2069	R_5	0.1180	S_4	0.1022	R_8	0.0965	S_8	0.0944
2014	R_3	0.3143	R_5	0.1226	S_4	0.1170	R_8	0.0854	S_8	0.0744
2015	R_3	0.3473	R_5	0.2357	S_4	0.0880	R_8	0.0861	S_7	0.0483
2016	R_3	0.3596	R_5	0.1816	R_8	0.1061	S_4	0.0992	R_7	0.0597

总体来看,在2002—2016年间,黄山市经济发展脆弱性的影响因素出现频次最高的是固定资产投资增长率(R_3),为13次,是阻碍黄山市经济发展脆弱性降低的最大影响因素;其次为接待旅游者人次与本地人口数量之比(S_8)、出口增长率(R_5)、旅游外汇收入占出口比重(S_4)、GDP总量(R_1)、游客增长率(R_8),这五项指标出现的频次依次为12次、11次、11次、10次、10次,是阻碍黄山市旅游经济发展脆弱性降低的次要影响因素;旅游收入相当于

GDP 的比重(S_1)、旅游业对农业增长弹性系数(S_7)、产业结构基尼系数(S_2)、旅游业对工业增长弹性系数(S_6)、旅游收入增长率(R_7)、旅游业对 GDP 增长弹性系数(S_5),这六项指标出现的频次依次为 2 次、2 次、1 次、1 次、1 次、1 次,是阻碍黄山市经济发展脆弱性降低的一般影响因素。从各年份来看,影响黄山市经济发展脆弱性降低的第一障碍因素一直处于不断的变化状态,2002—2003 年的第一障碍因素为接待旅游者人次与本地人口数量之比(S_8),2004—2011 年为 GDP 总量(R_1),2012—2016 年为固定资产投资增长率(R_3)。近 5 年均为固定资产投资增长率。

（三）评价结论

2002—2016 年间,黄山市经济发展敏感性和应对能力变化较为平稳,总体而言,敏感性呈现上升趋势,而应对能力在波动中略有下降,近年来明显呈现敏感性高于应对能力的趋势。因而导致了黄山市经济发展脆弱性始终保持较高水平且呈现明显上升趋势,其中,有 9 个年度处于极端脆弱状态,3 个年度处于非常脆弱状态,2 个年度处于很脆弱状态,近 6 年均为极端脆弱状态。从导致脆弱性的影响因素看,投资和出口增长缓慢且对经济发展带动能力不足、出口过度依赖旅游业、旅游业发展水平过高且总体经济发展水平不足、旅游吸引力下降等是导致黄山市经济发展高脆弱性最主要的原因。

四、阿坝州

（一）脆弱性评价

根据表 5-1 确定的评价指标体系,本书通过查阅 2002—2016 年《阿坝统计年鉴》和在网络上检索了阿坝州政府公布的 2002—2016 年《阿坝州国民经济和社会发展统计公报》,得到了评价指标的原始统计数据（见表 5-27、表 5-28）。

表 5-27　2002—2016 年阿坝州经济发展敏感性指标原始数据

年份	S_1	S_2	S_3	S_4	S_5	S_6	S_7	S_8
2002	0.3529	0.1030	1.0768	5.2177	2.6091	2.0500	28.7000	3.3826
2003	0.4060	0.1216	1.0179	4.7843	2.6179	1.6100	17.8889	3.8130

续表

年份	S_1	S_2	S_3	S_4	S_5	S_6	S_7	S_8
2004	0.6284	0.2180	1.4981	19.2800	6.1259	4.0000	29.2000	6.4902
2005	0.6356	0.2368	1.5570	53.1818	1.4267	0.7810	4.3673	7.8103
2006	0.7105	0.2692	1.6787	16.2752	2.2891	1.6839	9.4516	9.0015
2007	0.7077	0.2624	1.6387	7.0457	1.4818	1.1404	3.3833	10.0793
2008	0.2304	0.0604	1.1337	2.4014	2.1457	1.3703	5.1757	2.2647
2009	0.3712	0.1260	1.0619	3.8309	3.7083	1.5153	22.6271	5.7595
2010	0.5557	0.2061	1.2606	4.0874	4.4972	2.6090	14.8000	9.4560
2011	0.7360	0.2768	1.5566	1.7850	4.4737	3.0222	13.3333	16.2270
2012	0.8885	0.3166	1.7725	2.2642	3.3650	2.4136	7.5574	22.1856
2013	0.8362	0.3046	1.6192	1.2297	0.7941	0.6231	1.6531	25.0970
2014	0.9796	0.3380	1.9371	1.1918	4.3036	4.0847	5.1277	31.2525
2015	1.0756	0.3571	2.1927	0.6780	2.2025	2.2025	4.1429	34.7336
2016	1.1319	0.3693	2.3959	0.6927	1.8871	1.9180	2.6000	40.2471

表 5-28　2002—2016 年阿坝州经济发展应对能力指标原始数据

年份	R_1	R_2	R_3	R_4	R_5	R_6	R_7	R_8
2002	45.0000	11.0000	43.0000	14.6000	76.0000	2.8649	28.7000	17.2000
2003	51.7200	12.3000	47.1000	5.6000	-17.8000	2.8329	32.2000	13.9000
2004	62.7000	14.3000	20.1000	21.7000	1.0000	2.8114	87.6000	70.4000
2005	75.2000	15.0000	20.8000	15.1000	-21.0000	2.7631	21.4000	20.7000
2006	87.0000	12.8000	20.4000	16.4000	15.3000	2.7117	29.3000	16.3000
2007	105.1000	13.7000	15.4000	19.3000	170.0000	2.7239	20.3000	14.0000
2008	75.6000	-35.7000	-24.5000	-27.8000	-64.0000	2.8739	-76.6000	-77.3000
2009	109.6000	36.0000	330.0000	26.9000	29.9000	2.8074	133.5000	156.9000
2010	132.7600	18.1000	3.2000	19.1000	14.9000	2.7247	81.4000	65.5000
2011	168.4800	15.2000	4.9000	18.1000	190.0000	2.6191	68.0000	72.2000
2012	203.7400	13.7000	4.1000	16.8000	-15.9000	2.5415	46.1000	43.5000
2013	233.9900	10.2000	2.6000	14.6000	7.4000	2.4965	8.1000	9.0000
2014	247.7900	5.6000	-5.6000	13.4000	17.9000	2.5211	24.1000	25.6000

续表

年份	R_1	R_2	R_3	R_4	R_5	R_6	R_7	R_8
2015	265.0400	7.9000	4.4000	11.7000	−1.0000	2.5597	17.4000	12.3000
2016	281.3200	6.2000	−1.6000	10.3000	−1.2000	2.5951	11.7000	16.4000

由于原始数据序列中存在负数,首先采用平移法对表格中出现负数的列进行向右平移的非负化处理,再选用式(5.1)对原始数据进行标准化处理,得到表5-29、表5-30的标准化数据。

表5-29 2002—2016年阿坝州经济发展敏感性指标标准化数据

年份	S_1	S_2	S_3	S_4	S_5	S_6	S_7	S_8
2002	0.3118	0.2789	0.4494	0.0981	0.4259	0.5019	0.9829	0.0840
2003	0.3587	0.3293	0.4249	0.0900	0.4273	0.3941	0.6126	0.0947
2004	0.5551	0.5904	0.6253	0.3625	1.0000	0.9793	1.0000	0.1613
2005	0.5615	0.6412	0.6499	1.0000	0.2329	0.1912	0.1496	0.1941
2006	0.6276	0.7290	0.7007	0.3060	0.3737	0.4122	0.3237	0.2237
2007	0.6252	0.7105	0.6840	0.1325	0.2419	0.2792	0.1159	0.2504
2008	0.2036	0.1635	0.4732	0.0452	0.3503	0.3355	0.1772	0.0563
2009	0.3279	0.3412	0.4432	0.0720	0.6054	0.3710	0.7749	0.1431
2010	0.4910	0.5580	0.5261	0.0769	0.7341	0.6387	0.5068	0.2349
2011	0.6502	0.7497	0.6497	0.0336	0.7303	0.7399	0.4566	0.4032
2012	0.7850	0.8574	0.7398	0.0426	0.5493	0.5909	0.2588	0.5512
2013	0.7388	0.8249	0.6758	0.0231	0.1296	0.1525	0.0566	0.6236
2014	0.8654	0.9154	0.8085	0.0224	0.7025	1.0000	0.1756	0.7765
2015	0.9503	0.9672	0.9152	0.0127	0.3595	0.5392	0.1419	0.8630
2016	1.0000	1.0000	1.0000	0.0130	0.3081	0.4696	0.0890	1.0000

表5-30 2002—2016年阿坝州经济发展应对能力指标标准化数据

年份	R_1	R_2	R_3	R_4	R_5	R_6	R_7	R_8
2002	0.1600	0.6528	0.1915	0.7760	0.5529	0.9969	0.5021	0.4053

续表

年份	R_1	R_2	R_3	R_4	R_5	R_6	R_7	R_8
2003	0.1838	0.6708	0.2031	0.6120	0.1851	0.9857	0.5188	0.3912
2004	0.2229	0.6986	0.1270	0.9053	0.2588	0.9782	0.7819	0.6318
2005	0.2673	0.7083	0.1290	0.7851	0.1725	0.9614	0.4675	0.4202
2006	0.3093	0.6778	0.1279	0.8087	0.3149	0.9436	0.5050	0.4014
2007	0.3736	0.6903	0.1138	0.8616	0.9216	0.9478	0.4622	0.3917
2008	0.2687	0.0042	0.0014	0.0036	0.0039	1.0000	0.0019	0.0030
2009	0.3896	1.0000	1.0000	1.0000	0.3722	0.9768	1.0000	1.0000
2010	0.4719	0.7514	0.0794	0.8579	0.3133	0.9481	0.7525	0.6109
2011	0.5989	0.7111	0.0842	0.8397	1.0000	0.9113	0.6888	0.6394
2012	0.7242	0.6903	0.0820	0.8160	0.1925	0.8843	0.5848	0.5172
2013	0.8318	0.6417	0.0777	0.7760	0.2839	0.8687	0.4043	0.3704
2014	0.8808	0.5778	0.0546	0.7541	0.3251	0.8772	0.4803	0.4410
2015	0.9421	0.6097	0.0828	0.7231	0.2510	0.8907	0.4485	0.3844
2016	1.0000	0.5861	0.0659	0.6976	0.2502	0.9030	0.4214	0.4019

评价阿坝州 2002—2016 年经济发展脆弱性,样本量为 15,根据公式 (5.5)、公式(5.6)、公式(5.7)和公式(5.8),分别将两个评价矩阵代入,可计算出 S_1—S_8 列和 R_1—R_8 列的信息熵值、效用值和权重值,计算结果见表 5-31、表 5-32。

表 5-31　2002—2016 年阿坝州经济发展敏感性指标权重

	S_1	S_2	S_3	S_4	S_5	S_6	S_7	S_8
信息熵值	0.9715	0.9674	0.9882	0.7088	0.9580	0.9578	0.8873	0.8892
效用值	0.0285	0.0326	0.0118	0.2912	0.0420	0.0422	0.1127	0.1108
权重值	0.0424	0.0486	0.0176	0.4335	0.0625	0.0628	0.1678	0.1649

表 5-32　2002—2016 年阿坝州经济发展应对能力指标权重

	R_1	R_2	R_3	R_4	R_5	R_6	R_7	R_8
信息熵值	0.9419	0.9720	0.7908	0.9729	0.9112	0.9996	0.9610	0.9577

	R_1	R_2	R_3	R_4	R_5	R_6	R_7	R_8
效用值	0.0581	0.0280	0.2092	0.0271	0.0888	0.0004	0.0390	0.0423
权重值	0.1179	0.0567	0.4245	0.0550	0.1802	0.0008	0.0791	0.0859

将每一项指标标准化后的数值与对应权重值相乘作为该项指标的评价值,进而通过加权求和可求得 2002—2016 年阿坝州经济发展敏感性值和应对能力值,代入 S/R 测度模型即可测算出 2002—2016 年阿坝州经济发展脆弱性值,评价结果见表 5-33 和图 5-4。

表 5-33 2002—2016 年阿坝州经济发展脆弱性测度结果

年份	敏感性 S	应对能力 R	脆弱性 S/R	脆弱性等级
2002	0.3141	0.3548	0.8853	非常脆弱
2003	0.2475	0.2884	0.8582	非常脆弱
2004	0.5387	0.3331	1.6172	极端脆弱
2005	0.5835	0.2745	2.1257	极端脆弱
2006	0.3474	0.3056	1.1368	极端脆弱
2007	0.2238	0.4159	0.5381	脆弱
2008	0.1264	0.0347	3.6427	极端脆弱
2009	0.2842	0.8149	0.3488	低脆弱
2010	0.3002	0.3483	0.8619	非常脆弱
2011	0.3251	0.4832	0.6728	很脆弱
2012	0.3121	0.3303	0.9449	非常脆弱
2013	0.2233	0.3258	0.6854	很脆弱
2014	0.3693	0.3364	1.0978	极端脆弱
2015	0.3313	0.3350	0.9890	非常脆弱
2016	0.3428	0.3311	1.0353	极端脆弱

(二)障碍度分析

根据障碍度评估模型,将表 5-29、表 5-30 中的标准化数据代入计算模型,从中筛选出历年排名前五位的指标,进而确定阻碍阿坝州经济发展脆弱性

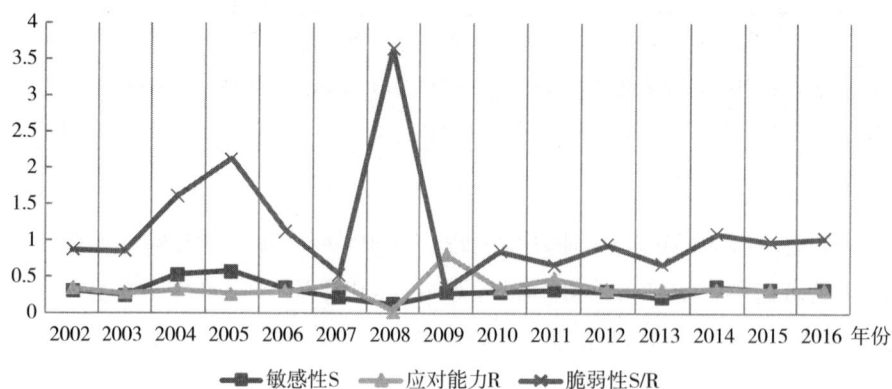

图 5-4　2002—2016 年阿坝州经济发展脆弱性测度结果

降低的主要因素,分析结果见表 5-34。

表 5-34　2002—2016 年阿坝州经济发展障碍度测度结果

年份	第一障碍因素		第二障碍因素		第三障碍因素		第四障碍因素		第五障碍因素	
	指标	障碍度	指标	障碍度	指标	障碍度	指标	障碍度	指标	障碍度
2002	S_4	0.2937	R_3	0.2578	S_8	0.1135	R_1	0.0744	R_5	0.0605
2003	S_4	0.2884	R_3	0.2473	S_8	0.1091	R_5	0.1073	S_7	0.0475
2004	R_1	0.3864	R_3	0.2193	S_4	0.1636	S_8	0.0819	R_5	0.0791
2005	R_1	0.3616	R_3	0.2236	R_5	0.0902	S_7	0.0863	S_8	0.0804
2006	R_1	0.2978	R_3	0.2054	S_4	0.1669	S_8	0.0710	R_5	0.0685
2007	R_1	0.2629	R_3	0.2155	S_4	0.2155	S_7	0.0850	S_8	0.0708
2008	R_1	0.2237	R_3	0.1877	S_4	0.1833	R_5	0.0795	S_8	0.0689
2009	S_4	0.3321	R_1	0.3157	S_8	0.1166	R_5	0.0934	S_6	0.0326
2010	S_4	0.2389	R_3	0.2332	R_1	0.2305	S_8	0.0753	R_5	0.0739
2011	S_4	0.3015	R_3	0.2798	R_1	0.1762	S_8	0.0708	S_7	0.0656
2012	S_4	0.2822	R_3	0.2650	R_1	0.0990	R_5	0.0989	S_7	0.0846
2013	S_4	0.2826	R_3	0.2612	S_7	0.1056	R_5	0.0861	R_1	0.0450
2014	S_4	0.3227	R_3	0.3056	S_7	0.1053	R_5	0.0926	R_8	0.0366
2015	S_4	0.3202	R_3	0.2913	S_7	0.1077	R_5	0.1010	R_8	0.0396
2016	S_4	0.3226	R_3	0.2990	S_7	0.1153	R_5	0.1019	R_8	0.0387

总体来看,在 2002—2016 年间,阿坝州经济发展脆弱性阻碍因素出现频次最高的是固定资产投资增长率(R_3)和旅游外汇收入占出口比重(S_4),各为 14 次,是阻碍阿坝州经济发展脆弱性降低的最大影响因素;其次是出口增长率(R_5)、GDP 总量(R_1)、接待旅游者人次与本地人口数量之比(S_8),这三项指标出现的频次依次为 13 次、11 次、10 次,是阻碍阿坝州经济发展脆弱性降低的次要影响因素;旅游业对农业增长弹性系数(S_7)、游客增长率(R_8)、旅游业对工业增长弹性系数(S_6),这三项指标出现的频次依次为 9 次、3 次、1 次,是阻碍阿坝州经济发展脆弱性降低的一般影响因素。从各年份来看,影响阿坝州经济发展脆弱性降低的第一障碍因素一直处于不断的变化状态,2002—2003 年、2009—2016 年的第一障碍因素均为旅游外汇收入占出口比重(S_4)、2004—2008 年均为 GDP 总量(R_1)。

(三)评价结论

2002—2016 年间,阿坝州经济发展敏感性总体上在平稳波动中略有下降,应对能力相对而言波动较为明显,近年来呈现敏感性略高于应对能力的趋势。因而导致了阿坝州经济发展脆弱性保持在较高水平,其中,有 6 个年度处于极端脆弱状态,5 个年度处于非常脆弱状态,2 个年度处于很脆弱状态,近 3 年中有 2 年均为极端脆弱状态。从导致脆弱性的影响因素看,投资和出口增长缓慢且对经济发展带动能力不足、旅游业发展水平过高且总体经济发展水平不足是导致阿坝州经济发展高脆弱性最主要的原因。

五、三亚市

(一)脆弱性评价

根据表 5-1 确定的评价指标体系,本书通过查阅 2002—2016 年《三亚统计年鉴》和在网络上检索了三亚市政府公布的 2002—2016 年《三亚市国民经济和社会发展统计公报》,得到了评价指标的原始统计数据(见表 5-35、表 5-36)。

表 5-35 2002—2016 年三亚市经济发展敏感性指标原始数据

年份	S_1	S_2	S_3	S_4	S_5	S_6	S_7	S_8
2002	0.7946	0.2770	1.9287	1.7134	1.4071	1.3033	1.5588	5.5636
2003	0.7243	0.2497	1.7386	1.3324	0.2844	0.1632	0.3263	5.9134
2004	0.8112	0.2638	2.0407	1.3030	2.5224	2.9366	4.3333	7.0680
2005	0.6911	0.2326	2.4366	2.0604	2.2901	1.4354	4.3478	7.7594
2006	0.6006	0.2035	1.5759	4.1707	1.8966	1.4323	2.1484	8.4869
2007	0.6549	0.2520	1.6531	4.2807	1.0181	0.6541	2.2727	9.7896
2008	0.6309	0.2571	1.7500	3.9416	0.8155	1.5222	1.3564	10.6929
2009	0.5935	0.2972	2.5711	4.7970	0.8140	0.7107	1.7722	11.5353
2010	0.6051	0.3292	2.8284	4.7601	1.7129	1.5378	5.4921	15.4824
2011	0.5647	0.3168	2.5579	6.4536	1.0634	0.8678	2.2206	17.5623
2012	0.5808	0.3158	2.8193	5.0997	1.1828	1.2222	1.5493	15.2662
2013	0.6247	0.3427	3.1617	3.9133	2.1188	2.3261	3.3438	16.7814
2014	0.6705	0.3485	3.1518	9.4738	2.8364	1.1064	3.0000	18.2337
2015	0.6937	0.3579	3.3766	7.1070	1.4938	1.8615	2.2407	19.9724
2016	0.6779	0.3540	3.4134	6.1005	3.0000	3.9000	6.0000	21.8955

表 5-36 2002—2016 年三亚市经济发展应对能力指标原始数据

年份	R_1	R_2	R_3	R_4	R_5	R_6	R_7	R_8
2002	35.7300	11.3000	21.5000	12.4000	15.6000	2.7955	15.9000	15.8000
2003	40.4000	10.9000	29.1000	12.3000	13.0000	2.8156	3.1000	8.0000
2004	48.2500	13.4000	41.9000	22.4000	11.0000	2.8787	33.8000	21.2000
2005	74.2100	13.1000	30.1000	13.1000	10.3000	2.8072	30.0000	11.8000
2006	108.9000	14.5000	40.4000	16.9000	12.6000	2.8635	27.5000	11.9000
2007	122.3200	22.1000	59.9000	22.8000	39.0000	2.7343	22.5000	18.4000
2008	144.3100	16.8000	38.2000	26.5000	17.0000	2.6750	13.7000	12.2000
2009	174.8500	17.2000	39.5000	25.3000	−30.0000	2.2062	14.0000	10.7000
2010	230.7900	20.0000	44.4000	25.0000	10.7000	2.0467	34.6000	32.0000
2011	284.5700	14.2000	27.2000	30.8000	−7.0000	2.0517	15.1000	15.7000

续表

年份	R_1	R_2	R_3	R_4	R_5	R_6	R_7	R_8
2012	330.9600	9.3000	21.0000	21.8000	8.9000	2.0470	11.0000	8.0000
2013	373.4900	10.1000	21.6000	17.8000	27.0000	1.9825	21.4000	11.5000
2014	402.2600	5.5000	20.3000	14.6000	-69.6000	2.0544	15.6000	10.1000
2015	435.8200	8.1000	12.1000	8.0000	18.4000	2.0283	12.1000	10.6000
2016	475.5600	7.8000	10.9000	9.0000	74.8000	2.0090	23.4000	10.4000

由于原始数据序列中存在负数,首先采用平移法对表格中出现负数的列进行向右平移的非负化处理,再选用式(5.1)对原始数据进行标准化处理,得到表5-37、表5-38的标准化数据。

表5-37 2002—2016年三亚市经济发展敏感性指标标准化数据

年份	S_1	S_2	S_3	S_4	S_5	S_6	S_7	S_8
2002	0.9795	0.7742	0.5650	0.1809	0.4690	0.3342	0.2598	0.2541
2003	0.8928	0.6977	0.5093	0.1406	0.0948	0.0418	0.0544	0.2701
2004	1.0000	0.7371	0.5978	0.1375	0.8408	0.7530	0.7222	0.3228
2005	0.8520	0.6500	0.7138	0.2175	0.7634	0.3681	0.7246	0.3544
2006	0.7403	0.5688	0.4617	0.4402	0.6322	0.3673	0.3581	0.3876
2007	0.8074	0.7043	0.4843	0.4518	0.3394	0.1677	0.3788	0.4471
2008	0.7778	0.7184	0.5127	0.4161	0.2718	0.3903	0.2261	0.4884
2009	0.7316	0.8304	0.7532	0.5064	0.2713	0.1822	0.2954	0.5268
2010	0.7459	0.9199	0.8286	0.5024	0.5710	0.3943	0.9153	0.7071
2011	0.6962	0.8854	0.7493	0.6812	0.3545	0.2225	0.3701	0.8021
2012	0.7160	0.8825	0.8259	0.5383	0.3943	0.3134	0.2582	0.6972
2013	0.7701	0.9578	0.9262	0.4131	0.7063	0.5964	0.5573	0.7664
2014	0.8266	0.9739	0.9233	1.0000	0.9455	0.2837	0.5000	0.8328
2015	0.8551	1.0000	0.9892	0.7502	0.4979	0.4773	0.3735	0.9122
2016	0.8357	0.9893	1.0000	0.6439	1.0000	1.0000	1.0000	1.0000

表 5-38　2002—2016 年三亚市经济发展应对能力指标标准化数据

年份	R_1	R_2	R_3	R_4	R_5	R_6	R_7	R_8
2002	0.0751	0.5113	0.3589	0.4026	0.5912	0.9711	0.4595	0.4938
2003	0.0850	0.4932	0.4858	0.3994	0.5732	0.9781	0.0896	0.2500
2004	0.1015	0.6063	0.6995	0.7273	0.5594	1.0000	0.9769	0.6625
2005	0.1560	0.5928	0.5025	0.4253	0.5546	0.9751	0.8671	0.3688
2006	0.2290	0.6561	0.6745	0.5487	0.5704	0.9947	0.7948	0.3719
2007	0.2572	1.0000	1.0000	0.7403	0.7528	0.9498	0.6503	0.5750
2008	0.3035	0.7602	0.6377	0.8604	0.6008	0.9292	0.3960	0.3813
2009	0.3677	0.7783	0.6594	0.8214	0.2762	0.7664	0.4046	0.3344
2010	0.4853	0.9140	0.7412	0.8117	0.5573	0.7110	1.0000	1.0000
2011	0.5984	0.6425	0.4541	1.0000	0.4351	0.7127	0.4364	0.4906
2012	0.6959	0.4208	0.3506	0.7078	0.5449	0.7111	0.3179	0.2500
2013	0.7854	0.4570	0.3606	0.5779	0.6699	0.6887	0.6185	0.3594
2014	0.8459	0.2489	0.3389	0.4740	0.0028	0.7137	0.4509	0.3156
2015	0.9164	0.3665	0.2020	0.2597	0.6105	0.7046	0.3497	0.3313
2016	1.0000	0.3529	0.1820	0.2922	1.0000	0.6979	0.6763	0.3250

评价三亚市 2002—2016 年经济发展脆弱性,样本量为 15,根据公式(5.5)、公式(5.6)、公式(5.7)和公式(5.8),分别将两个评价矩阵代入,可计算出 S_1—S_8 列和 R_1—R_8 列的信息熵值、效用值和权重值,计算结果见表 5-39、表 5-40。

表 5-39　2002—2016 年三亚市经济发展敏感性指标权重

	S_1	S_2	S_3	S_4	S_5	S_6	S_7	S_8
信息熵值	0.9979	0.9951	0.9878	0.9524	0.9558	0.9375	0.9425	0.9686
效用值	0.0021	0.0049	0.0122	0.0476	0.0442	0.0625	0.0575	0.0314
权重值	0.0080	0.0186	0.0463	0.1816	0.1685	0.2382	0.2192	0.1196

表 5-40 2002—2016 年三亚市经济发展应对能力指标权重

	R_1	R_2	R_3	R_4	R_5	R_6	R_7	R_8
信息熵值	0.9094	0.9774	0.9664	0.9752	0.9630	0.9955	0.9607	0.9705
效用值	0.0906	0.0226	0.0336	0.0248	0.0370	0.0045	0.0393	0.0295
权重值	0.3215	0.0801	0.1191	0.0881	0.1312	0.0160	0.1394	0.1046

将每一项指标标准化后的数值与对应权重值相乘作为该项指标的评价值,进而通过加权求和可求得 2002—2016 年三亚市经济发展敏感性值和应对能力值,代入 S/R 测度模型即可测算出 2002—2016 年三亚市经济发展的脆弱性值,评价结果见表 5-41 和图 5-5。

表 5-41 2002—2016 年三亚市经济发展脆弱性测度结果

年份	敏感性 S	应对能力 R	脆弱性 S/R	脆弱性程度
2002	0.3272	0.3521	0.9293	非常脆弱
2003	0.1394	0.2893	0.4819	脆弱
2004	0.5923	0.5234	1.1316	极端脆弱
2005	0.5090	0.4428	1.1495	极端脆弱
2006	0.4367	0.4953	0.8817	非常脆弱
2007	0.3577	0.6118	0.5847	脆弱
2008	0.3656	0.4990	0.7327	很脆弱
2009	0.3650	0.4713	0.7745	很脆弱
2010	0.6281	0.7175	0.8754	非常脆弱
2011	0.4703	0.5667	0.8299	非常脆弱
2012	0.4392	0.5149	0.8530	非常脆弱
2013	0.6168	0.6057	1.0183	极端脆弱
2014	0.6852	0.4817	1.4225	极端脆弱
2015	0.5961	0.5457	1.0924	极端脆弱
2016	0.9338	0.6679	1.3981	极端脆弱

(二)障碍度分析

根据障碍度评估模型,将表 5-37、表 5-38 中的标准化数据代入计算模

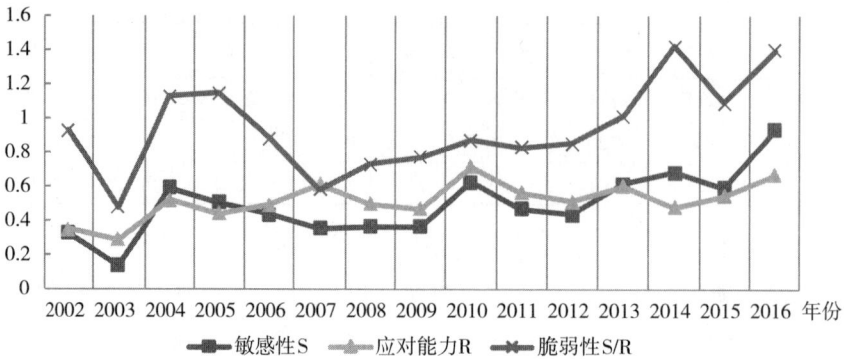

图 5-5　2002—2016 年三亚市经济发展脆弱性测度结果

型,从中筛选出历年排名前五位的指标,进而确定阻碍三亚市经济发展脆弱性降低的主要因素,分析结果见表 5-42。

表 5-42　2002—2016 年三亚市经济发展障碍度测度结果

年份	第一障碍因素		第二障碍因素		第三障碍因素		第四障碍因素		第五障碍因素	
	指标	障碍度	指标	障碍度	指标	障碍度	指标	障碍度	指标	障碍度
2002	R_1	0.2251	S_7	0.1229	S_6	0.1201	S_4	0.1126	S_5	0.0677
2003	S_6	0.1787	S_7	0.1623	S_4	0.1222	S_5	0.1194	R_7	0.0994
2004	R_1	0.5826	S_4	0.1098	S_8	0.0568	S_7	0.0427	S_6	0.0413
2005	R_1	0.4985	S_6	0.0972	S_4	0.0917	S_8	0.0498	R_8	0.0426
2006	R_1	0.4579	S_6	0.0996	S_7	0.0930	S_4	0.0672	S_8	0.0484
2007	R_1	0.4419	S_6	0.1398	S_7	0.0960	S_5	0.0785	S_4	0.0702
2008	R_1	0.3708	S_7	0.1171	S_6	0.1003	S_5	0.0847	S_4	0.0732
2009	R_1	0.3284	S_6	0.1362	S_7	0.1080	S_5	0.0859	R_5	0.0664
2010	R_1	0.4230	S_6	0.1702	S_4	0.1066	S_5	0.0853	R_5	0.0685
2011	R_1	0.2334	S_6	0.1702	S_7	0.1269	S_5	0.1000	R_7	0.0722
2012	S_6	0.1481	S_7	0.1472	R_1	0.1417	S_5	0.0924	R_7	0.0861
2013	S_4	0.1341	S_7	0.1221	S_6	0.1210	R_1	0.1085	R_3	0.0958

续表

年份	第一障碍因素		第二障碍因素		第三障碍因素		第四障碍因素		第五障碍因素	
	指标	障碍度	指标	障碍度	指标	障碍度	指标	障碍度	指标	障碍度
2014	S_6	0.2054	R_5	0.1575	S_7	0.1320	R_3	0.0948	R_7	0.0922
2015	S_7	0.1617	S_6	0.1466	R_3	0.1119	R_7	0.1067	S_5	0.0996
2016	R_3	0.2446	R_8	0.1772	S_4	0.1623	R_4	0.1565	R_2	0.1301

总体来看,在2002—2016年间,三亚市经济发展脆弱性阻碍因素出现频次最高的是旅游业对工业增长弹性系数(S_6),为14次,是阻碍三亚市经济发展脆弱性降低的最大影响因素;其次为旅游业对农业增长弹性系数(S_7)、GDP总量(R_1)、旅游外汇收入占出口比重(S_4)、旅游业对GDP增长弹性系数(S_5),这四项指标出现的频次依次为12次、11次、10次、9次,是阻碍三亚市经济发展脆弱性降低的次要影响因素;旅游收入增长率(R_7)、固定资产投资增长率(R_3)、接待旅游者人次与本地人口数量之比(S_8)、出口增长率(R_5)、游客增长率(R_8)、城乡消费增长率(R_4)、GDP增长率(R_2),这七项指标出现的频次依次为5次、4次、3次、3次、2次、1次、1次,是阻碍三亚市旅游经济发展脆弱性降低的一般影响因素。从各年份来看,影响三亚市经济发展脆弱性降低的第一障碍因素一直处于不断的变化状态,2002年、2004—2011年的第一障碍因素均为GDP总量(R_1),2003年、2012年、2014年均为旅游业对工业增长弹性系数(S_6),2013年为旅游外汇收入占出口比重(S_4),2015年为旅游业对农业增长弹性系数(S_7),2016年为固定资产投资增长率(R_3)。

(三)评价结论

2002—2016年间,三亚市经济发展敏感性和应对能力变化波动明显,总体上均呈上升趋势,敏感性增幅大于应对能力,近年来均呈现敏感性高于应对能力的趋势。因而导致了三亚市经济发展脆弱性保持较高水平,其中,有6个年度处于极端脆弱状态,5个年度处于非常脆弱状态,2个年度处于很脆弱状态,近4年均为极端脆弱状态。从导致脆弱性的影响因素看,旅游业发展对农业和工业的抑制、旅游业发展水平过高且总体经济发展水平不足、出口过度依赖旅游业且对经济发展带动能力不足是导致三亚市经济发展高脆弱性最主要的原因。

第三节 比较分析

一、案例地比较

根据表5-1确定的评价指标体系,选取2016年丽江市、张家界市、黄山市、阿坝州和三亚市(以下简称"五地")的借鉴脆弱性情况进行比较分析,得到了评价指标的原始统计数据(见表5-43、表5-44)。

表5-43 2016年五地经济发展敏感性指标原始数据

地区	S_1	S_2	S_3	S_4	S_5	S_6	S_7	S_8
丽江市	1.9626	0.4793	5.0217	7.0937	3.7014	3.3218	4.4672	27.3923
张家界市	0.8905	0.4254	4.1489	10.0181	3.7037	5.3571	8.3333	40.1740
黄山市	0.7803	0.3587	1.9987	1.2199	1.5769	1.4819	6.1500	34.9511
阿坝州	1.1319	0.3693	2.3959	0.6927	1.8871	1.9180	2.6000	40.2471
三亚市	0.6779	0.3540	3.4134	6.1005	3.0000	3.9000	6.0000	21.8955

表5-44 2016年五地经济发展应对能力指标原始数据

地区	R_1	R_2	R_3	R_4	R_5	R_6	R_7	R_8
丽江市	310.1799	7.0000	7.4000	12.0000	57.7000	2.5910	25.9100	15.1800
张家界市	497.6000	8.1000	14.7000	11.7000	47.3000	1.9579	30.0000	21.0000
黄山市	576.8000	7.8000	8.2000	11.4000	4.2000	2.3589	12.3000	11.0000
阿坝州	281.3200	6.2000	-1.6000	10.3000	-1.2000	2.5951	11.7000	16.4000
三亚市	475.5600	7.8000	10.9000	9.0000	74.8000	2.0090	23.4000	10.4000

使用平移法先对表5-43、表5-44中原始数据有负数的列向右平移某个单位,使数据非负化再根据公式(5.1)对其进行无量纲化处理,可得2016年五地经济发展脆弱性评价指标的标准化数据,见表5-45、表5-46。

表5-45　2016年五地经济发展敏感性指标标准化数据

地区	S_1	S_2	S_3	S_4	S_5	S_6	S_7	S_8
丽江市	1.0000	1.0000	1.0000	0.7081	0.9994	0.6201	0.5361	0.6806
张家界市	0.4537	0.8875	0.8262	1.0000	1.0000	1.0000	1.0000	0.9982
黄山市	0.3976	0.7484	0.3980	0.1218	0.4258	0.2766	0.7380	0.8684
阿坝州	0.5768	0.7704	0.4771	0.0691	0.5095	0.3580	0.3120	1.0000
三亚市	0.3454	0.7386	0.6797	0.6089	0.8100	0.7280	0.7200	0.5440

表5-46　2016年五地经济发展应对能力指标标准化数据

地区	R_1	R_2	R_3	R_4	R_5	R_6	R_7	R_8
丽江市	0.5378	0.8642	0.5629	1.0000	0.7759	0.9984	0.8637	0.7229
张家界市	0.8627	1.0000	1.0000	0.9750	0.6396	0.7545	1.0000	1.0000
黄山市	1.0000	0.9630	0.6108	0.9500	0.0747	0.9090	0.4100	0.5238
阿坝州	0.4877	0.7654	0.0240	0.8583	0.0039	1.0000	0.3900	0.7810
三亚市	0.8245	0.9630	0.7725	0.7500	1.0000	0.7742	0.7800	0.4952

评价五地2016年经济发展脆弱性,样本量为5,根据公式(5.5)、公式(5.6)、公式(5.7)和公式(5.8),分别将两个测度矩阵代入,可计算出表5-47中S_1—S_8列和表5-48中R_1—R_8列的信息熵值、效用值和权重值,计算结果见表5-47、表5-48。

表5-47　2016年五地经济发展敏感性指标权重

	S_1	S_2	S_3	S_4	S_5	S_6	S_7	S_8
信息熵值	0.9497	0.9955	0.9664	0.8160	0.9661	0.9396	0.9607	0.9843

	S₁	S₂	S₃	S₄	S₅	S₆	S₇	S₈
效用值	0.0503	0.0045	0.0336	0.1840	0.0339	0.0604	0.0393	0.0157
权重值	0.1193	0.0106	0.0797	0.4363	0.0803	0.1433	0.0932	0.0372

表 5-48　2016 年五地经济发展应对能力指标权重

	R₁	R₂	R₃	R₄	R₅	R₆	R₇	R₈
信息熵值	0.9774	0.9972	0.8675	0.9967	0.7418	0.9955	0.9583	0.9790
效用值	0.0226	0.0028	0.1325	0.0033	0.2582	0.0045	0.0417	0.0210
权重值	0.0464	0.0058	0.2724	0.0067	0.5306	0.0092	0.0857	0.0432

　　将每一项指标的标准化后数值与权重值相乘作为该项指标的评价值,进而通过加权求和可求得 2016 年五地经济发展敏感性值和应对能力值,代入评价模型中,即可测算出 2016 年五地经济发展的脆弱性值,测算结果见表 5-49 和图 5-6。

表 5-49　2016 年五地经济发展脆弱性测度结果

地区	敏感性 S	应对能力 R	脆弱性 S/R
丽江市	0.7630	0.7161	1.0655
张家界市	0.9197	0.8000	1.1496
黄山市	0.3152	0.3305	0.9537
阿坝州	0.3037	0.1178	2.5781
三亚市	0.6257	0.8853	0.7068

二、云南省比较

　　表 5-1 所构建的评价指标体系不仅可以用于评价旅游经济依赖型目的地经济发展脆弱性,也可以用于测度普通旅游地在旅游产业出现波动时可

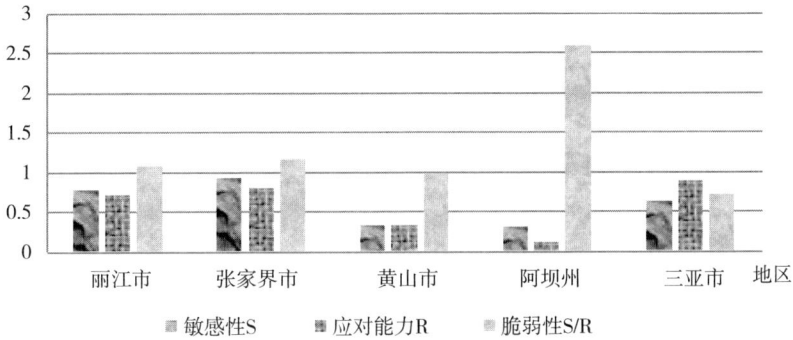

图 5-6 2016年五地经济发展脆弱性测度结果

能表现出的经济发展脆弱性。因此,本章同样遴选了云南省另外六个地州市与丽江市进行经济发展脆弱性的比较分析(遴选依据见第三章比较分析部分)。

根据表5-1确定的测度指标体系,笔者通过网络检索了2016年七个地州市的国民经济和社会发展统计公报,并通过查阅2016年七个地州市的统计年鉴,得到了评价指标的原始统计数据(见表5-50、表5-51)。

表 5-50 2016年云南七个旅游地经济发展敏感性指标原始数据

地区	S_1	S_2	S_3	S_4	S_5	S_6	S_7	S_8
昆明市	24.96%	0.3317	1.55	11.66%	5.6941	6.3684	8.07	15.03
保山市	28.20%	0.0777	1.24	43.67%	4.8108	3.6327	8.90	7.06
丽江市	196.26%	0.4793	5.02	709.37%	3.7014	3.3218	4.47	27.39
红河州	20.54%	0.2011	2.82	12.68%	4.3683	3.5016	7.88	7.55
西双版纳州	114.82%	0.3579	4.56	27.39%	5.4186	6.7536	7.77	21.50
大理州	54.87%	0.1973	1.43	193.82%	4.1822	4.4810	6.72	10.70
德宏州	68.98%	0.2525	2.80	6.52%	4.3085	3.0451	7.23	9.89

表 5-51　2016 年云南七个旅游地经济发展应对能力指标原始数据

地区	R_1	R_2	R_3	R_4	R_5	R_6	R_7	R_8
昆明市	4300.43	8.50%	12.10%	12.10%	0.30%	2.1140	48.40%	46.30%
保山市	613.40	11.10%	33.00%	12.20%	53.40%	2.8900	53.40%	43.30%
丽江市	310.18	7.00%	7.40%	12.00%	114.20%	2.5910	25.91%	1.11%
红河州	1336.79	10.10%	25.50%	12.40%	73.50%	2.6294	44.12%	36.64%
西双版纳州	366.03	8.60%	15.00%	12.00%	29.70%	2.7385	46.60%	25.90%
大理州	974.20	9.00%	15.59%	12.10%	69.00%	2.8079	37.64%	31.78%
德宏州	320.99	9.40%	23.70%	11.30%	45.60%	2.6285	40.50%	23.00%

根据公式(5.1)对表 5-50、表 5-51 中的原始数据进行标准化处理,可得 2016 年云南七个旅游地测度指标的标准化数据,见表 5-52、表 5-53。

表 5-52　2016 年云南七个旅游地经济发展敏感性指标标准化数据

地区	S_1	S_2	S_3	S_4	S_5	S_6	S_7	S_8
昆明市	0.1008	0.4223	0.1879	0.0158	0.4592	0.5165	0.4116	0.3585
保山市	0.1139	0.0989	0.1503	0.0592	0.3880	0.2946	0.4541	0.1684
丽江市	0.7926	0.6102	0.6100	0.9620	0.2985	0.2694	0.2279	0.6533
红河州	0.0830	0.2560	0.3426	0.0172	0.3523	0.2840	0.4020	0.1801
西双版纳州	0.4637	0.4556	0.5536	0.0371	0.4370	0.5478	0.3963	0.5128
大理州	0.2216	0.2511	0.1741	0.2628	0.3373	0.3634	0.3430	0.2553
德宏州	0.2786	0.3215	0.3402	0.0088	0.3475	0.2470	0.3690	0.2358

表 5-53　2016 年云南七个旅游地经济发展应对能力指标标准化数据

地区	R_1	R_2	R_3	R_4	R_5	R_6	R_7	R_8
昆明市	0.9181	0.3500	0.2220	0.3805	0.0018	0.3028	0.4238	0.5321
保山市	0.1310	0.4571	0.6055	0.3837	0.3135	0.4140	0.4676	0.4976

地区	R_1	R_2	R_3	R_4	R_5	R_6	R_7	R_8
丽江市	0.0662	0.2882	0.1358	0.3774	0.6704	0.3711	0.2269	0.0128
红河州	0.2854	0.4159	0.4679	0.3900	0.4315	0.3766	0.3864	0.4211
西双版纳州	0.0781	0.3541	0.2752	0.3774	0.1744	0.3922	0.4081	0.2976
大理州	0.2080	0.3706	0.2861	0.3805	0.4051	0.4022	0.3296	0.3652
德宏州	0.0685	0.3871	0.4349	0.3554	0.2677	0.3765	0.3547	0.2643

评价云南七个旅游地 2016 年经济发展脆弱性,样本量为 7,根据公式 (5.5)、公式(5.6)、公式(5.7)和公式(5.8),可计算出表 5-54 中 S_1—S_8 列和表 5-55 中 R_1—R_8 列的信息熵值、效用熵值和权重值,计算结果见表 5-54、表 5-55。

表 5-54　2016 年云南七个旅游地经济发展敏感性指标权重

	S_1	S_2	S_3	S_4	S_5	S_6	S_7	S_8
信息熵值	−0.8492	−0.9453	−0.9347	−0.4817	−0.9949	−0.9756	−0.9909	−0.9392
效用熵值	1.8492	1.9453	1.9347	1.4817	1.9949	1.9756	1.9909	1.9392
权重值	0.1224	0.1287	0.1280	0.0980	0.1320	0.1307	0.1317	0.1283

表 5-55　2016 年云南七个旅游地经济发展应对能力指标权重

	R_1	R_2	R_3	R_4	R_5	R_6	R_7	R_8
信息熵值	−0.7552	−0.9955	−0.9511	−0.9998	−0.8805	−0.9979	−0.9896	−0.9172
效用熵值	1.7552	1.9955	1.9511	1.9998	1.8805	1.9979	1.9896	1.9172
权重值	0.1133	0.1289	0.1260	0.1291	0.1214	0.1290	0.1285	0.1238

将每一项指标的标准化后数值与权重值相乘作为该项指标的评价值,进而通过加权求和可求得 2016 年云南七个旅游地经济发展敏感性值和应对能力值,并代入评价模型中,即可测算出 2016 年云南七个旅游地经济发展的脆弱性值,测算结果见表 5-56 和图 5-7。

表 5-56　2016 年云南七个旅游地经济发展脆弱性测度结果

地区	敏感性 S	应对能力 R	脆弱性 S/R
昆明市	0.3207	0.3859	0.8310
保山市	0.2229	0.4127	0.5401
丽江市	0.5365	0.2705	1.9834
红河州	0.2484	0.3980	0.6241
西双版纳州	0.4372	0.2989	1.4627
大理州	0.2775	0.3451	0.8041
德宏州	0.2769	0.3177	0.8716

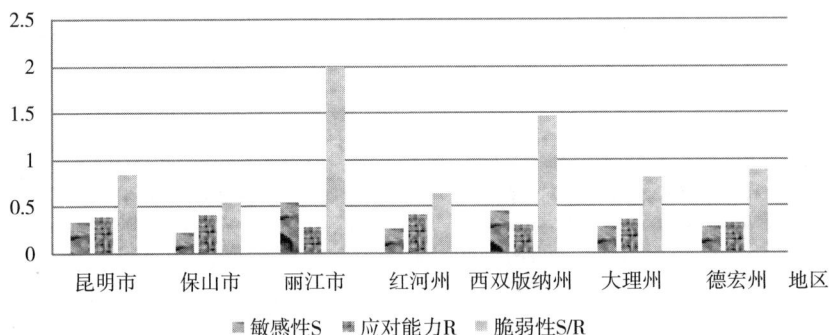

图 5-7　2016 年云南七个旅游地经济发展脆弱性测度结果

第四节　分析结论

一、脆弱性分析结论

通过案例地经济脆弱性的评价不难发现,"荷兰病"效应对区域经济发展存在显著的负面影响,主要表现为由于经济发展对旅游业高度依赖,区域经济发展的敏感性很难有较大改善;虽然随着区域经济的不断发展,应对能力也逐步增强,但依然难以应对高敏感性带来的各种经济波动,经济发展表现出较高的脆弱性,五个案例地在二十年间尤其是近五年,经济发展大多处于极端脆弱或很脆弱状态,不利于区域经济的可持续发展。同时,通过比较分析可见,经济发展脆弱性程度与经济发展对旅游业的依赖程度呈正相关关系;而同在过度的旅游经济依赖背景下,区域经济发展水平与经济脆弱性密切相关,且呈现负相关关系。

二、障碍度分析结论

通过障碍度分析可发现,对旅游业的过度依赖和自身经济发展能力不足是导致经济发展高脆弱性的主要原因。具体来看,投资、出口等对经济发展的带动作用不足、经济发展过度依赖旅游业、旅游业发展水平与经济发展水平不匹配以及旅游繁荣导致的去工业化和去农业化现象是导致区域经济发展高脆弱性最重要的原因。

第六章　旅游地"荷兰病"效应的调控对策

Sharpley 和 Telfer 等的研究（2002）指出，旅游发展及其政策的制定往往缺少理论的支撑，尤其是缺乏与发展理论之间的联系，而是"就旅游论旅游"，使得旅游业发展偏离于区域社会经济发展的目标，甚至与可持续发展相违背。因此，必须在区域发展总体框架指引下正确定位旅游产业并制定发展政策，才能有效地发挥旅游业对区域经济社会发展的促进作用。旅游地"荷兰病"效应的存在正是这一论断的重要的产业表现之一。因此，区域发展有必要从产业认知、政策机制、产业发展三个层面制定一系列调控对策，以应对"荷兰病"效应，真正实现旅游导向型经济增长。

第一节　认知定位层面

一、正视旅游产业功能

根据联合国世界旅游组织（World Tourism Organization，UNWTO）公布的数据，早在 20 世纪 90 年代初，旅游业就已经超过了石油和军火工业，成为全球规模最大的产业；世界旅游及旅行理事会（World Travel and Tourism Council，WTTC）发布的《旅游业经济影响报告》也指出，旅游业始终是增长速度最快的产业之一，并逐步成为推动经济增长的主要动力。同样，中国旅游业在改革开放以来持续快速发展，到 2016 年，国内旅游人数已达 44.4 亿人次、国内旅游收入达 3.94 万亿元，分别比上年增长 11% 和 15.2%；入境旅游人数

1.38亿人次、实现国际旅游收入1200亿美元,分别比上年增长3.5%和5.6%;实现旅游业总收入4.69万亿元,同比增长13.6%;全年旅游业对国内生产总值的综合贡献为8.19万亿元,占国内生产总值总量的11.01%;旅游直接带动就业2813万人,旅游直接和间接带动就业7962万人,占全国就业总人口的10.26%。同时,旅游业具有产业链长、关联性高、带动性强的特点,石培华(2009)的研究指出中国旅游产业收入每增加1元,将带动相关行业收入增加4.5元;旅游产业投资每增加1元,将带动相关产业投资增加5元。但是,必须正视的问题是,旅游业虽然具有"一业兴,百业旺"的特点,但对于旅游经济依赖型目的地而言,其产业体系围绕旅游业而建立,旅游产业的关联带动性也可能带来"一业衰,百业废"的多米诺骨牌效应。因此,必须正视旅游产业的功能,不能过分夸大其综合带动作用,并在此产业认知基础上制定产业政策和管理措施。

二、认清旅游产业地位

随着旅游产业的高速增长,旅游产业的地位也不断提升,1978年以前,旅游业属于外事接待型事业。改革开放以后,旅游业地位逐步提高,经历了由"经济事业—经济产业—重要产业"的转变与提升。2009年12月1日发布的《国务院关于加快发展旅游业的意见》更是明确提出把旅游业培育成为国民经济的战略性支柱产业和人民群众更加满意的现代服务业,这是迄今为止国家层面关于旅游业的最高定位,充分体现了旅游业在国民经济和社会发展中的重要作用和地位。近年来,国家旅游局(现文化和旅游部)更是提出了以旅游业为优势产业,通过对区域内经济社会资源尤其是旅游资源、相关产业、生态环境、公共服务、体制机制、政策法规、文明素质等进行全方位系统化的优化提升的全域旅游模式,获得了习近平总书记的肯定,更进一步地巩固和提高了旅游业在经济社会发展中的地位。但是,在实际发展过程中,部分地区的经济发展却形成了对旅游业的过度依赖,出现了以旅游业为单一支柱产业的现象,甚至将旅游业定位为"生命产业"、"灵魂产业"。旅游业作为一种敏感性极高的产业,具有很强的外部依赖性,出现产业衰退的可能性较大,如果将其作为

"生命产业",极易产生区域经济发展的不稳定性。因此应该清醒地认识旅游产业的地位,不宜过分夸大。

三、优化区域旅游定位

由于旅游业的蓬勃发展,旅游经济依赖型目的地往往都将区域发展定位为世界知名或一流旅游目的地。根据 Butler(1980)经典的旅游地生命周期理论,作为旅游目的地总是会面临旅游产业衰退风险和其他旅游地的激烈竞争,不可避免地受到生命周期限制。但是,旅游经济依赖型目的地在大力发展旅游业发展过程中,交通基础设施、旅游接待设施和区位条件均得到了极大改善,如丽江市拥有云南省第二大航空国际机场,也是大香格里拉旅游圈唯一的口岸机场;张家界市拥有湖南省第二大国际口岸机场,也是武陵山片区唯一的口岸机场;黄山市拥有安徽省第二大国际机场,也是皖浙赣周边地区唯一的口岸机场;三亚市拥有海南省第二大国际机场,也是海南岛南部唯一的口岸机场;阿坝州拥有九寨沟黄龙机场、阿坝红原机场,并在持续扩建,航空区位优势将进一步凸显。因此,从降低区域经济发展敏感性的角度而言,发展定位应该从"旅游目的地"转变为"旅游目的地和旅游集散地"并重,实现旅游经济依赖型目的地从孤岛型旅游增长极向区域旅游中心城市转型。

第二节 政策机制层面

一、制定征收旅游税的相关政策

征收旅游税在国外很多国家和地区并非新鲜事,马来西亚、博兹瓦纳、新西兰、缅甸、立陶宛等国家以及巴黎、阿姆斯特丹、巴塞罗那、柏林、罗马、迪拜等知名旅游城市都有征收旅游税的先例。其实,国内一些旅游目的地也曾征收过类似旅游税的费用,如丽江市的古城维护费等。理论上,社会公共服务原本面向的是本地居民,公共服务和基础设施的建设与改善也是源自于当地居民缴纳的税收,当地居民在缴纳税收的同时享受公共服务和基础设施服务;当为数不多的游客进入时并不会有什么影响,但如果是大规模的游客持续涌入,征收旅游税也就顺理成章甚至十分必要,尤其是对于经济发展高度依赖旅游业的不发达地区。在实践中,征收旅游税对于旅游者而言会增加其成本,但对于目的地而言可以增加其财政收入,还能在一定程度上限制旅游者数量,提高旅游者质量,减缓旅游目的地拥挤程度,缓和公共设施、公共服务供应紧张局面。当然,征收只是手段,关键在于旅游税的用途控制,根据相关研究(Chang等,2011;Sheng,2011;Mieiro 等,2012),将旅游税用于补贴农业和工业发展与提高本地非旅游领域投资有利于缓解"荷兰病"。因此,政府应该充分借鉴国外征收旅游税的经验,制定符合当地实际的旅游税征收政策,并严格控制旅游税的使用途径,以实现旅游反哺其他产业、提升本地投资的目的。

二、制定控制生产要素流动政策

正如前文所指出的,旅游地"荷兰病"效应是由于旅游业过度繁荣形成的路径依赖使得各类生产要素过度集中于旅游业而导致的负反馈。旅游经济依赖型目的地资源相对稀缺,旅游业与其他产业之间存在较为明显的要素竞争。如果仅仅依靠市场机制"看不见的手",土地、资本、劳动力等生产要素的逐利性会导致旅游业大量占用其他产业的发展用地、挤出其他产业投资、转移其他产业劳动力,使得优质生产要素大量集中于旅游业,导致"荷兰病"效应。虽说生产要素的自由流动本无可厚非,但旅游业的高敏感性特征却使这种流动和集聚暗含危机,区域经济发展的脆弱性不断加剧,不利于经济的可持续发展。因此,为了阻断"荷兰病"效应形成过程,政府应该制定一系列产业政策,对生产要素流动进行宏观调控,防止生产要素过分流向旅游业,提供各种优惠政策引导生产要素投入其他产业,从而扶持其他产业发展,避免旅游业一枝独秀、过度繁荣,而其他产业发展受到抑制并萎缩。

三、创新政府政绩考核评价机制

如前文所述,发展旅游业是促进区域经济社会发展的"手段"而非"目的",旅游发展的根本目的应该是促进区域的可持续发展。但是,由于旅游繁荣带来的直观成效尤其是短期成效显而易见，区域知名度的提升、基础设施的改善、人居环境的优化、经济增长的提速等，使得旅游繁荣的区域政府政绩相对较为直观和耀眼，官员升迁渠道更为畅通，有的地方出现了将旅游业发展指标纳入地方政府绩效考核范畴，甚至存在"以旅游政绩论英雄"的现象。众所周知，政绩考评机制对于政府行为具有较强的导向作用，在此背景之下，政府对旅游业发展良好的预期必然导致其投入与政策自然而然地向旅游业倾斜。而政府政策作为宏观调控的一种重要形式，对于旅游产业的投入以及产业之间的要素流动都具有极强的引导作用，从而抑制了其他产业的发展，加剧了"荷兰病"效应的形成与发展。因此，对于旅游经济依赖型目的地，应扭转这种"手段"和"目的"本末倒置的现象，创新政府政绩考核评价机制，制定科学的考评指标体系，对政府政绩综合考核评价，着重增加对整体经济发展绩效的考核，并根据区域经济发展具体情况实施差异化考核指标，着重关注经济增长的整体质量，而不是聚焦于某一产业的发展情况。

第三节　产业发展层面

一、旅游反哺其他产业

"反哺"是一个仿生学概念，用来描述动物尤其是鸟类长大后衔食喂养、报答父母的现象。在我国经济社会发展进程中，早期农业大力支持工业以及城市发展，导致了自身的造血功能不足，农业现代化进程明显滞后于工业化进程；当工业化发展到一定阶段后，为有效解决"三农"问题，就提出了"工业反哺农业"的发展方针。同样，对于旅游经济依赖型目的地而言，旅游业蓬勃发展过程中占用了大量的生产要素，自然也离不开农业和工业的大力支持。因此，有必要从两个角度构建旅游对其他产业的反哺机制：一是直接补贴，即利用旅游业蓬勃发展过程中积累的财富，对工农业发展提供补贴资金、开发投入、研发投资、建设补助、发展贷款和培训投入等；二是在"旅游+"的背景下，充分发挥旅游业对农业和工业的关联带动效应，不断推进农旅融合、工旅融合,要重点发展侧重于助推农业现代化和新型工业化的融合型旅游项目。

二、适度地产业多元化

多元化指的是具有不同特性对象的有机组合,多元化战略即为了提高绩效和避免单一的风险而选择性地进入新领域的发展思路;支柱产业是指在特定区域的国民经济体系中所占比重较大、发展速度较快,对国民经济发展引导、推动和支撑作用较强的产业。对于旅游经济依赖型目的地而言,应对"荷兰病"和经济发展脆弱性最重要的途径就是要改变以旅游业为单一支柱产业的现状,大力培育和发展多元支柱产业,打造复合型的产业优势和产业支撑。具体而言,就是要构建多个产业协同发展的模式,在旅游反哺的基础上实现由旅游业独立促进经济增长演变成多个产业相互密切配合、协调,共同促进经济增长。如丽江市可着力发展烟叶、雪桃、生物药材、清洁载能等产业业态;张家界市可着力发展水电能源、生物医药、旅游商品制造等产业业态;黄山市可着力发展绿色食品、新材料、机械制造等产业业态;阿坝州可着力发展高原特色种植业、农畜产品加工业和清洁能源等产业业态;三亚市可着力发展热带特色高效农业、新兴科技产业和创意园区等产业业态。

三、优化旅游危机管理

旅游经济依赖型旅游地对于外部和内部的因素扰动极为敏感,一旦发生了突发事件、市场需求变化等因素的扰动,都有可能导致旅游业的衰退,对整个地区经济来说无疑会是巨大的灾难。因此,需要优化针对旅游危机的事前、事中、事后的管理机制。首先,应建立旅游经济预警机制,随时对旅游业发展的方方面面进行监测,一旦发现异常,便及时反馈处理,降低旅游危机发生的概率;其次,对于旅游经济依赖型目的地来说,如果扰动已经发生,应在其影响进一步扩大前,对扰动进行合理的控制,设法将其危害程度降到最小,因此需要建立系统全面的扰动干预机制,如设立常态化的旅游危机应急管理机构,集中力量有针对性地对危机进行紧急处理;再次,当扰动发生后,面对扰动给旅游业带来的破坏,应强化旅游产业恢复管理,旅游地政府、旅游企业等相关部门应通过重塑旅游形象、优化发展战略、创新旅游产品、加大宣传力度等手段,使区域旅游业发展恢复到正常状态,甚至有所提升。

第七章　结论与展望

第一节　研究结论

一、理论研究结论

（一）界定了旅游地"荷兰病"效应的概念体系

旅游地"荷兰病"效应是指旅游业过度繁荣形成的路径依赖使得各类生产要素过度集中于旅游业，抑制了其他产业发展，削弱了其他产业对经济发展的贡献，进而对区域经济发展带来的负面影响。实质上，就是旅游业过度繁荣的负反馈，既是过度发展旅游业的"机会成本"；也是区域陷入旅游资源比较优势陷阱的主要表现；还是旅游经济依赖型目的地经济发展高脆弱性的主要诱因。从长远来看，不利于区域经济的可持续发展。旅游地"荷兰病"效应具有经济发展滞后性、支柱产业单一性、外部经济依赖性、产业结构空心化、发展风险潜在性五个方面的特征；其形成过程需要具备市场需求条件、旅游资源条件、产业基础条件和比较优势陷阱四个方面的条件。

（二）分析了旅游地"荷兰病"效应的作用机制

旅游地"荷兰病"效应的作用机制包括发生机制、传导机制和影响机制三个层面。发生机制表现为旅游过度繁荣从"惯性"到"自我强化"，再到形成认知性锁定、功能性锁定和政治性锁定三大锁定的路径依赖，最终将导致"荷兰病"效应，其内在机制为资源转移效应所形成的去工业化或去农业化，外部表现即旅游经济依赖性；传导机制是指旅游地"荷兰病"效应负面影响在区域经济系统中传递的机理与过程，由于旅游业自身的高敏感性特征和过度的旅游经济依赖性形成的单一支柱发展模式会导致区域经济发展的高脆弱性，导致区域发展落入比较优势陷阱，不利于区域经济的长远发展；旅游地"荷兰病"效应的影响主要通过旅游地经济脆弱性来表现，同时，由于旅游业具有关联带动强的特征，加之旅游经济具有依赖性的特性，这一影响机制有可能会被放大或产生连锁反应，使得区域经济不具备可持续发展的基本条件。

（三）提出了旅游地"荷兰病"效应的调控对策

本书从认知定位、政策机制和产业发展三个层面提出了一系列旅游地"荷兰病"效应的调控对策，具体包括：正视旅游产业功能、认清旅游产业地位、优化区域发展定位；制定征收旅游税的相关政策、制定控制生产要素流动政策、制定优化旅游收入分配政策、创新政府政绩考核评价机制；旅游反哺其他产业、适度推行产业多元化；优化旅游危机管理；等等。

二、实证研究结论

（一）差异分析结论

通过统计比较近20年来五个案例地第一产业产值、第二产业产值和旅游总收入，发现五地旅游业发展在总量和增速上都远高于第一产业、第二产业，旅游业在上述区域属于典型单一支柱产业；从产业发展极差、极值比率、标准差、变异系数来看，均表明五地的第一产业、第二产业与旅游业发展的绝对差异和相对差异均呈现出持续地快速扩大的趋势，且旅游业对三者间的发展差异的扩大具有明显拉动贡献作用；从首位度看，五地首位度都远大于2%，表现为经济发展过度集中于旅游业，产业结构失衡；从基尼系数看，丽江市、张家界市的基尼系数均超过0.4，突破了产业差异警戒线；三亚市、阿坝州、黄山市已经属于"高危"状态，距离警戒线也只有一步之遥；通过五地的比较分析发现，五地均属于产业发展过度集中于旅游业的结构扭曲状态，且均有进一步加剧的趋势，其中，又以丽江市、张家界市最为严重；通过云南省内七个地州市的比较分析发现，丽江市产业发展差异明显大于其他地州市，旅游经济依赖现象最为典型。

（二）计量分析结论

从因果关系分析来看,旅游业与被抑制的产业部门(第一产业或第二产业)均存在单向因果关系,即旅游业是被抑制产业部门变化的格兰杰原因,而被抑制产业部门不是旅游业变化的格兰杰原因;同时,被抑制的产业部门也不是国内生产总值或另一产业部门变化的格兰杰原因。

五个案例地的分析结果均表明旅游业是国内生产总值、第一产业、第二产业变化的格兰杰原因;但丽江市第一产业不是国内生产总值、第二产业、旅游业变化的格兰杰原因;张家界市第二产业不是国内生产总值、第一产业、旅游业变化的格兰杰原因;黄山市第二产业不是国内生产总值、第一产业、旅游业变化的格兰杰原因;阿坝州第二产业不是国内生产总值、第一产业、旅游业变化的格兰杰原因;三亚市第二产业不是国内生产总值、第一产业、旅游业变化的格兰杰原因。另外,丽江市和黄山市未被抑制的产业部门也表现为不是另外三个变量变化的格兰杰原因。

从回归分析来看,旅游地"荷兰病"效应在五个案例地都客观存在,但与传统"荷兰病"不同之处在于旅游地"荷兰病"效应既可能是去工业化,也可能是去农业化。其中,丽江市表现为去农业化,而张家界市、黄山市、阿坝州和三亚市表现为去工业化。目前,尚不存在同时抑制第一产业和第二产业两个部门的情况,但结合因果分析的结论和参数估计的结果,在短期内,黄山市很有可能出现去农业化现象,丽江市也存在出现去工业化的可能性。

通过对五个案例地计量经济分析的结果比较,发现旅游地"荷兰病"效应还存在两个方面的规律:一是存在"荷兰病"效应的旅游地经济增长对旅游产业变化不敏感,即旅游业促进经济增长的效率偏低;二是旅游地"荷兰病"效应抑制的对象一般是旅游繁荣前经济增长对其变化敏感程度较高的产业部门。

（三）脆弱性分析结论

通过案例地经济脆弱性的评价不难发现,"荷兰病"效应对区域经济发展存在显著的负面影响,主要表现为由于经济发展对旅游业高度依赖,区域经济发展的敏感性很难有较大改善;虽然随着区域经济的不断发展,应对能力也逐步增强,但依然难以应对高敏感性带来的各种经济波动,经济发展表现出较高的脆弱性,五个案例地在二十年间尤其是近五年,经济发展大多处于极端脆弱或很脆弱状态,不利于区域经济的可持续发展。同时,通过比较分析可见,经济发展脆弱性程度与经济发展对旅游业的依赖程度呈正相关关系;而同在过度的旅游经济依赖背景下,区域经济发展水平与经济脆弱性密切相关,且呈现负相关关系。

通过障碍度分析可发现,对旅游业的过度依赖和自身经济发展能力不足是导致经济发展高脆弱性的主要原因。具体来看,投资、出口等对经济发展的带动作用不足、经济发展过度依赖旅游业、旅游业发展水平与经济发展水平不匹配以及旅游繁荣导致的去工业化和去农业化现象是导致区域经济发展高脆弱性最重要的原因。

综上所述,正如北宋政治家、文学家、唐宋八大家之一的欧阳修在《本论(下)》中所说:"物极必反,数穷则变,此理之常也",旅游产业由于其自身产业特性所限,可以作为区域经济发展的支柱产业,但是不宜作为生命产业。

第二节　研究创新

一、研究视角创新

笔者通过大量的文献检索,发现关于旅游地的理论研究重视"旅游地的旅游业发展"问题,却忽略了旅游业发展的最终目的,即旅游地"本身"的发展。因此,本书突破了"就旅游论旅游"的研究视角,站在区域发展的视角研究旅游业,着力于对以旅游业为单一支柱产业的旅游地"本身"发展的研究,认为旅游业发展是"手段"而非"目的",重新审视和探讨了旅游产业的经济效应,分析了旅游地经济可持续发展的初始条件,即如何才能可持续发展,是对旅游地经济可持续发展理论研究的深化。

二、理论体系构建

正如文献回顾所得出的结论,虽然旅游"荷兰病"效应已经引起了国内外学术界的关注,但研究内容大多局限于存在性探讨和少量对策研究,对于旅游地"荷兰病"效应理论体系还缺乏系统探讨与梳理。因此,本书从概念界定、特征分析、形成条件、发生机制、传导机制、影响机制等层面构建了相对完整的旅游地"荷兰病"效应理论体系。尤其是在旅游地"荷兰病"效应发生机制研究层面,从系统动力学分析和一般均衡分析两个方面阐释了旅游繁荣导致的去农业化或去工业化的过程与机理。

三、实证模型创新

一方面,本书在分析案例地旅游经济依赖问题过程中,将应用于探讨不同区域经济或产业发展差异的研究方法创造性地应用于同一区域不同产业发展差异的分析,提出并测算了旅游产业首位度、旅游产业基尼系数等新的度量指标;另一方面,在旅游地"荷兰病"效应的实证研究中,本书构建了虚拟变量回归分析模型,通过旅游繁荣前后的农业、工业和旅游业对经济增长贡献率的比较分析,探讨了旅游地"荷兰病"效应存在性和影响程度,并在此基础上归纳出了旅游地"荷兰病"效应发生的内在规律。

第三节 研究展望

一、深化现有研究

本书虽然已接近尾声,但仍有诸多值得深化和探讨之处,首先,回归模型中判断旅游繁荣与否的指标 L 的取值标准问题还需要进一步优化;其次,本书主要运用了国内生产总值、第一产业产值、第二产业产值和旅游总收入等表征产值的指标衡量"荷兰病"效应,未来还将重点考虑从表征发展水平的多维指标切入,更为深入地探讨旅游地"荷兰病"效应的内在规律;再次,本书主要从经济发展脆弱性的视角切入分析了旅游地"荷兰病"效应对经济发展的影响,未来将着重考虑将影响分析的视角进一步具体化。

二、拓展研究内容

在深化已有研究内容的同时，旅游地"荷兰病"效应仍有许多问题值得深入探讨，一是本书着重探讨了旅游地"荷兰病"效应对区域经济脆弱性的影响，但对于旅游地"荷兰病"效应其他方面的负反馈研究显得不足，如旅游地"荷兰病"效应对案例地社会福利的影响等；二是在旅游发展与经济增长非线性关系的背景下，深入分析"拐点"问题，也即是旅游地"荷兰病"效应发生的起点问题；三是本书主要从相对较为宏观的三次产业的相关指标切入分析了旅游地"荷兰病"效应，未来将从更为微观经济增长要素的视角切入，着重研究旅游地"荷兰病"效应通过影响劳动、资本、技术、制度、创新等经济增长要素抑制区域经济发展的机理与过程，这也是未来重要的研究方向。

三、统筹研究主题

正如第五章最末的讨论所说，旅游地"荷兰病"效应与旅游业的关联带动效应正如一个硬币的两面，正好是旅游经济效应中相反的两个方面。因此，未来的研究将进一步统筹研究的主体，从更为综合的旅游经济效应角度思考，系统考虑旅游繁荣的利与弊，厘清旅游地"荷兰病"效应与旅游业的关联带动效应、扩散效应以及其他溢出效应之间的关系，更为科学地认知与度量旅游业经济影响。

参考文献

一、文件

《国务院关于加快发展旅游业的意见》,2009 年。

二、中文图书

1.李天元主编:《旅游学》(第二版),高等教育出版社 2006 年版。

2.李天元编著:《旅游学概论》(第七版),南开大学出版社 2014 年版。

3.刘建平主编:《经济计量学》,中国统计出版社 2014 年版。

4.刘燕华、李秀彬主编:《脆弱生态环境与可持续发展》,商务印书馆 2001 年版。

5.罗明义:《旅游经济分析:理论、方法、案例》,云南大学出版社 2010 年版。

6.石培华:《旅游业综合功能与国家战略研究》,中国旅游出版社 2009 年版。

7.苏东水主编:《产业经济学》,高等教育出版社 2000 年版。

8.田里主编:《旅游经济学》,科学出版社 2004 年版。

9.谢彦君:《基础旅游学》,中国旅游出版社 2006 年版。

10.许启发、蒋翠侠编著:《R 软件及其在金融定量分析中的应用》,清华大学出版社 2015 年版。

11.许学强等编著:《城市地理学》,高等教育出版社 1997 年版。

12.杨桂华、陶犁主编:《旅游资源学》(修订版),云南大学出版社 1999

年版。

三、中文论文

1.安祥生、张复明:《山西省资源型经济转型的思考》,《山西教育学院学报》1999 年第 3 期。

2.白钟妍:《旅游资源"荷兰病"效应检验——以西双版纳州为例》,《时代金融》2013 年第 10 期。

3.保继刚、梁增贤:《基于层次与等级的城市旅游供给分析框架》,《人文地理》2011 年第 6 期。

4.曹芳东、黄震方、余凤龙、吴丽敏:《国家级风景名胜区旅游效率空间格局动态演化及其驱动机制》,《地理研究》2014 年第 6 期。

5.曹翔、郭立萍:《中国旅游业发展导致了资源诅咒效应吗?》,《旅游学刊》2017 年第 5 期。

6.陈东田、吴人韦:《旅游度假地开发影响评价研究》,《中国园林》2002 年第 6 期。

7.陈钢华、保继刚:《专业化旅游城市的发展历程与动力机制——以三亚市为例》,《旅游论坛》2014 年第 1 期。

8.陈浩、方杏村:《资源开发、产业结构与经济增长——基于资源枯竭型城市面板数据的实证分析》,《贵州社会科学》2014 年第 12 期。

9.陈秀琼、黄福才:《中国入境旅游的区域差异特征分析》,《地理学报》2006 年第 12 期。

10.陈艳:《生态旅游与经济增长的协整关系研究》,《统计与决策》2013 年第 1 期。

11.陈兆:《我国区域性产业空心化问题的对策研究》,《企业导报》2011 年第 9 期。

12.程志强:《煤炭资源繁荣与鄂尔多斯工业化之路:问题与对策》,《管理世界》2008 年第 1 期。

13.崔远森、谢识予:《资源禀赋与中国制造业出口竞争力——基于省际空间面板数据模型的检验》,《商业经济与管理》2013 年第 12 期。

14.范言慧、席丹、边江泽:《不同部门的 FDI 流入与人民币实际汇率》,《金融研究》2013 年第 8 期。

15.范言慧、席丹、殷琳:《繁荣与衰落:中国房地产业扩张与"荷兰病"》,《世界经济》2013 年第 11 期。

16.房林、邹卫星:《多种单位根检验法的比较研究》,《数量经济技术经济研究》2007 年第 1 期。

17.冯振环、赵国杰:《区域经济发展的脆弱性及其评价体系研究——兼论脆弱性与可持续发展的关系》,《现代财经——天津财经学院学报》2005 年第 10 期。

18.冯宗宪、姜昕、赵驰:《资源诅咒传导机制之"荷兰病"——理论模型与实证研究》,《当代经济科学》2010 年第 4 期。

19.傅荣:《论旅游产业与珠海经济发展》,硕士学位论文,对外经济贸易大学,2002 年。

20.高鸿业:《比较成本学说不应构成我国外贸发展战略的理论基础》,《经济问题探索》1982 年第 4 期。

21.高璐:《旅游产业对区域经济影响的实证研究》,硕士学位论文,中国地质大学(北京),2015 年。

22.葛夕良:《旅游税收的效应与我国旅游税制的完善》,《宏观经济研究》2008 年第 8 期。

23.宫长瑞、王建伟:《生态文明背景下基于绿色 GDP 角度的资源诅咒再验证》,《科技管理研究》2014 年第 19 期。

24.龚秀国、邓菊秋:《中国式"荷兰病"与中国城乡就业研究》,《国际贸易问题》2009 年第 11 期。

25.龚秀国、邓菊秋:《中国式"荷兰病"与中国区域经济发展》,《财经研究》2009 年第 4 期。

26.龚秀国:《中国式"荷兰病"与中国收入分配问题研究》,《经济与管理研究》2009 年第 12 期。

27.龚秀国:《中国式"荷兰病"影响中国财政收支格局的实证分析》,《财经科学》2010 年第 8 期。

28.龚秀国:《中国式"荷兰病"与外来直接投资研究》,《世界经济研究》2010 年第 10 期。

29.龚秀国:《中国式"荷兰病"与中国农业发展研究》,《西南民族大学学报(人文社科版)》2009 年第 1 期。

30.龚秀国:邓菊秋:《中国式荷兰病与金融稳定研究》,《理论与改革》2009 年第 6 期。

31.郭晓琼:《关于俄罗斯是否患上"荷兰病"的实证分析》,《俄罗斯研究》2009 年第 5 期。

32.郝玉柱、敖华:《"荷兰病"问题研究文献述评》,《经济纵横》2014 年第 5 期。

33.何昭丽、孙慧:《西部民族地区旅游专业化对经济是祝福还是诅咒?》,《广西民族研究》2015 年第 1 期。

34.洪银兴:《从比较优势到竞争优势——兼论国际贸易的比较利益理论的缺陷》,《经济研究》1997 第 6 期。

35.黄建毅、刘毅、马丽、李鹤、苏飞:《国外脆弱性理论模型与评估框架研究评述》,《地域研究与开发》2012 年第 5 期。

36.黄燕玲、黄亚冰、罗盛锋:《包容性增长视角下广西旅游经济发展质量评价》,《企业经济》2016 年第 3 期。

37.黄昭昭:《三次产业协同带动研究》,博士学位论文,西南财经大学,2011 年。

38.江宏飞、周伟:《比较优势陷阱:我国纺织业面临的挑战及对策》,《当代经济管理》2007 年第 5 期。

39.蒋德恩:《中国避免落入"比较优势陷阱"的条件与对策》,《北京工商大学学报(社会科学版)》2007 年第 3 期。

40.蒋满元:《旅游外汇收入对国民经济增长的贡献分析》,《旅游学刊》2008 年第 8 期。

41.蒋志敏、李孟刚:《产业空心化新论》,《财经界》2006年第10期。

42.兰海霞:《兰州市多元支柱产业培育与发展研究》,《时代金融》2012年第11期。

43.李峰、吴海霞:《尼日利亚经济增长机制和问题研究——基于荷兰病理论的分析》,《世界地理研究》2015年第3期。

44.李锋:《旅游经济脆弱性:概念界定、形成机理及框架分析》,《华东经济管理》2013年第3期。

45.李鹤、张平宇:《东北地区矿业城市经济系统脆弱性分析》,《煤炭学报》2008年第1期。

46.李军、保继刚:《旅游经济脆弱性特点与产业联系——基于张家界旅游经济的实证研究》,《旅游学刊》2011年第6期。

47.李军林、王麒植、姚东旻:《产业结构与经济风险——来自"荷兰病"的模型分析》,《人文杂志》2016年第2期。

48.李莉、王晓婷、王辉:《脆弱性内涵、评价与研究趋势综述》,《中国渔业经济》2010年第3期。

49.李玫瑰、连序海:《制约我国农业发展的"中国式荷兰病"探究》,《安徽农业科学》2011年第35期。

50.李秋雨、黄悦、刘继生、房艳刚:《广东省旅游业依赖度与经济增长关系的空间态势》,《经济地理》2015年第5期。

51.李玉新、靳乐山:《基于产业协同与城乡统筹的乡村旅游转型路径——以山东省寿光市、蓬莱市、长岛县为例》,《哈尔滨商业大学学报(社会科学版)》2012年第6期。

52.梁增贤、解利剑:《传统旅游城市经济系统脆弱性研究——以桂林市为例》,《旅游学刊》2011年第5期。

53.林毅夫、蔡昉、李周:《比较优势与发展战略——对"东亚奇迹"的再解释》,《中国社会科学》1995年第5期。

54.刘莉亚:《"荷兰病"在中国的适用性分析》,《现代经济信息》2010年第4期。

55.刘伟、李绍荣：《产业结构与经济增长》,《中国工业经济》2002 年第5 期。

56.刘洋：《文化旅游与城市经济协调发展研究》,博士学位论文,西北大学,2016 年。

57.刘勇政、赵建梅：《论分税制下财政转移支付与地方财政努力差异——基于功能与地区多重分类考察的另类荷兰病分析》,《财经研究》2009 年第12 期。

58.刘长生：《一般均衡视角的旅游产业福利效应研究——基于中国四个世界双遗产旅游地的面板数据分析》,《旅游科学》2011 年第4 期。

59.卢万合、刘继生、那伟：《煤矿城市经济系统脆弱性分析》,《煤炭技术》2010 年第7 期。

60.鲁金萍、董德坤、谷树忠、常近时：《基于"荷兰病"效应的欠发达资源富集区"资源诅咒"现象识别——以贵州省毕节地区为例》,《资源科学》2009 年第2 期。

61.陆建明、王文治：《资源产品出口管制政策的效果分析——出口税与出口配额的比较》,《经济管理》2011 年第12 期。

62.陆文聪、许为：《中国落入"比较优势陷阱"了吗?》,《数量经济技术经济研究》2015 年第5 期。

63.陆云航、刘文忻：《"资源诅咒"问题研究的困境与出路》,《经济学动态》2013 年第10 期。

64.罗明义：《对把旅游业培育成国民经济的战略性支柱产业的认识》,《经济问题探索》2010 年第6 期。

65.吕品、麻学锋：《凤凰旅游的富民效应分析——基于劳动收入占比的视角》,《三峡论坛(三峡文学·理论版)》2011 年第3 期。

66.马波：《中国旅游业"潮涌现象"的预警与预防》,《旅游学刊》2011 年第1 期。

67.马云泽、刘春辉：《美国产业空心化与金融危机》,《桂海论丛》2010 年第3 期。

68.漆艰明:《从"荷兰病"谈真实汇率管理》,《国际金融研究》1990 年第 10 期。

69.邵帅、杨莉莉:《自然资源丰裕、资源产业依赖与中国区域经济增长》,《管理世界》2010 年第 8 期。

70.苏飞、储毓婷、张平宇:《我国典型旅游城市经济脆弱性及障碍因素分析》,《经济地理》2013 年第 12 期。

71.苏飞、张平宇、李鹤:《中国煤矿城市经济系统脆弱性评价》,《地理研究》2008 年第 4 期。

72.苏飞、张平宇:《阜新市社会系统脆弱性评价》,《资源与产业》2008 年第 4 期。

73.苏飞、张平宇:《石油城市经济系统脆弱性评价——以大庆市为例》,《自然资源学报》2009 年第 7 期。

74.孙平军、修春亮:《基于 PSE 模型的矿业城市经济发展脆弱性研究》,《地理研究》2011 年第 2 期。

75.孙伟忠:《我国价格贸易条件的恶化与比较优势陷阱、贸易结构》,《长春工业大学学报(社会科学版)》2008 年第 3 期。

76.王佃凯:《比较优势陷阱与中国贸易战略选择》,《经济评论》2002 年第 2 期。

77.魏敏:《旅游资源依赖型城市形成与发展模式研究》,《财贸研究》2010 年第 3 期。

78.吴爱芝、杨开忠、李国平:《中国区域经济差异变动的研究综述》,《经济地理》2011 年第 5 期。

79.吴海民:《要素成本膨胀、"荷兰病"与中国制造业"空心化":基于世界工厂全球迁徙现象的分析》,《发展研究》2016 年第 12 期。

80.武剑、杨爱婷:《基于 SPA 的广东省区域经济脆弱性及障碍因素研究》,《经济地理》2012 年第 9 期。

81.项怡娴、保继刚:《旅游业对旅游经济依赖型目的地就业影响研究——以武陵源为例》,中国地理学会 2007 年学术年会论文,2007 年 11 月。

82.谢波、陈仲常:《旅游业对制造业集聚及经济增长的影响》,《重庆大学学报(社会科学版)》2015 年第 2 期。

83.谢朝武:《业外突发事件与旅游业的应急管理研究》,《华侨大学学报(哲学社会科学版)》2008 年第 4 期。

84.邢国均:《"荷兰病"的中国变异》,《装备制造》2011 年第 6 期。

85.徐红罡:《资源型旅游地增长极限的理论模型》,《中国人口·资源与环境》2006 年第 5 期。

86.徐康宁、邵军:《自然禀赋与经济增长:对"资源诅咒"命题的再检验》,《世界经济》2006 年第 11 期。

87.徐力行、高伟凯:《产业创新与产业协同——基于部门间产品嵌入式创新流的系统分析》,《中国软科学》2007 年第 6 期。

88.徐文海、曹亮:《国际旅游服务贸易问题研究:文献述评》,《国际贸易问题》2012 年第 8 期。

89.闫滕滕:《典型旅游城市旅游产业对区域经济发展的影响研究——以曲阜市为例》,硕士学位论文,青岛大学,2013 年。

90.颜锋:《自然资源丰裕度与区域经济增长关系的再检验》,《统计与决策》2014 年第 5 期。

91.杨高举、黄先海:《中国会陷入比较优势陷阱吗?》,《管理世界》2014 年第 5 期。

92.杨开忠:《中国区域经济差异变动研究》,《经济研究》1994 年第 12 期。

93.杨权、张宇:《移民汇款、实际汇率升值及"荷兰病"——基于中国的实证检验》,《世界经济研究》2013 年第 9 期。

94.杨懿、潘华:《旅游经济依赖型目的地经济脆弱性及其评价研究》,《经济问题探索》2015 年第 8 期。

95.杨懿、田里、钟晖:《"荷兰病"型旅游地:内涵解析与识别流程》,《当代经济管理》2017 年第 4 期。

96.杨懿、杨先明:《旅游地"荷兰病"效应:旅游负面经济影响研究新视角》,《财经理论与实践》2015 年第 5 期。

97.杨懿：《"荷兰病"型旅游地经济发展脆弱性测度与调控研究》，博士学位论文，云南大学，2013年。

98.杨玉文：《民族地区资源开发的"荷兰病"效应探究》，《经济问题探索》2013年第2期。

99.伊万·沙拉法诺夫、任群罗：《哈萨克斯坦如何应对"荷兰病"》，《俄罗斯研究》2015年第2期。

100.尹贻梅、刘志高、刘卫东：《路径依赖理论研究进展评析》，《外国经济与管理》2011年第8期。

101.应瑞瑶、周力：《资源禀赋与绿色创新——从中国省际数据的经验研究看"荷兰病"之破解》，《财经研究》2009年第11期。

102.张复明、景普秋：《资源型经济的形成：自强机制与个案研究》，《中国社会科学》2008年第5期。

103.张建华：《一种简便易用的基尼系数计算方法》，《山西农业大学学报（社会科学版）》2007年第3期。

104.张丽峰：《我国城镇居民旅游消费对经济增长影响的实证分析》，《消费经济》2008年第5期。

105.张良悦、刘东、刘伟：《土地贴现、资本深化与经济增长——基于省级面板数据的分析》，《财经科学》2013年第3期。

106.张天舒：《资源禀赋、制度弱化与经济增长》，《经济与管理研究》2013年第6期。

107.张文菊：《我国专业化旅游城市旅游化程度及进程对比》，《商业时代》2014年第17期。

108.张新华、谷树忠、王兴杰：《新疆矿产资源开发效应及其对利益相关者的影响》，《资源科学》2011年第3期。

109.赵磊、方成：《旅游业与经济增长的非线性门槛效应——基于面板平滑转换回归模型的实证分析》，《旅游学刊》2017年第4期。

110.赵磊：《国外旅游发展促进经济增长假说（TLGH）研究综述》，《旅游科学》2012年第4期。

111.赵磊、方成、吴向明:《旅游发展、空间溢出与经济增长——来自中国的经验证据》,《旅游学刊》2014年第5期。

112.赵磊:《旅游发展与中国经济增长效率——基于Malmquist指数和系统GMM的实证分析》,《旅游学刊》2012年第11期。

113.赵小芸:《旅游投资在西部旅游扶贫中的效用分析》,《旅游学刊》2004年第1期。

114.赵映慧、姜博、李亚青:《东北地区老年煤炭城市经济系统脆弱性比较》,《国土与自然资源研究》2011年第4期。

115.郑佳琪:《劳动密集型"荷兰病"对我国经济的影响——基于1990—2011年的实证检验》,《商业时代》2013年第9期。

116.郑猛、罗淳:《论能源开发对云南经济增长的影响——基于"资源诅咒"系数的考量》,《资源科学》2013年第5期。

117.钟伟:《旅游业扩张对城市经济增长的影响》,博士学位论文,华东师范大学,2013年。

118.钟伟:《旅游业扩张对旅游城市经济影响的均衡分析:一个理论模型》,《现代城市研究》2016年第8期。

119.周建、陈晓燕:《自然资源丰足引发的"荷兰病"及其个案分析》,《市场经济管理》1996年第2期。

120.周晓唯、宋慧美:《新疆经济增长和能源优势的关系——基于"资源诅咒"假说的实证分析》,《干旱区资源与环境》2011年第11期。

121.朱希伟、曾道智:《旅游资源、工业集聚与资源诅咒》,《世界经济》2009年第5期。

122.左冰:《旅游能打破资源诅咒吗?——基于中国31个省(市、区)的比较研究》,《商业经济与管理》2013年第5期。

123.左冰:《中国旅游产出乘数及就业乘数的初步测算》,《云南财贸学院学报》2002年第6期。

124.左冰:《中国旅游经济增长因素及其贡献度分析》,《商业经济与管理》2011年第10期。

四、英文论文

1. Acosta P. A. , Lartey E. K. K. , Mandelman F. S. , "Remittances and the Dutch disease" , *Journal of International Economics* , Vol.79 , No.1 , 2009 , pp.102−116.

2. Acosta − Michlik L. , Espaldon V. , "Assessing Vulnerability of Selected Farming Communities in the Philippines Based on a Behavioural Model of Agent's Adaptation to Global Environmental Change" , *Global Environmental Change* , Vol. 18 , No.4 , 2008 , pp.554−563.

3. Adamou A. , Clerides S. , "Prospects and Limits of Tourism−led Growth : The International Evidence" , *SSRN Electronic Journal* , 2009.

4. Akorlie A. Nyatepe − Coo , "Dutch Disease , Government Policy and Import Demand in Nigeria" , *Applied Economics* , Vol.26 , No.4 , 1994 , pp.327−336.

5. Álvarez R. , Fuentes J. R. , "Specialization Dynamics and Natural Resources Abundance" , *Review of World Economics* , Vol.148 , No.44 , 2012 , pp.733−750.

6. Apergis N. , El−Montasser G. , Sekyere E. , et al. , "Dutch Disease Effect of Oil Rents on Agriculture Value Added in Middle East and North African(MENA) Countries" , *Energy Economics* , Vol.45 , No.1 , 2014 , pp.485−490.

7. Archer B. , "Importance of Tourism for the Economy of Bermuda" , *Annals of Tourism Research* , Vol.22 , No.4 , 1995 , pp.918−930.

8. Arezki R. , Ismail K. , "Boom − bust Cycle, Asymmetrical Fiscal Response and the Dutch Disease" , *Journal of Development Economics* , Vol. 101 , 2013 , pp. 256−267.

9. Ashworth G. , Page S. J. , "Urban Tourism Research : Recent Progress and Current Paradoxes" , *Tourism Management* , Vol.32 , No.1 , 2011 , pp.1−15.

10. Balaguer J. , Cantavella−Jordà M. , "Tourism As a Long−run Economic Growth Factor : The Spanish Case" , *Applied Economics* , Vol. 34 , No. 7 , 2002 , pp. 877−884.

11. Bandara J. S. , "An Investigation of 'Dutch disease' Economics with a

Miniature CGE Model", *Journal of Policy Modeling*, Vol. 13, No. 1, 1991, pp. 67-92.

12.Barham B.L., Coomes O.T., "Reinterpreting the Amazon Rubber Boom: Investment, the State, and Dutch Disease", *Latin American Research Review*, Vol.29, No.2, 1994, pp.73-109.

13.Bebchuk. L. A, Roe. M. J., "A Theory of Path Dependence in Corporate Ownership and Governance", *Stanford Law Review*, Vol.52, 1999, pp.127-170.

14.Behzadan N., Chisik R., Onder H., et al., "Does Inequality Drive the Dutch Disease? Theory and Evidence", *Journal of International Economics*, Vol. 106, 2017, pp.104-118.

15.Beine M., Coulombe S., Vermeulen W.N., "Dutch Disease and the Mitigation Effect of Migration: Evidence from Canadian Provinces", *Economic Journal*, Vol.125, No.589, 2015, pp.1574-1615.

16.Benjamin N.C., "Investment, the Real Exchange Rate, and Dutch Disease: A Two-period General Equilibrium Model of Cameroon", *Journal of Policy Modeling*, Vol.12, No.1, 1990, pp.77-92.

17.Benjamin N.C., "The Dutch Disease in a Developing Country: Oil Reserves in Cameroon", *Journal of Development Economics*, Vol.30, No.1, 1989, pp.71-92.

18.Bjørnland H.C., Thorsrud L.A., "Boom or Gloom? Examining the Dutch Disease in Two-speed Economies", *Economic Journal*, Vol.126, No.598, 2016, pp. 68-91.

19.Blaikie P., Cannon T., Davis I., et al., At Risk: Natural Hazards, People's Vulnerability and Disasters, London: Psychology Press, 2004.

20.Botta A., Godin A., Missaglia M., "Finance, Foreign (direct) Investment and Dutch Disease: The Case of Colombia", *Economia Political*, Vol. 33, No. 2, 2015, pp.1-25.

21.Brau R., Lanza A., Pigliaru F., "How Fast are Small Tourism Countries Growing? Evidence from the Data for 1980 - 2003", *Tourism Economics*, Vol.13,

No.4,2007,pp.603-613.

22. Brittan S., "Sterling and the Dutch Disease", *Financial Times*, Vol. 28,1977.

23. Bruno M., Sachs J., "Energy and Resource Allocation: A Dynamic Model of the 'Dutch Disease'", *Review of Economic Studies*, Vol.49, No.49, 1982, pp. 845-859.

24. Buiter W.H., Purvis D.D., "Oil, Disinflation, and Export Competitiveness: A Model of the 'Dutch disease'", 1980.

25. Bunte J.B., "Wage Bargaining, Inequality, and the Dutch Disease", *International Studies Quarterly*, Vol.60, No.4, 2016, pp.677-692.

26. Butler R.W., "The Concept of a Tourism Area Cycle of Evolution: Implications for the Management of Resources", *Canadian Geographer*, Vol.24, No.1, 1980, pp.5-12.

27. Capo J., Font A.R., Nadal J.R., "Dutch Disease in Tourism Economies: Evidence from the Balearics and the Canary Islands", *Journal of Sustainable Tourism*, Vol.15, No.6, 2007, pp.615-627.

28. Caputo R., Valdés R., "A Fiscal Vaccine Against the Dutch disease", *Applied Economics Letters*, Vol.23, No.1, 2016, pp.68-73.

29. Chand S., Levantis T., "Dutch Disease and the Crime Epidemic: An Investigation of the Mineral Boom in Papua New Guinea", *Australian Journal of Agricultural & Resource Economics*, Vol.44, No.1, 2000, pp.129-146.

30. Chang J.J., Lu L., Hu S., "Congestion Externalities of Tourism, Dutch Disease and Optimal Taxation: Macroeconomic Implications", *Economic Record*, Vol. 87, No.276, 2011, pp.90-108.

31. Chao C.C., Hazari B.R., Laffargue J.P., et al., "Tourism, Dutch Disease and Welfare in an Open Dynamic Economy", *The Japanese Economic Review*, Vol. 57, No.4, 2006, pp.501-515.

32. Chen M., Jan S., Kim H., "Tourism Expansion and Economic

Development:The Case of Taiwan", *Tourism Management*, Vol.27, No.5, 2006, pp. 925-933.

33.Chen P., Lai C., Chu H., "Welfare Effects of Tourism-driven Dutch Disease:The Roles of International Borrowings and Factor Intensity", *International Review of Economics & Finance*, Vol.44, 2016, pp.381-394.

34.Cherif R., "The Dutch Disease and the Technological Gap", *Journal of Development Economics*, Vol.101, 2013, pp.248-255.

35.Chowdhury M.B., Rabbi F., "Workers' Remittances and Dutch Disease in Bangladesh", *The Journal of International Trade & Economic Development*, Vol.23, No.4, 2014, pp.455-475.

36.Clark G.E., Moser S.C., Ratick S.J., et al., "Assessing the Vulnerability of Coastal Communities to Extreme Storms:The Case of Revere, MA.USA", *Mitigation and Adaptation Strategies for Global Change*, Vol.3, No.1, 1998, pp.59-82.

37.Copeland B., "Booming Sector and Dutch Disease Economics Survey and Consolidation", *Oxford Economics Paper*, Vol.58, No.3, 1991, pp.515-529.

38.Cutter S.L., "Vulnerability to Environmental Hazards", *Progress in Human Geography*, Vol.20 No.4, 1996, pp.529-539.

39.David, P.A., "Clio and the Economics of QWERTY", *American Economic Review*, Vol.75, No.2, 1985, pp.332-337.

40.Davis G.A., "Learning to Love the Dutch Disease:Evidence from the Mineral Economies", *World Development*, Vol.23, No.10, 1995, pp.1765-1779.

41.Divisekera S., "Economics of Tourist's Consumption Behavior Some Evidence from Australia", *Tourism Management*, Vol.31, No.5, 2010, pp.629-636.

42.Donald G. Richards, "Booming-sector Economic Activity in Paraguay 1973-1986:A Case of Dutch Disease?", *Journal of Development Studies*, Vol.31, No.2, 1994, pp.310-333.

43.Drelichman M., "The Curse of Moctezuma:American Silver and the Dutch Disease", *Explorations in Economic History*, Vol.42, No.3, 2005, pp.349-380.

44.Dülger F., Lopcu K., Burgaç A., et al., "Is Russia Suffering from Dutch Disease? Cointegration with Structural Break", *Resources Policy*, Vol.38, No.4, 2013, pp.605-612.

45.Durbarry R., "Tourism and Economic Growth: The Case of Mauritius", *Tourism Economics*, Vol.10, No.4, 2004, pp.389-401.

46.Dwyer L., Pham T., Jago L., et al., "Modeling the Impact of Australia's Mining Boom on Tourism: A Classic Case of Dutch Disease", *Journal of Travel Research*, Vol.55, No.2, 2016.

47.Eide E., "Virkninger av Statens Oljeinntekter pa Norsk Okonomi", *Sosialokonomen*, Vol.27, No.10, 1973, pp.12-21.

48.Erling Steigum Jr, "Wealth, Structural Adjustment and Optimal Recovery from the Dutch Disease", *Journal of International Trade & Economic Development*, Vol.1, No.1, 1989, pp.2578-2582.

49.Fakhri H., "Dutch Disease and Azerbaijan Economy", *Communist and Post-Communist Studies*, Vol.46, No.4, 2013, pp.463-480.

50.Fardmanesh M., "Dutch Disease Economics and Oil Syndrome: An Empirical Study", *World Development*, Vol.19, No.6, 1991, pp.711-717.

51.Fardmanesh M., "Terms of Trade Shocks and Structural Adjustment in a Small Open Economy: Dutch Disease and Oil Price Increases", *Journal of Development Economics*, Vol.34, No.1, 1990, pp.339-353.

52.Fielding D., "Aid and Dutch Disease in the South Pacific and in Other Small Island States", *Journal of Development Studies*, Vol.46, No.5, 2010, pp.918-940.

53.Fielding D., Gibson F., "Aid and Dutch Disease in Sub-Saharan Africa", *Journal of African Economies*, Vol.22, No.1, 2011, pp.1-21.

54.Figini P., Vici L., "Tourism and Growth in a Cross Section of Countries", *Tourism Economics*, Vol.16, No.4, 2010, pp.789-805.

55.Gaber T., Griffith T.K., "The Assessment of Community Vulnerability to

Acute Hazardous Materials Incidents", *Journal of Hazardous Materials*, No. 8, 1980, pp.323-333.

56.Garud R., Rappa.M., "A Socio-cognitive Model of Technology Evolution: The Case of Cochlear Implants", *Organization Science*, Vol. 5, No. 3, 1994, pp. 344-362.

57.Ge W., Kinnucan H.W., "The Effects of Mongolia's Booming Mining Industry on Its Agricultural Sector: A Test for Dutch Disease", *Agricultural Economics*, 2017.

58.Grabher.G., The Weakness of Strong Ties: The Lock -in of Regional Development in the Ruhr Area, The Embedded Firm on the Socioeconomics of Industrial Networks, London: Routledge, 1993.

59.Gregory R.G., "Some Implications of the Growth of the Mineral Sector", *Australian Journal of Agricultural and Resource Economics*, Vol.20, No.2, 1976, pp. 71-91.

60.Gunduz L., Hatemi J., "Is the Tourism-led Growth Hypothesis Valid for Turkey?", *Applied Economics Letter*, Vol.12, No.8, 2005, pp.499-504.

61.Henry E.W., Deane B., "The Contribution of Tourism to the Economy of Ireland in 1990 and 1995", *Tourism Management*, Vol. 18, No. 8, 1997, pp. 535-553.

62.Hinloopen J., Van Marrewijk C., "Dynamics of Chinese Comparative Advantage", *Social Science Electronic Publishing*, Vol.34, No.2, 2004.

63.Hjort J., "Citizen Funds and Dutch Disease in Developing Countries", *Resources Policy*, Vol.31, No.3, 2006, pp.183-191.

64.Holzner M., Fear of Croatian Disease, Is There a Danger of a Dutch Disease Effect with Respect to a Boom in the Tourism Sector in Croatia in the Long Run - The Croatian Disease? WU Vienna University of Economics and Business, 2005.

65.Inchausti-Sintes F., "Tourism: Economic Growth, Employment and Dutch

Disease", *Annals of Tourism Research*, Vol.54, 2015, pp.172-189.

66. Jackline Wahba, "The Transmission of Dutch Disease and Labour Migration", *Journal of International Trade & Economic Development*, Vol.7, No.3, 1998, pp.355-365.

67. Janta H., Lugosi P., Brown L., et al., "Migrant Networks, Language Learning and Tourism Employment", *Tourism Management*, Vol.33, No.2, 2012, pp.431-439.

68. Kamas L., "Dutch Disease Economics and the Colombian Export Boom", *World Development*, Vol.14, No.9, 1986, pp.1177-1198.

69. Kates, R W., "The Interaction of Climate and Society", *Climate Impact Assessment*, 1985, pp.3-36.

70. Kitson M., Michie J., "Does Manufacturing Matter?", *International Journal of the Economics of Business*, Vol.4, No.1, 1997, pp.71-95.

71. Lartey E. K. K., "Capital Inflows, Dutch Disease Effects, and Monetary Policy in a Small Open Economy", *Review of International Economics*, Vol.16, No.5, 2008, pp.971-989.

72. Lartey E. K. K., "Financial Openness and the Dutch Disease", *Review of Development Economics*, Vol.15, No.3, 2011, pp.556-568.

73. Lartey, Emmanuel K. K., F. S. Mandelman, and P. A. Acosta, "Remittances, Exchange Rate Regimes and the Dutch Disease: A Panel Data Analysis", *Review of International Economics*, Vol.20, No.2, 2012, pp.377 - 395.

74. Lean H., Tang C., "Is the Tourism-led Growth Hypothesis Stable for Malaysia? A Note", *International Journal of Tourism Research*, Vol.12, No.4, 2010, pp.375-378.

75. Levy S., "Public Investment to Reverse Dutch Disease: The Case of Chad", *Journal of African Economies*, Vol.16, No.3, 2008, pp.439-484.

76. Liu D.Y., Yang W.J., "A CGE Model of 'Dutch Disease' Economics in Taiwan", *Journal of International Trade & Economic Development*, Vol.9, No.1,

2000,pp.83-100.

77.Looney R.E.,"Diversification in a Small Oil Exporting Economy:The Impact of the Dutch Disease on Kuwait's Industrialization",*Resources Policy*,Vol.17,No.1,1991,pp.31-41.

78.Macedo J.D.,"Currency Diversification and Export Competitiveness:A Model of the 'Dutch Disease' in Egypt",*Journal of Development Economics*,Vol.11,No.3,1892,pp.287-306.

79.Matsen E.,Torvik R.,"Optimal Dutch disease",*Journal of Development Economics*,Vol.78,No.2 2002,pp.494-515.

80.Matsuyama K.,"Agricultural Productivity,Comparative Advantage,and Economic Growth",*Journal of Economic Theory*,Vol.58,No.2,1990,pp.317-334.

81.McKinnon R.I.,International Transfers and Non-traded Commodities,the Adjustment Problem,The International Monetary System and the Developing Nations,Washington,D.C.Agency for International Development,Vol.98,1976.

82.Mieiro S.,Ramos P.N.,Alves J.,"Dutch Disease in a Gaming Tourism Economy:The Case of Macau",Proc.IPEDR,Vol.52,2012,pp.67-71.

83.Mironov V.V.,Petronevich A.V.,"Discovering the Signs of Dutch Disease in Russia",*Resources Policy*,Vol.46,2015,pp.97-112.

84.Mogotsi I.,"Botswana's Diamonds Boom Was There a Dutch Disease?",*South African Journal of Economics*,Vol.70,No.1,2002,pp.128-155.

85.North D.C.,Institutions,Institutional Change and Economic Performance,Cambridge University Press,1990.

86.Nowak J.J.,Sahli M.,"Coastal Tourism and 'Dutch Disease' in a Small Island Economy",*Tourism Economics*,Vol.13,No.1,2007,pp.49-65.

87.Oh C.,"The Contribution of Tourism Development to Economic Growth in the Korea Economy",*Tourism Management*,Vol.26,No.1,2005,pp.39-44.

88.Paldam M.,"Dutch Disease and Rent Seeking:The Greenland Model",*European Journal of Political Economy*,Vol.13,No.3,1997,pp.591-614.

89 Papyrakis E., Raveh O., "An Empirical Analysis of a Regional Dutch Disease: The Case of Canada", *Environmental & Resource Economics*, Vol.58, No.2, 2014, pp.179–198.

90. Parcin M., Dezhbakhsh H., "Trade, Technology Transfer, and Hyper-Dutch Disease In Opec: Theory and Evidence", *International Journal of Middle East Studies*, Vol.20, No.4, 1988, pp.469–477.

91. Patrick Guillaumont, On the Economic Vulnerability of Low Income Countries, Report prepared for the United Nations, 1999.

92. Pedro M. G. Martins, "Do Large Capital Inflows Hinder Competitiveness? The Dutch disease in Ethiopia", *Applied Economics*, Vol. 45, No. 8, 2013, pp. 1075–1088.

93. Pegg S., "Is There a Dutch Disease in Botswana?", *Resources Policy*, Vol. 35, No.1, 2010, pp.14–19.

94. Petri P.A., "Capital Flows and Export Externalities: An East Asian Cure for the Dutch Disease?", *Asian Economic Journal*, Vol.3, No.2, 1989, pp.21–47.

95. Pham T., Jago L., Spurr R., et al., "The Dutch Disease Effects on Tourism-the Case of Australia", *Tourism Management*, Vol.46, 2015, pp.610–622.

96. Po W.C., Huang B.N., "Tourism Development and Economic Growth - a Nonlinear Approach", *Physica A Statistical Mechanics & Its Applications*, Vol.387, No.22, 2008, pp.5535–5542.

97. Polsky C., Neff R., Yarnal B., "Building Comparable Global Change Vulnerability Assessment: The Vulnerability Scoping Diagram", *Global Environmental Change*, Vol.17, No.34, 2007, pp.472–485.

98. Prahalad C. K., Hamel G., "The Core Competence of the Corporation", *Harvard Business Review*, Vol.5–6, 1990, pp.78–91.

99. Prakash K.A., Mala A., "Is the Dutch Disease Effect Valid in Relation to Remittances and the Real Exchange Rate in Fiji?", *Journal of the Asia Pacific Economy*, No.4, 2016, pp.1–7.

100. Proudman J., Redding S., "Evolving Patterns of International Trade", *Review of International Economics*, Vol.8, No.3, 2000, pp.373−396.

101. Rajan R.G., Subramanian A., "Aid, Dutch Disease, and Manufacturing Growth", *Journal of Development Economics*, Vol.94, No.1, 2011, pp.106−118.

102. Ramírez−Cendrero J.M., Wirth E., "Is the Norwegian Model Exportable to Combat Dutch disease?", *Resources Policy*, Vol.48, 2016, pp.85−96.

103. Richard M., Auty, Sustaining Development in Mineral Economics: The Resource Curse Thesis, London: Routledge, 1993.

104. Roy R., Dixon R., "Workers' Remittances and the Dutch Disease in South Asian Countries", *Applied Economics Letters*, Vol. 23, No. 6, 2016, pp. 407−410.

105. Saborowski C., "Can Financial Development Cure the Dutch Disease?", *International Journal of Finance & Economics*, Vol.16, No.3, 2011, pp.218−236.

106. Sachs J., Warner A., "Natural Resource Abundance and Economic Growth", *NBER Working Paper*, Vol.81, No.4, 1995, pp.496−502.

107. Sanchez A., Cruz J.M.G.D.L., Mora A.D.S., "International Trade, Commodities and Dutch Disease: Comparative Study of Static Effects in Chile and Norway", *Revista De Economia Mundial*, No.39, 2015, pp.179−200.

108. Shan J., Wilson K., "Causality between Trade and Tourism: Empirical Evidence from China", *Applied Economics Letters*, Vol.8, No.4, 2001, pp.279−283.

109. Sharpley R. and Telfer D. (Eds), Tourism and Development: Concepts and Issues, Channel View Publications, 2002.

110. Sheng L., "Specialization Versus Diversification: A Simple Model for Tourist Cities", *Tourism Management*, Vol.32, No.5, 2011, pp.1229−1231.

111. Sheng L., "Taxing Tourism and Subsidizing Non−tourism: A Welfare−enhancing Solution to 'Dutch Disease'?", *Tourism Management*, Vol. 32, No. 5, 2011, pp.1223−1228.

112. Sheng L., Tsui Y., "Taxing Tourism: Enhancing or Reducing Welfare?",

Journal of Sustainable Tourism, Vol.17, No.5, 2009, pp.627-635.

113. Sinclair T., "Tourism and Economic Development: A Survey", *Journal of Development Studies*, Vol.34, No.5, 1998, pp.1-51.

114. Snape R. H., "Effects of Mineral Development on the Economy", *Australian Journal of Agricultural and Resource Economics*, Vol.21, No.3, 1977, pp. 147-156.

115. Timmerman P., Vulnerability Resilience and the Collapse of Society, Environmental Monograph, Toronto: Institute for Environmental Studies.1981.

116. Torvik R., "Learning by Doing and the Dutch Disease", *European Economic Review*, Vol.45, No.2, 2001, pp.285-306.

117. Turner B. L. I., Kasperson R. E., Matson P. A., et al., "A Framework for Vulnerability Analysis in Sustainability Science", Proceedings of the National Academy of Sciences of the United States of America, Vol. 100, No. 14, 2003, pp. 8074-8079.

118. Uddin M.B., Murshed S.M., "International Transfers and Dutch Disease: Evidence from South Asian Countries", *Journal of the Asia Pacific Economy*, Vol. 22, No.3, 2017, pp.486-509.

119. Usui N., "Dutch Disease and Policy Adjustments to the Oil Boom: A Comparative Study of Indonesia and Mexico", *Resources Policy*, Vol.1997, No.48, 2010, pp.136-137.

120. Usui N., "Policy Adjustments to the Oil Boom and Their Evaluation: The Dutch Disease in Indonesia", *World Development*, Vol.24, No.5, 1996, pp.887-900.

121. Van P.H., "Dutch Disease in the Labor Market: Women, Services, and Industrialization", *Review of Development Economics*, Vol. 13, No. 4, 2009, pp. 560-575.

122. Van Wijnbergen S., Optimal Investment and Exchange Rate Management in Oil Exporting Countries: A Normative Analysis of the Dutch Disease, mimeo, Development Research Center, World Bank, 1981.

123. Vos R., "Aid Flows and 'Dutch Disease' in a General Equilibrium Framework for Pakistan", *Journal of Policy Modeling*, Vol. 20, No. 1, 1995, pp. 77–109.

124 W. M. Corden, J. P. Neary, "Booming Sector and De-Industrialization in a Small Open Economy", *Economic Journal*, Vol. 92, 1982, pp. 825–848.

125. Watts M. J., Bohle H. G., "The Space of Vulnerability: The Causal Structure of Hunger and Famine", *Progress in Human Geography*, Vol. 17, No. 1, 1993, pp. 43–67.

126. Wijnbergen S. V., "Inflation, Employment, and the Dutch Disease in Oil-Exporting Countries: A Short-Run Disequilibrium Analysis", *Quarterly Journal of Economics*, Vol. 99, No. 2, 1984, pp. 233–250.

127. Younger S. D., "Aid and the Dutch Disease: Macroeconomic Management When Everybody Loves You", *World Development*, Vol. 20, No. 11, 1992, pp. 1587–1597.

128. Burton I., White G. F., The Environment as Hazard, 2nd Edition. New York: The Guilford Press, 1993.

129. "The Dutch Disease", *The Economist*, Vol. 82, 1977.

130. "Highlights UNWTO Tourism. 2016, Madrid", World Tourism Organization, 2015.

致　　谢

春城七月,骄阳似火。经过四年的努力,本次研究已暂告一个段落。一路走来,因为有着博学的师长、无间的挚友、无私的父母和亲爱的妻儿相伴,我才得以顺利完成研究。提笔撰写致谢之际,要感谢很多很多的人,感恩很多很多的事。

道之所存,师之所存。十一年前硕士入学结缘田里教授,五年前博士答辩幸会杨先明教授,多年就道,我只进微末,却受益终身。在此特别感谢我的博士导师田里教授和博士后合作导师杨先明教授,两位恩师在我从课题申报到完成研究的过程中一直尽心尽力地帮助我、辅导我,使我领略到学无止境的内涵,也在我彷徨时、困惑时给予我及时指点。两位恩师在学术上对我谆谆教诲和严格要求,其言传身教始终是我前行的原动力。如海师恩,诚望为续,学生必当精进不已。

经师易遇,人师难遇。感谢完成研究期间所有的一课之师、一面之师、一言之师。感谢云南大学吕宛青教授、杨桂华教授、梁双陆教授、吕昭河教授、罗淳教授,云南财经大学赵果庆教授和中国科学院地理科学与资源研究所钟林生研究员在开题论证及中期咨询过程中给我提出的宝贵意见;感谢美国华盛顿州立大学陈明祥教授、Jenny Kim 教授,英国莱斯特大学周成博士,中国台湾长荣大学林建邦教授、中国台湾中兴大学鲁真教授,中国香港浸会大学Monique S.K.Wan 副教授、曹康华博士,中山大学徐红罡教授、左冰副教授,北京联合大学李柏文教授,湖南师范大学何昀副教授,中南大学谭文武博士,吉

217

首大学周运瑜副教授,云南大学李朝迁副教授、李波副教授、魏巍博士,安徽财经大学王良举博士,黄山学院刘祥恒博士,西南财经大学胥兴安博士,成都理工大学徐胜兰博士,四川省城乡规划设计院班璇规划师,海南大学陈海鹰副教授,海南热带海洋大学(原琼州学院)江军副教授、宋丹瑛博士,海南省旅游发展委员会陈耀巡视员,三亚市旅游发展委员会王格林先生、王金启先生,三亚市旅游协会赵宽先生、徐启胜先生以及南京晓庄学院孙景荣博士等在研究过程中给我提供的建议、数据和资讯。同时,我也要感谢为研究提供参考文献的国内外相关学者,有您们的研究成果,使我的研究有了更为明确的方向和坚实基础。在此,表示衷心的感谢和致以崇高的敬意。

荏苒忆昔,三生有幸。我要特别感谢云南大学工商管理与旅游管理学院的领导和老师们,在研究期间给予我的大力支持和理解,甚至在我分身乏术、力不从心时替我分担了许多繁杂的工作;还要感谢云南大学社科处陈小华老师及其他的各位老师们,在国家社科基金项目研究期间给予我的帮助和支持。

十载同行,一生事契。很荣幸十余年来身处一个强大的研究团队,让我不敢松懈,奋力向前。有幸结识和共事了跨越十余年,包括博士后、博士、硕士三个层次的五十余位成员,李雪松博士、毛志睿博士、王桀博士、钟晖博士、张鹏杨博士、光映炯博士后、李佳博士后、赵璋博士后等等,此处无法一一列举大家的名字,在此一并致谢。感谢我的硕士生李秋艳、刘小迪、时蓓蓓、刘思颖以及本科生李燕、周曦、彭瑶、黄雨卉等在数据搜集与处理、图表绘制、资料检索、文稿校对等方面给予我很大的帮助,保证了研究的如期完成。

发肤父母,养育之恩。感念我的父母,养育之情,岂此一言可表,感谢父母一如既往地支持着我,不论我做何种选择,父母都在背后默默地关心我,并且总是在我需要帮助的时候及时提供各方面的支持,没有您们的帮助,就没有我今天的成绩,亲恩如海! 感谢我的妻子,在我完成研究期间给予我最大的支持,独自承担了绝大多数的家务,给我营造了一个温馨愉快的家庭生活;我还要特别感谢我的女儿,是女儿的每一点成长和进步激励着我孜孜不倦的努力,幸有所得,不付斯情。

学而化之,理会践行。在感动中感言感颂,在感佩中感仰感戴,在感召中励志励行!最后,在这里,祝福所有帮助过我的师长,祝您们事业有成,永攀学术高峰;祝福我们研究团队的成员,前程似锦,永葆青春活力。最后,再次由衷的向大家道一声:"谢谢!"

杨　懿

2019 年 7 月 20 日于云大东陆园

责任编辑:李源正
封面设计:林芝玉
责任校对:苏小昭

图书在版编目(CIP)数据

繁荣与衰落:旅游地"荷兰病"效应研究/杨 懿 著. —北京:人民出版社,
　2019.9
ISBN 978－7－01－021304－0

Ⅰ.①繁…　Ⅱ.①杨…　Ⅲ.①旅游地-经济发展-研究　Ⅳ.①F590.3

中国版本图书馆 CIP 数据核字(2019)第 202456 号

繁荣与衰落:旅游地"荷兰病"效应研究
FANRONG YU SHUAILUO LÜYOUDI HELANBING XIAOYING YANJIU

杨 懿 著

人民出版社 出版发行
(100706　北京市东城区隆福寺街 99 号)

环球东方(北京)印务有限公司印刷　新华书店经销

2019 年 9 月第 1 版　2019 年 9 月北京第 1 次印刷
开本:710 毫米×1000 毫米 1/16　印张:15
字数:221 千字

ISBN 978－7－01－021304－0　定价:48.00 元

邮购地址 100706　北京市东城区隆福寺街 99 号
人民东方图书销售中心　电话 (010)65250042　65289539